O
Nascimento da
Clínica

COLEÇÃO: EPISTEME – POLÍTICA, HISTÓRIA - CLÍNICA
COORDENADOR: MANOEL BARROS DA MOTTA

- **Cristianismo: Dicionário dos Tempos, dos Lugares e das Figuras**
  André Vauchez

- **Do Mundo Fechado ao Universo Infinito**
  Alexandre Koyré

- **Estudos de História do Pensamento Científico**
  Alexandre Koyré

- **Estudos de História do Pensamento Filosófico**
  Alexandre Koyré

- **Filosofia do Odor**
  Chantal Jaquet

- **A Democracia Internet**
  Dominique Cardon

- **A Loucura Maníaco-Depressiva**
  Emil Kraepelin

- **A Razão e os Remédios**
  François Dagognet

- **O Corpo**
  François Dagognet

- **Estudos de História e de Filosofia das Ciências**
  Georges Canguilhem

- **O Conhecimento da Vida**
  Georges Canguilhem

- **O Normal e o Patológico**
  Georges Canguilhem

- **Realizar-se ou se superar – Ensaio sobre o Esporte contemporâneo**
  Isabelle Queval

- **Da Psicose Paranoica em suas Relações com a Personalidade**
  Jacques Lacan

- **Filosofia das Ciências**
  Jean Cavaillés

- **História da Filosofia Política**
  Leo Strauss e Joseph Cropsey

- **Ditos e Escritos – volumes I a X**
  Michel Foucault

- **O Nascimento da Clínica**
  Michel Foucault

- **A Arqueologia do Saber**
  Michel Foucault

- **Raymond Roussel**
  Michel Foucault

- **História do Egito Antigo**
  Nicolas Grimal

- **Michel Foucault – Uma Trajetória Filosófica**
  Paul Rabinow e Hubert Dreyfus

- **Introdução à Europa Medieval 300 – 1550**
  Peter Hoppenbrouwers - Wim Blockmans

- **Michel Foucault**
  Philippe Artières, Jean-François Bert, Frédéric Gros e Judith Revel

Michel
Foucault

O
Nascimento da
Clínica

Tradução de:
Roberto Machado

7ª Edição

- O autor deste livro e a editora empenharam seus melhores esforços para assegurar que as informações e os procedimentos apresentados no texto estejam em acordo com os padrões aceitos à época da publicação, *e todos os dados foram atualizados pelo autor até a data do fechamento do livro*. Entretanto, tendo em conta a evolução das ciências, as atualizações legislativas, as mudanças regulamentares governamentais e o constante fluxo de novas informações sobre os temas que constam do livro, recomendamos enfaticamente que os leitores consultem sempre outras fontes fidedignas, de modo a se certificarem de que as informações contidas no texto estão corretas e de que não houve alterações nas recomendações ou na legislação regulamentadora.

- O autor e a editora se empenharam para citar adequadamente e dar o devido crédito a todos os detentores de direitos autorais de qualquer material utilizado neste livro, dispondo-se a possíveis acertos posteriores caso, inadvertida e involuntariamente, a identificação de algum deles tenha sido omitida.

- **Atendimento ao cliente: (11) 5080-0751 | faleconosco@grupogen.com.br**

- **Traduzido de**
  Naissance de la clinique
  © *Copyright by* Presses Universitaires de France, 1980
  All Rights Reserved.
  Tradução de Roberto Machado

  Direitos exclusivos para a língua portuguesa
  Copyright © 2011, 2020, 2021 (8ª impressão) by
  Forense Universitária um selo da Editora Forense Ltda.
  Uma editora integrante do GEN | Grupo Editorial Nacional
  Travessa do Ouvidor, 11
  Rio de Janeiro – RJ – 20040-040
  www.grupogen.com.br

- Reservados todos os direitos. É proibida a duplicação ou reprodução deste volume, no todo ou em parte, em quaisquer formas ou por quaisquer meios (eletrônico, mecânico, gravação, fotocópia, distribuição pela Internet ou outros), sem permissão, por escrito, da Editora Forense Ltda.

- Ficha catalográfica

F86n   Foucault, Michel, 1926-1984
7.ed.   O nascimento da clínica / Michel Foucault; tradução de Roberto Machado. – 7. ed. – [Reimpr.]. – Rio de Janeiro: Editora Forense, 2021.

Tradução de: Naissance de la clinique
    Inclui bibliografia e índice
    ISBN 978-85-218-0493-2

    1. Medicina. 2. História - Medicina- Filosofia. I. Título.
11-0456.

ÍNDICE SISTEMÁTICO

Prefácio VII

Capítulo I – Espaços e Classes 1

Capítulo II – Uma Consciência Política 22

Capítulo III – O Campo Livre 40

Capítulo IV – A Velhice da Clínica 57

Capítulo V – A Lição dos Hospitais 68

Capítulo VI – Signos e Casos 95

Capítulo VII – Ver, Saber 117

Capítulo VIII – Abram Alguns Cadáveres 136

Capítulo IX – O Invisível Visível 163

Capítulo X – A Crise das Febres 191

Conclusão 215

Bibliografia 221

O GEN | Grupo Editorial Nacional – maior plataforma editorial brasileira no segmento científico, técnico e profissional – publica conteúdos nas áreas de ciências humanas, exatas, jurídicas, da saúde e sociais aplicadas, além de prover serviços direcionados à educação continuada e à preparação para concursos.

As editoras que integram o GEN, das mais respeitadas no mercado editorial, construíram catálogos inigualáveis, com obras decisivas para a formação acadêmica e o aperfeiçoamento de várias gerações de profissionais e estudantes, tendo se tornado sinônimo de qualidade e seriedade.

A missão do GEN e dos núcleos de conteúdo que o compõem é prover a melhor informação científica e distribuí-la de maneira flexível e conveniente, a preços justos, gerando benefícios e servindo a autores, docentes, livreiros, funcionários, colaboradores e acionistas.

Nosso comportamento ético incondicional e nossa responsabilidade social e ambiental são reforçados pela natureza educacional de nossa atividade e dão sustentabilidade ao crescimento contínuo e à rentabilidade do grupo.

PREFÁCIO

Este livro trata do espaço, da linguagem e da morte; trata do olhar.

Em meados do século XVIII, Pomme tratou e curou uma histérica fazendo-a tomar "banhos de 10 a 12 horas por dia, durante 10 meses". Ao término desta cura contra o ressecamento do sistema nervoso e o calor que o conservava, Pomme viu "porções membranosas semelhantes a pedaços de pergaminho molhado... se desprenderem com pequenas dores e diariamente saírem na urina, o ureter do lado direito se despojar por sua vez e sair por inteiro pela mesma via". O mesmo ocorreu "com os intestinos, que, em outro momento, se despojaram de sua túnica interna, que vimos sair pelo reto. O esôfago, a traqueia-artéria e a língua também se despojaram e a doente lançara vários pedaços por meio de vômito ou de expectoração".[1]

E eis como, menos de cem anos depois, um médico percebe uma lesão anatômica do encéfalo e seus invólucros; trata-se das "falsas membranas" que frequentemente se encontram

---

1. P. Pomme, *Traité des affections vaporeuses des deux sexes*, 4ª ed., Lyon, 1769, T. I, p. 60-65.

nos indivíduos atingidos por "meningite crônica": "Sua superfície externa aplicada à lâmina aracnoide da dura-máter adere a esta lâmina, ora de modo muito frouxo, e então elas podem ser separadas facilmente, ora de modo firme e íntimo, e neste caso é às vezes difícil desprendê-las. Sua superfície interna é apenas contígua à aracnoide, com a qual não contrai união... As falsas membranas são frequentemente transparentes, sobretudo quando muito delgadas; mas habitualmente apresentam uma cor esbranquiçada, acinzentada, avermelhada e, mais raramente, amarelada, acastanhada e enegrecida. Esta matéria oferece quase sempre matizes diferentes segundo as partes da mesma membrana. A espessura dessas produções acidentais varia muito; são, às vezes, tão tênues que poderiam ser comparadas a uma teia de aranha... A organização das falsas membranas apresenta igualmente muitas diferenças: as delgadas são cobertas por uma crosta, semelhante às películas albuminosas dos ovos e sem estrutura própria distinta. As outras, muitas vezes, apresentam, em uma de suas faces, vestígios de vasos sanguíneos entrecruzados em vários sentidos e injetados. São constantemente redutíveis a lâminas superpostas entre as quais são, com muita frequência, interpostos coágulos de um sangue mais ou menos descolorido."[2]

Entre o texto de Pomme, que conduzia os velhos mitos da patologia nervosa à sua última forma, e o de Bayle, que descrevia, para uma época que ainda é a nossa, as lesões encefálicas da paralisia geral, a diferença é ínfima e total. Total para nós, na medida em que cada palavra de Bayle, em sua precisão qualitativa, guia nosso olhar por um mundo de constante visibilidade, enquanto o texto precedente nos fala a linguagem, sem suporte perceptivo, das fantasias. Mas que experiência fundamental pode instaurar essa evidente separação aquém de nossas certezas, lá onde nascem e se justificam? Quem pode assegurar-nos de que um médico do século XVIII não via o que via, mas que bastaram algumas dezenas de anos para que as figuras fantásticas se dissipassem e que o espaço

---

2. A. L. J. Bayle, *Nouvelle doctrine des maladies mentales*, Paris, 1825, p. 23-24.

PREFÁCIO **IX**

liberto permitisse chegar aos olhos o contorno nítido das coisas?

Não houve "psicanálise" do conhecimento médico, nem ruptura mais ou menos espontânea dos investimentos imaginários; não foi a medicina "positiva" que fez uma escolha "objetal" apoiada finalmente na própria objetividade. Nem todos os poderes de um espaço visionário por meio do qual se comunicavam médicos e doentes, fisiólogos e práticos (nervos tensos e torcidos, secura ardente, órgãos endurecidos ou queimados, novo nascimento do corpo no elemento benéfico do frescor e das águas) desapareceram; foram antes deslocados e como que encerrados na singularidade do doente, na região dos "sintomas subjetivos" que define para o médico não mais o modo do conhecimento, mas o mundo dos objetos a conhecer. O vínculo fantástico do saber com o sofrimento, longe de se ter rompido, é assegurado por uma via mais complexa do que a simples permeabilidade das imaginações; a presença da doença no corpo, suas tensões, suas queimaduras, o mundo surdo das entranhas, todo o avesso negro do corpo, que longos sonhos sem olhos recobrem, são tão contestados em sua objetividade pelo discurso redutor do médico quanto fundados como objetos para seu olhar positivo. As figuras da dor não são conjuradas em benefício de um conhecimento neutralizado; foram redistribuídas no espaço em que se cruzam os corpos e os olhares. O que mudou foi a configuração surda em que a linguagem se apoia, a relação de situação e de postura entre o que fala e aquilo de que se fala.

Quanto à linguagem, a partir de que momento, de que modificação semântica ou sintática pode-se reconhecer que se transformou em discurso racional? Que linha decisiva é traçada entre uma descrição que pinta membranas como "pergaminhos molhados" e esta outra, não menos qualitativa e metafórica, que vê algo como películas de clara de ovo espalhadas sobre os invólucros do cérebro? As lâminas "esbranquiçadas" e "avermelhadas" de Bayle têm, para um discurso científico, valor diferente, solidez e objetividade maior do que as pequenas lâminas endurecidas descritas pelos médicos do século XVIII? Um olhar um pouco mais meticuloso, um percurso verbal mais lento e mais bem apoiado nas coisas, valores epitéticos sutis, às vezes um pouco confusos, não sig-

X O Nascimento da Clínica | Michel Foucault

nificam simplesmente, na linguagem médica, a proliferação de um estilo que, desde a medicina galênica, apresentou regiões de qualidades diante do opaco das coisas e de suas formas?

Para apreender a mutação do discurso quando esta se produziu é necessário, sem dúvida, interrogar outra coisa que não os conteúdos temáticos ou as modalidades lógicas e dirigir-se à região em que as "coisas" e as "palavras" ainda não se separaram, onde, no nível da linguagem, modo de ver e modo de dizer ainda se pertencem. Será preciso questionar a distribuição originária do visível e do invisível, na medida em que está ligada à separação entre o que se enuncia e o que é silenciado: surgirá então, em uma figura única, a articulação da linguagem médica com seu objeto. Mas não há precedência para quem não se põe questão retrospectiva; apenas a estrutura falada do percebido, espaço *pleno* no *vazio* do qual a linguagem ganha volume e medida, merece ser posta à luz de um dia propositadamente indiferente. É preciso se colocar e, de uma vez por todas, se manter no nível da *espacialização* e da *verbalização* fundamentais do patológico, onde nasce e se recolhe o olhar loquaz que o médico põe sobre o coração venenoso das coisas.

* * *

A medicina moderna fixou sua própria data de nascimento em torno dos últimos anos do século XVIII. Quando reflete sobre si própria, identifica a origem de sua positividade com um retorno, além de toda teoria, à modéstia eficaz do percebido. De fato, esse presumido empirismo repousa não em uma redescoberta dos valores absolutos do visível, nem no resoluto abandono dos sistemas e de suas quimeras, mas em uma reorganização do espaço manifesto e secreto que se abriu quando do um olhar milenar se deteve no sofrimento dos homens. O rejuvenescimento da percepção médica, a iluminação viva das cores e das coisas sob o olhar dos primeiros clínicos não é, entretanto, um mito; no início do século XIX, os médicos descreveram o que, durante séculos, permanecera abaixo do limiar do visível e do enunciável. Isso não significa que, depois de especular durante muito tempo, eles tenham recomeçado a perceber ou a escutar mais a razão do que a imaginação; mas que

PREFÁCIO **XI**

a relação entre o visível e o invisível, necessária a todo saber concreto, mudou de estrutura e fez aparecer sob o olhar e na linguagem o que se encontrava aquém e além de seu domínio. Entre as palavras e as coisas se estabeleceu uma nova aliança fazendo *ver* e *dizer*, às vezes, em um discurso realmente tão "ingênuo" que parece se situar em um nível mais arcaico de racionalidade, como se se tratasse de um retorno a um olhar finalmente matinal.

Em 1764, J. F. Meckel desejara estudar as alterações do encéfalo em determinadas afecções (apoplexia, mania, tísica); utilizara o método racional da pesagem dos volumes iguais e de sua comparação para determinar que setores do cérebro estavam ressecados, que outros ingurgitados, e em que doenças. A medicina moderna quase nada conservou dessas pesquisas. A patologia do encéfalo inaugurou para nós sua forma "positiva" quando Bichat e, sobretudo, Récamier e Lallemand utilizaram o famoso "martelo terminado por uma superfície larga e delgada. Procedendo por pequenos golpes, estando o crânio repleto, não pode haver um abalo suscetível de produzir desordens. É melhor começar por sua parte posterior, pois quando só há o occipital a ser quebrado, ele é frequentemente tão móvel que os golpes resvalam... Nas crianças muito novas, os ossos são flexíveis demais para serem partidos, muito finos para serem serrados; é preciso cortá-los com fortes tesouras".[3] O fruto, então, se abre: sob a casca, meticulosamente fendida, surge algo, massa mole e acinzentada, envolvida por peles viscosas com nervuras de sangue, triste polpa frágil em que resplandece, finalmente liberado, finalmente dado à luz, o objeto do saber. A agilidade artesanal do quebra-crânio substituiu a precisão científica da balança e, entretanto, é naquela que nossa ciência, a partir de Bichat, se reconhece; o gesto preciso, mas sem medida, que abre para o olhar a plenitude das coisas concretas, com o esquadrinhamento minucioso de suas qualidades, funda uma objetividade mais científica, para nós, do que as mediações instrumentais da quantidade. As formas da racionalidade médica penetram na maravilhosa espessura

---

3. F. Lallemand, *Recherches anatomo-pathologiques sur l'encéphale*, Paris, 1820, Introd., p. VII, nota.

XII O Nascimento da Clínica | Michel Foucault

da percepção, oferecendo, como face primeira da verdade, a tessitura das coisas, sua cor, suas manchas, sua dureza, sua aderência. O espaço da experiência parece identificar-se com o domínio do olhar atento, dessa vigilância empírica aberta apenas à evidência dos conteúdos visíveis. O olho torna-se o depositário e a fonte da clareza; tem o poder de trazer à luz uma verdade que ele só recebe à medida que lhe deu à luz; abrindo-se, abre a verdade de uma primeira abertura: flexão que marca, a partir do mundo da clareza clássica, a passagem do "Iluminismo" para o século XIX.

Segundo Descartes e Malebranche, ver era perceber (e até nas espécies mais concretas da experiência: prática da anatomia no caso de Descartes, observações microscópicas no caso de Malebranche); mas tratava-se de, sem despojar a percepção de seu corpo sensível, torná-la transparente para o exercício do espírito: a luz, anterior a todo olhar, era o elemento da idealidade, o indeterminável lugar de origem em que as coisas eram adequadas à sua essência e a forma segundo a qual estas a ela se reuniam por meio da geometria dos corpos; atingida sua perfeição, o ato de ver se reabsorvia na figura sem curva nem duração da luz. No final do século XVIII, ver consiste em deixar a experiência em sua maior opacidade corpórea; o sólido, o obscuro, a densidade das coisas encerradas em si próprias têm poderes de verdade que não provêm da luz, mas da lentidão do olhar que os percorre, contorna e, pouco a pouco, os penetra, conferindo-lhes apenas sua própria clareza. A permanência da verdade no núcleo sombrio das coisas está, paradoxalmente, ligada a este poder soberano do olhar empírico que transforma sua noite em dia. Toda a luz passou para o lado do delgado facho do olho que agora gira em torno dos volumes e diz, neste percurso, seu lugar e sua forma. O discurso racional apoia-se menos na geometria da luz do que na espessura insistente, intransponível do objeto: em sua presença obscura, mas prévia a todo saber, estão a origem, o domínio e o limite da experiência. O olhar está passivamente ligado a esta passividade primeira que o consagra à tarefa infinita de percorrê-la integralmente e dominá-la.

Cabia a essa linguagem das coisas e, sem dúvida, apenas a ela, autorizar, a respeito do indivíduo, um saber que não fosse simplesmente de tipo histórico ou estético. O fato de a defi-

PREFÁCIO **XIII**

nição do indivíduo consistir em um labor infinito não seria mais um obstáculo para uma experiência que, aceitando seus próprios limites, prolongava ilimitadamente sua tarefa. A qualidade singular, a cor impalpável, a forma única e transitória, adquirindo o estatuto de objeto, adquiriram peso e solidez. Nenhuma luz poderá dissolvê-las nas verdades ideais; mas a aplicação do olhar sucessivamente as despertará e lhes dará objetividade. O olhar não é mais redutor, mas fundador do indivíduo em sua qualidade irredutível. E, assim, torna-se possível organizar em torno dele uma linguagem racional. O *objeto* do discurso também pode ser um *sujeito*, sem que as figuras da objetividade sejam por isso alteradas. Foi essa reorganização *formal* e *em profundidade*, mais do que o abandono das teorias e dos velhos sistemas, que criou a possibilidade de uma *experiência clínica:* ela levantou a velha proibição aristotélica: poder-se-á, finalmente, pronunciar sobre o indivíduo um discurso de estrutura científica.

* * *

Nossos contemporâneos veem nesse acesso ao indivíduo a instauração de um "colóquio singular" e a mais rigorosa formulação de um velho humanismo médico, tão velho quanto a piedade dos homens. As fenomenologias acéfalas da compreensão mesclam a esta ideia mal articulada a areia de seu deserto conceitual; o vocabulário pobremente erotizado do "encontro" e do "par médico-doente" se esgota desejando comunicar a tanto não-pensamento os pálidos poderes de uma fantasia matrimonial. A experiência clínica – esta abertura, que é a primeira na história ocidental, do indivíduo concreto à linguagem da racionalidade, este acontecimento capital da relação do homem consigo mesmo e da linguagem com as coisas – foi logo tomada como um confronto simples, sem conceito, entre um olhar e um rosto, entre um golpe de vista e um corpo mudo, espécie de contato anterior a todo discurso e livre dos embaraços da linguagem, pelo qual dois indivíduos vivos estão "enjaulados" em uma situação comum mas não recíproca. Em seus últimos abalos, a medicina dita liberal invoca, por sua vez, em prol de um mercado aberto, os velhos direitos de uma clínica compreendida como contrato singular e pacto tácito de homem para homem. A esse olhar paciente atribui-se até mesmo o poder de atingir, por uma dosada adição de raciocínio – nem muito, nem muito pouco – a forma geral de qualquer constatação científica: "Para poder propor a cada um de nossos doentes um tratamento perfeitamente adaptado à sua doença e a si próprio, procuramos formar, de seu caso, uma ideia objetiva e completa, recolhemos em um dossiê individual (sua 'observação') a totalidade das informações de que dispomos a seu respeito. Nós 'o observamos' do mesmo modo que observamos os astros ou uma experiência de laboratório."[4]

Os milagres não são assim tão fáceis: a mutação que permitiu, e todos os dias ainda permite, que o "leito" do doente se torne campo de investigação e de discursos científicos não é a mistura, repentinamente deflagrada, de um velho hábito com uma lógica ainda mais antiga, ou a de um saber com o esquisito composto sensorial de um "tato", um "golpe de vista" e um "faro". A medicina como ciência clínica apareceu sob condições que definem, com sua possibilidade histórica, o domínio de sua experiência e a estrutura de sua racionalidade. Elas formam seu *a priori* concreto que agora é possível desvelar, talvez porque esteja nascendo uma nova experiência da doença, que oferece a possibilidade de uma retomada histórica e crítica daquela que rejeita no tempo.

Mas é necessário fazer agora uma digressão para fundar esse discurso sobre o nascimento da clínica. Discurso estranho, é preciso admitir, pois não quer apoiar-se nem na consciência atual dos clínicos nem mesmo na repetição do que eles outrora puderam dizer.

É provável que pertençamos a uma época de crítica em que a ausência de uma filosofia primeira a cada instante nos lembra o reino e a fatalidade: época de inteligência que nos mantém irremediavelmente a distância de uma linguagem originária. Para Kant, a possibilidade e a necessidade de uma crítica estavam ligadas, por meio de certos conteúdos científicos, ao fato de que existe conhecimento. Em nossos dias, elas estão vinculadas – Nietzsche, o filólogo, é testemunha – ao fato de que existe linguagem e de que, nas inúmeras palavras pronunciadas pelos homens – sejam elas racionais ou insensa-

---

4. J.-Ch. Sournia, *Logique et morale du diagnostic*, Paris, 1962, p. 19.

tas, demonstrativas ou poéticas – um sentido que nos domina tomou corpo, conduz nossa cegueira, mas espera, na obscuridade, nossa tomada de consciência para vir à luz e pôr-se a falar. Estamos historicamente consagrados à história, à paciente construção de discursos sobre os discursos, à tarefa de ouvir o que já foi dito.

Será, então, fatal que não conheçamos outro uso da palavra que não seja o comentário? Este último, na verdade, interroga o discurso sobre o que ele diz e quis dizer; procura fazer surgir o duplo fundamento da palavra, onde ela se encontra em uma identidade consigo mesma que se supõe mais próxima de sua verdade; trata-se de, enunciando o que foi dito, redizer o que nunca foi pronunciado. Nessa atividade de comentário, que procura transformar um discurso condensado, antigo e como que silencioso a si mesmo, em um outro mais loquaz, ao mesmo tempo mais arcaico e mais contemporâneo, oculta-se uma estranha atitude a respeito da linguagem: comentar é, por definição, admitir um excesso do significado sobre o significante, um resto necessariamente não formulado do pensamento que a linguagem deixou na sombra, resíduo que é sua própria essência, impelida para fora de seu segredo; mas comentar também supõe que este não falado dorme na palavra e que, por uma superabundância própria do significante, pode-se, interrogando-o, fazer falar um conteúdo que não estava explicitamente significado. Abrindo a possibilidade do comentário, esta dupla pletora nos consagra a uma tarefa infinita que nada pode limitar: um significado sempre permanece, a que ainda é preciso conceder a palavra; quanto ao significante, este se apresenta com uma riqueza que, apesar de nós, nos interroga sobre o que ela "quer dizer". Significante e significado adquirem assim uma autonomia substancial que assegura a cada um deles isoladamente o tesouro de uma significação virtual; em última análise, um poderia existir sem o outro e pôr-se a falar de si mesmo: o comentário se situa nesse suposto espaço. Mas, ao mesmo tempo, inventa, entre eles, um liame complexo, uma trama indecisa que põe em jogo os valores poéticos da expressão: não se presume que o significante "traduza" sem ocultar e sem deixar o significado com uma inesgotável reserva; o significado só se desvela em um mundo visível e denso de um significante ele próprio carregado de um sentido que não domina. O comentário baseia-se no postulado de que a palavra é ato de "tradução", tem o privilégio perigoso das imagens – o de mostrar ocultando – e pode indefinidamente ser por ela mesma substituída na série aberta de retomadas do discurso; baseia-se, em suma, em uma interpretação da linguagem que traz claramente a marca de sua origem histórica: a Exegese, que escuta, por intermédio das proibições, dos símbolos, das imagens sensíveis, por intermédio de todo o aparelho da Revelação, o Verbo de Deus, sempre secreto, sempre além de si mesmo. Há anos comentamos a linguagem de nossa cultura precisamente do local em que em vão tínhamos esperado, durante séculos, a decisão da Palavra.

Falar sobre o pensamento dos outros, procurar dizer o que eles disseram é, tradicionalmente, fazer uma análise do significado. Mas é necessário que as coisas ditas, por outros e em outros lugares, sejam exclusivamente tratadas segundo o jogo do significante e do significado? Não seria possível fazer uma análise dos discursos que escapasse à fatalidade do comentário, sem supor resto algum ou excesso no que foi dito, mas apenas o fato de seu aparecimento histórico? Seria preciso, então, tratar os fatos de discurso não como núcleos autônomos de significações múltiplas, mas como acontecimentos e segmentos funcionais formando, pouco a pouco, um sistema. O sentido de um enunciado não seria definido pelo tesouro de intenções que contivesse, revelando-o e reservando-o alternadamente, mas pela diferença que o articula com os outros enunciados reais e possíveis, que lhe são contemporâneos ou aos quais se opõe na série linear do tempo. Apareceria, então, a história sistemática dos discursos.

Até esse momento, a história das ideias conhecia apenas dois métodos. Um, estético, era o da analogia – de que se seguiam as vias de difusão no tempo (gênese, filiações, parentesco, influências) ou na superfície de uma região histórica determinada (o espírito de uma época, sua *Weltanschauung*, suas categorias fundamentais, a organização de seu mundo sociocultural). O outro, psicológico, era o da denegação dos conteúdos (tal século não foi tão racionalista ou irracionalista quanto ele se dizia ou dele se pensou), com que se inaugura e se desenvolve uma espécie de "psicanálise" dos pensamentos,

PREFÁCIO **XVII**

cujo termo é de pleno direito reversível, o núcleo do núcleo sendo sempre o seu contrário.

Desejar-se-ia tentar aqui a análise um tipo de discurso – o da experiência médica – em uma época em que, antes das grandes descobertas do século XIX, ele modificou menos seus materiais do que sua forma sistemática. A clínica é, ao mesmo tempo, um novo recorte das coisas e o princípio de sua articulação em uma linguagem na qual temos o hábito de reconhecer a linguagem de uma "ciência positiva".

A quem desejasse fazer o inventário temático, a ideia da clínica sem dúvida apareceria carregada de valores demasiado imprecisos; nela provavelmente se decifrariam figuras incolores, como o efeito singular da doença sobre o doente, a diversidade dos temperamentos individuais, a probabilidade da evolução patológica, a necessidade de uma percepção vigilante, inquieta com as mínimas modalidades visíveis, a forma empírica, cumulativa e indefinidamente aberta do saber médico; velhas noções usadas há muito tempo em que, sem dúvida, já formavam o equipamento da medicina grega. Nada neste velho arsenal pode designar claramente o que ocorreu na passagem do século XVIII, quando a retomada do antigo tema clínico "produziu", à primeira vista, uma mutação essencial no saber médico. Mas, considerada em sua disposição de conjunto, a clínica aparece para a experiência do médico como um novo perfil do perceptível e do enunciável: nova distribuição dos elementos discretos do espaço corporal (isolamento, por exemplo, do *tecido*, região funcional de duas dimensões, que se opõe à massa, em funcionamento, do órgão e constitui o paradoxo de uma "superfície interna"), reorganização dos elementos que constituem o fenômeno patológico (uma gramática dos signos substituiu uma botânica dos sintomas), definição das séries lineares de acontecimentos mórbidos (por oposição ao emaranhado das espécies nosológicas), articulação da doença com o organismo (desaparecimento das entidades mórbidas gerais que agrupavam os sintomas em uma figura lógica, em proveito de um estatuto local que situa o ser da doença, com suas causas e seus efeitos, em um espaço tridimensional). O aparecimento da clínica, como fato histórico, deve ser identificado com o sistema dessas reorganizações. Essa nova estrutura se revela, mas certamente não se esgota na mudança ínfima e decisiva que substituiu a pergunta: "O que é que você tem?", por onde começava, no século XVIII, o diálogo entre o médico e o doente, com sua gramática e seu estilo próprios, por esta outra em que reconhecemos o jogo da clínica e o princípio de todo o seu discurso: "Onde lhe dói?". A partir daí, toda a relação do significante com o significado se redistribui, e isso em todos os níveis da experiência médica: entre os sintomas que significam e a doença que é significada, entre a descrição e o que é descrito, entre o acontecimento e o que ele prognostica, entre a lesão e o mal que ela assinala etc. A clínica, incessantemente invocada por seu empirismo, a modéstia de sua atenção e o cuidado com que permite que as coisas silenciosamente se apresentem ao olhar, sem perturbá-las, com algum discurso, deve sua real importância ao fato de ser uma reorganização em profundidade não só dos conhecimentos médicos, mas da própria possibilidade de um discurso sobre a doença. A *descrição* do discurso clínico (proclamada pelos médicos: recusa da teoria, abandono dos sistemas, não filosofia) remete às condições não verbais a partir de que ele pode falar: a estrutura comum que recorta e articula o que se *vê* e o que se *diz*.

* * *

A pesquisa aqui empreendida implica, portanto, o projeto deliberado de ser ao mesmo tempo histórica e crítica, na medida em que se trata, fora de qualquer intenção prescritiva, de determinar as condições de possibilidade da experiência médica, tal como a época moderna a conheceu.

De uma vez por todas, este livro não é escrito por uma medicina contra uma outra, ou contra a medicina por uma ausência de medicina. Aqui, como em outros lugares, trata-se de um estudo que tenta extrair da espessura do discurso as condições de sua história.

O que conta nas coisas ditas pelos homens não é tanto o que teriam pensado aquém ou além delas, mas o que desde o princípio as sistematiza, tornando-as, pelo tempo afora, infinitamente acessíveis a novos discursos e abertas à tarefa de transformá-los.

Capítulo I

ESPAÇOS E CLASSES

Para nossos olhos já gastos, o corpo humano constitui, por direito de natureza, o espaço de origem e repartição da doença: espaço cujas linhas, volumes, superfícies e caminhos são fixados, segundo uma geografia agora familiar, pelo atlas anatômico. Essa ordem do corpo sólido e visível é, entretanto, apenas uma das maneiras de a medicina espacializar a doença. Nem a primeira, sem dúvida, nem a mais fundamental. Houve e haverá outras distribuições do mal.

Quando se poderão definir as estruturas que seguem, no secreto volume do corpo, as reações alérgicas? Fez-se algum dia a geometria específica de uma difusão de vírus na fina lâmina de um segmento tissular? É em uma anatomia euclidiana que esses fenômenos podem encontrar a lei de sua espacialização? Bastaria lembrar, afinal de contas, que a velha teoria das simpatias falava um vocabulário de correspondências, vizinhanças e homologias: termos para os quais o espaço percebido da anatomia não oferece léxico coerente. Cada grande pensamento do domínio da patologia prescreve à doença uma configuração cujos requisitos não são forçosamente os da geometria clássica.

A coincidência exata do "corpo" da doença com o corpo do homem doente é um dado histórico e transitório. Seu encon-

2 O Nascimento da Clínica | Michel Foucault

tro só é evidente para nós, ou melhor, dele começamos apenas a nos separar. O espaço de *configuração* da doença e o espaço de *localização* do mal no corpo só foram superpostos, na experiência médica, durante curto período: o que coincide com a medicina do século XIX e os privilégios concedidos à anatomia patológica. Época que marca a soberania do olhar, visto que no mesmo campo perceptivo, seguindo as mesmas continuidades ou as mesmas falhas, a experiência lê, de uma só vez, as lesões visíveis do organismo e a coerência das formas patológicas; o mal se articula exatamente com o corpo e sua distribuição lógica se faz, desde o começo, por massas anatômicas. O "golpe de vista" precisa apenas exercer sobre a verdade, que ele descobre no lugar onde ela se encontra, um poder que, de pleno direito, ele detém.

Mas como se formou esse direito que se apresenta como imemorial e natural? Como pôde esse lugar, em que se assinala a doença, soberanamente determinar a figura que agrupa seus elementos? Paradoxalmente, nunca o espaço de configuração da doença foi mais livre, mais independente do seu espaço de localização do que na medicina classificatória, isto é, na forma de pensamento médico que, na cronologia, precedeu de perto o método anatomoclínico e o tornou historicamente possível.

"Nunca tratem uma doença sem se assegurarem da espécie", dizia Gilibert.[1] Da *Nosologie* de Sauvages (1761) à *Nosographie* de Pinel (1798), a regra classificatória domina a teoria médica e mesmo sua prática; aparece como a lógica imanente das formas mórbidas, o princípio de sua decifração e a regra semântica de sua definição: "Não escutem, portanto, os invejosos que quiserem lançar a sombra do desprezo sobre os escritos do célebre Sauvages... Lembrem-se que ele é, de todos os médicos que viveram, talvez o que submeteu todos os dogmas às regras infalíveis da boa lógica. Observem com que atenção definiu as palavras, com que escrúpulo circunscreveu as definições de cada doença." Antes de ser tomada na espessura do corpo, a doença recebe uma organização hierarquizada em famílias, gêneros e espécies. Aparentemente, tra-

---

1. Gilibert, *L'anarchie médicinale*, Neuchâtel, 1772, T. I., p. 198.

ESPAÇOS E CLASSES   3

ta-se, apenas, de um "quadro" que permite tornar sensível, para a aprendizagem e a memória, o domínio abundante das doenças. Mais profundamente, porém, do que essa "metáfora" espacial, e para torná-la possível, a medicina classificatória supõe uma determinada "configuração" da doença, que nunca foi, por si mesma, formulada, mas de que se podem, posteriormente, definir os requisitos essenciais. Da mesma forma que a árvore genealógica, aquém da comparação que comporta e de todos os seus temas imaginários, supõe um espaço em que o parentesco é formalizável, o quadro nosológico implica uma figura das doenças diferente do encadeamento dos efeitos e das causas, da série cronológica dos acontecimentos e de seu trajeto visível no corpo humano.

Essa organização desloca, para os problemas subalternos, a localização no organismo, mas define um sistema fundamental de relações que põe em jogo envolvimentos, subordinações, divisões e semelhanças. Esse espaço comporta: uma "vertical" onde se emaranham as implicações – a febre, "afluência de frio e de calor sucessivo", pode desenvolver-se em um só episódio ou em vários; estes podem seguir-se sem interrupção ou após um intervalo; esta trégua pode não exceder 12 horas, alcançar um dia, durar dois dias, inteiros, ou ainda ter um ritmo mal definível;[2] e uma "horizontal" onde as homologias se transferem – nas duas grandes ramificações de espasmos, encontram-se, segundo uma simetria perfeita, os "tônicos parciais", os "tonicos gerais", os "clônicos parciais" e os "clônicos gerais";[3] ou, na ordem dos derrames, o catarro está para a garganta assim como a disenteria está para o intestino.[4] Espaço profundo, anterior às percepções e que as dirige de longe; é a partir dele, das linhas que cruza, das massas que distribui ou hierarquiza, que a doença, emergindo ao olhar, insere suas características próprias em um organismo vivo.

Quais são os princípios dessa configuração primária da doença?

---

2. F. Boissier de Sauvages, *Nosologie méthodique*, Lyon, 1772, T. II.

3. *Ibidem*, T. III.

4. W. Cullen, *Institutions de médecine pratique*, trad. Paris, 1785, T. II, p. 39-60.

4   O Nascimento da Clínica | Michel Foucault

1. Ela se dá, segundo os médicos do século XVIII, em uma experiência "histórica", por oposição ao saber "filosófico". É histórico o conhecimento que circunscreve a pleurisia por seus quatro fenômenos: febre, dificuldade de respirar, tosse e dor lateral. Será filosófico o conhecimento que põe em questão a origem, o princípio e as causas: resfriamento, derrame seroso, inflamação da pleura. A distinção entre o histórico e o filosófico não é, no entanto, entre causa e efeito: Cullen funda seu sistema classificatório na designação das causas próximas; nem entre princípio e consequências, visto que Sydenham pensa fazer pesquisa histórica ao estudar "a maneira como a natureza produz e mantém as diferentes formas de doença";[5] nem mesmo exatamente a diferença entre visível e oculto ou conjectural, visto que, às vezes, é preciso acossar uma "história" que recua ou se esconde a um primeiro exame, como a febre héctica em certos tísicos: "escolhos ocultos sob a água".[6] O histórico reúne tudo o que, de fato ou de direito, cedo ou tarde, direta ou indiretamente, pode se dar ao olhar. Uma causa que se vê, um sintoma que, pouco a pouco, se descobre, um princípio legível em sua raiz não são da ordem do saber "filosófico", mas de um saber "muito simples", que "deve preceder todos os outros" e que situa a forma originária da experiência médica. Trata-se de definir uma espécie de região fundamental em que as perspectivas se nivelam e as decalagens são alinhadas: o efeito tem o mesmo estatuto que sua causa, o antecedente coincide com o que o segue. Nesse espaço homogêneo, os encadeamentos se desatam e o tempo se aniquila: uma inflamação local nada mais é do que a justaposição ideal de seus elementos "históricos" (rubor, tumor, calor, dor) sem que esteja em questão sua rede de determinações recíprocas ou seu entrecruzamento temporal.

A doença é percebida fundamentalmente em um espaço de projeção sem profundidade e de coincidência sem desenvolvimento. Existe apenas um plano e um instante. A forma sob a qual se mostra originalmente a verdade é a superfície em que o relevo, ao mesmo tempo, se manifesta e se anula – o re-

---

5. Th. Sydenham, *Médecine pratique*, trad. Jault, Paris, 1784, p. 390.
6. *Ibidem*.

ESPAÇOS E CLASSES 5

trato: "É preciso que aquele que escreve a história das doenças... observe com atenção os fenômenos claros e naturais das doenças, por menos interessantes que lhe pareçam. Devem-se nisso imitar os pintores que, quando fazem um retrato, têm cuidado de marcar até os sinais e as menores coisas naturais que se encontram no rosto do personagem que pintam."[7] A estrutura principal que a medicina classificatória se atribui é o espaço plano do perpétuo simultâneo. Tábua e quadro.

2. É um espaço em que as analogias definem as essências. Os quadros são assemelhados, mas também se assemelham. De uma doença a outra, a *distância* que as separa se mede apenas pelo *grau* de sua *semelhança*, sem que intervenha o afastamento lógico-temporal da genealogia. Desaparecimento dos movimentos voluntários, entorpecimento da sensibilidade interna ou externa é o perfil geral que se recorta em formas particulares como a apoplexia, a síncope, a paralisia. No interior desse grande parentesco se estabelecem afastamentos menores: a apoplexia faz perder o uso de todos os sentidos e de toda a motricidade voluntária, mas poupa a respiração e os movimentos cardíacos; a paralisia atinge apenas um setor localmente assinalável da sensibilidade e da motricidade; a síncope é geral, como a apoplexia, mas interrompe os movimentos respiratórios.[8] A distribuição perspectiva que nos faz ver na paralisia um sintoma, na síncope um episódio, na apoplexia um ataque orgânico e funcional não existe para o olhar classificatório que é unicamente sensível às repartições de superfície, em que a vizinhança é definida não por distâncias mensuráveis, mas por analogias de forma. Quando se tornam bastante densas, essas analogias ultrapassam o limiar de simples parentesco e acedem à unidade de essência. Entre uma apoplexia que suspende de uma só vez a motricidade e as formas crônicas e evolutivas que, pouco a pouco, atacam todo o sistema motor, não há diferença fundamental: neste espaço simultâneo, em que as formas distribuídas no tempo se reúnem e se superpõem, o parentesco se estreita a ponto de se transformar em identidade. Em um mundo plano, homogê-

---

7. Th. Sydenham *apud* Sauvages, *loc. cit.*, T. I, p. 88.
8. W. Cullen, *Médecine pratique*, trad., fr., Paris, 1785, T. II, p. 86.

neo, não métrico, existe doença essencial onde há pletora de analogias.

3. A forma da analogia descobre a ordem racional das doenças. Quando se percebe uma semelhança, não se fixa simplesmente um sistema de referências cômodas e relativas; começa-se a decifrar a disposição inteligível das doenças. Desvela-se o princípio de sua criação: é a ordem geral da natureza. Como no caso da planta ou do animal, o jogo da doença é, fundamentalmente, específico. "O Ser supremo não se sujeitou a leis menos certas ao produzir as doenças ou amadurecer os humores mórbidos do que cruzando as plantas ou os animais... Quem observar atentamente a ordem, o tempo, a hora em que começa o acesso de febre quartã, os fenômenos de calafrio, de calor, em uma palavra, todos os sintomas que lhe são próprios, terá tantas razões para crer que essa doença é uma espécie quantas tem para crer que uma planta constitui uma espécie porque cresce, floresce e perece sempre do mesmo modo."[9]

Dupla importância desse modelo botânico para o pensamento médico. Permitiu, por um lado, a inversão do princípio de analogia das formas em lei, de produção das essências: a atenção perceptiva do médico que, nos dois casos, encontra e estabelece parentesco, se comunica de pleno direito com a ordem ontológica que organiza pelo interior, e antes de qualquer manifestação, o mundo da doença. A ordem da doença é, por outro lado, apenas um decalque do mundo da vida: nos dois casos, reinam as mesmas estruturas, as mesmas formas de repartição, a mesma ordenação. A racionalidade da vida é idêntica à racionalidade daquilo que a ameaça. Elas não estão, uma com relação à outra, como a natureza está para a contranatureza; mas se ajustam e se superpõem em uma ordem natural que lhes é comum. *Reconhece-se* a vida na doença, visto que é a lei da vida que, além disso, funda o *conhecimento* da doença.

4. Trata-se, ao mesmo tempo, de espécies naturais e ideais. Naturais, porque as doenças nelas enunciam suas ver-

---

9. Sydenham *apud* Sauvages, *loc. cit.*, T. I. p. 124-125.

ESPAÇOS E CLASSES 7

dades essenciais; ideais, na medida em que nunca se dão, na experiência, sem alteração ou distúrbio. A principal perturbação é trazida com e pelo próprio doente. À pura essência nosológica, que fixa e esgota, sem deixar resíduo, o seu lugar na ordem das espécies, o doente acrescenta, como perturbações, suas disposições, sua idade, seu modo de vida e toda uma série de acontecimentos que figuram como acidentes em relação ao núcleo essencial. Para conhecer a verdade do fato patológico, o médico deve abstrair o doente: "É preciso que quem descreve uma doença tenha o cuidado de distribuir os sintomas que a acompanham necessariamente, e que lhe são próprios, dos que são apenas acidentais e fortuitos, como os que dependem do temperamento e da idade do doente."[10] Paradoxalmente, o paciente é apenas um fato exterior em relação àquilo de que sofre; a leitura médica só deve tomá-lo em consideração para colocá-lo entre parênteses. Claro, é preciso conhecer "a estrutura interna de nossos corpos"; mas isso para melhor subtraí-la e libertar, sob o olhar do médico, "a natureza e a combinação dos sintomas, das crises e das outras circunstâncias que acompanham as doenças".[11] Não é o patológico que funciona, com relação à vida, como uma *contranatureza*, mas o doente com relação à própria doença.

O doente, mas também o médico. Sua intervenção será violenta se não estiver estritamente submetida à ordenação ideal da nosologia: "O conhecimento das doenças é a bússola do médico; o sucesso da cura depende de um exato conhecimento da doença"; o olhar do médico não se dirige inicialmente ao corpo concreto, ao conjunto visível, à plenitude positiva que está diante dele – o doente –, mas a intervalos de natureza, a lacunas e a distâncias em que aparecem como em negativo "os signos que diferenciam uma doença de uma outra, a verdadeira da falsa, a legítima da bastarda, a maligna da benigna".[12] Rede que oculta o doente real e impede toda indiscrição terapêutica. Quando administrado muito cedo, com in-

---

10. Sydenham, *ibidem.*

11. Clifton, *État de la médecine ancienne et moderne*, trad. fr., Paris, 1742, p. 213.

12. Frier, *Guide pour la conservation de l'homme*, Grenoble, 1789, p. 113.

tenção polêmica, o remédio contradiz e confunde a essência da doença; a impede de aceder à sua verdadeira natureza e, fazendo-a irregular, torna-a intratável. No período de invasão, o médico deve apenas ficar na expectativa, pois "os começos da doença existem para fazer conhecer sua classe, seu gênero e sua espécie"; quando os sintomas aumentam e ganham amplitude, basta "diminuir sua violência e a das dores"; no período de estabelecimento, é preciso "seguir, passo a passo, os caminhos que toma a natureza", reforçá-la se está muito fraca, mas diminuí-la "se ela se dedica vigorosamente demais a destruir o que a incomoda".[13]

Médicos e doentes não estão implicados, de pleno direito, no espaço racional da doença; são tolerados como confusões difíceis de evitar: o paradoxal papel da medicina consiste, sobretudo, em neutralizá-los, em manter entre eles o máximo de distância para que a configuração ideal da doença, no vazio que se abre entre um e outro, tome forma concreta, livre, totalizada enfim em um quadro imóvel, simultâneo, sem espessura nem segredo, em que o reconhecimento se abre por si mesmo à ordem das essências.

O pensamento classificatório se dá em um espaço essencial. A doença nele só existe na medida em que ele a constitui como natureza; e, no entanto, sempre aparece um pouco deslocada com relação a ele, por se oferecer em um doente real, aos olhos de um médico previamente armado. O belo espaço plano do retrato é, ao mesmo tempo, a origem e o resultado último: o que torna possível, na raiz, um saber médico racional e certo, e aquilo para o qual ele sempre deve avançar através do que o oculta da vista. Existe, portanto, todo um trabalho da medicina que consiste em alcançar sua própria condição, mas por um caminho em que ela deve apagar cada um de seus passos, desde que atinja seu fim, neutralizando não somente os casos em que se apoia, mas sua própria intervenção. Daí a estranha característica do olhar médico; ele é tomado em uma espiral indefinida: dirige-se ao que há de visível na doença, mas a partir do doente, que oculta este visível, mostrando-o;

---

13. T. Guindant, *La nature opprimée par la médecine moderne*, Paris, 1768, p. 10-11.

consequentemente, para conhecer, ele deve reconher. E esse olhar, progredindo, recua, visto que só atinge a verdade da doença, deixando-a vencê-lo, esquivando-se e permitindo ao próprio mal realizar, em seus fenômenos, sua natureza.

* * *

A doença, referenciável no quadro, aparece através do corpo. Neste, ela encontra um espaço cuja configuração é inteiramente diferente: espaço dos volumes e das massas. Suas regras definem as formas visíveis que o mal assume em um organismo doente: o modo como ele aí se reparte, se manifesta, progride alterando os sólidos, os movimentos ou as funções, provoca lesões visíveis na autópsia, desencadeia, em um ponto ou outro, o jogo dos sintomas, provoca reações e, com isso, se orienta para uma saída fatal ou favorável. Trata-se de figuras complexas e derivadas pelas quais a essência da doença, com sua estrutura de quadro, se articula com o volume espesso e denso do organismo e nele toma *corpo*.

Como o espaço plano, homogêneo das classes pode tornar-se visível em um sistema geográfico de massas diferenciadas por seu volume e sua distância? Como uma doença, definida por seu *lugar* em uma família, pode se caracterizar por sua *sede* em um organismo? Este é o problema do que se poderia chamar a *espacialização secundária* do patológico.

Para a medicina classificatória, o fato de atingir um órgão não é absolutamente necessário para definir uma doença: esta pode ir de um ponto de localização a outro, ganhar outras superfícies corporais, permanecendo idêntica sua natureza. O espaço do corpo e o espaço da doença têm liberdade de se deslocar um com relação ao outro. Uma mesma afecção espasmódica pode se mudar do baixo ventre, onde provocará dispepsias, ingurgitamentos viscerais e interrupções do fluxo menstrual ou hemorroidal, para o peito, com sufocamento, palpitações, sensação de bolo na garganta, acessos de tosse e, finalmente, ganhar a cabeça, provocando convulsões epiléticas, síncopes ou sono comatoso.[14] Esses deslocamentos, que acompanham tantas outras modificações sintomáticas, podem se produzir,

---

14. *Encyclopédie*, artigo "Spasme".

com o tempo, em um só indivíduo; podem-se, também, reencontrá-los examinando uma série de indivíduos em que os pontos atingidos são diferentes: em sua forma visceral, o espasmo é sobretudo encontrado nos sujeitos linfáticos; em sua forma cerebral, nos sanguíneos. Mas, de qualquer maneira, a configuração patológica essencial não é alterada. Os órgãos são os suportes sólidos da doença; jamais constituem suas condições indispensáveis. O sistema de pontos que define a relação da afecção com o organismo não é nem constante nem necessário. Não há espaço comum previamente definido.

Nesse espaço corporal em que circula livremente, a doença sofre metástases e metamorfoses. O deslocamento a remodela em parte. Uma hemorragia nasal pode tornar-se hemoptise ou hemorragia cerebral; subsiste unicamente a forma específica do derrame sanguíneo. É por isso que a medicina das espécies esteve, durante toda a sua carreira, ligada à doutrina das simpatias, ambas as concepções só podendo reforçar-se mutuamente para o justo equilíbrio do sistema. A comunicação simpática através do organismo é, às vezes, assegurada por um centro de transmissão localmente assinalável (o diafragma para os espasmos ou o estômago para os ingurgitamentos de humor); às vezes, por todo um sistema de difusão que irradia no conjunto do corpo (sistema nervoso para as dores e as convulsões, sistema vascular para as inflamações); em outros casos, por uma simples correspondência funcional (uma supressão das excreções se comunica dos intestinos aos rins e destes à pele); finalmente, por um ajustamento da sensibilidade de uma região à outra (dores lombares na hidrocele). Mas, mesmo que haja correspondência, difusão ou transmissão, a redistribuição anatômica da doença não modifica sua estrutura essencial; a simpatia assegura o jogo entre o espaço de localização e o espaço de configuração: define sua liberdade recíproca e os limites desta liberdade.

Mais do que limite, é preciso dizer limiar. Pois, além da transferência simpática e da homologia que esta autoriza, pode se estabelecer, entre as doenças, uma relação de causalidade, que não é de parentesco. Uma forma patológica pode engendrar outra, muito distante no quadro nosológico, por uma força de criação que lhe é própria. O corpo é o lugar de uma justaposição, de uma sucessão, de uma mistura de espécies diferentes. Daí as complicações, as formas mistas e certas sucessões regulares ou, ao menos, frequentes, como entre a mania e a paralisia. Haslam conhecia esses doentes delirantes em que "a palavra está embaraçada, a boca desviada, os braços ou as pernas privados de movimentos voluntários, a memória enfraquecida" e que, quase sempre, "não têm consciência de sua posição".[15] Imbricação dos sintomas, simultaneidade de suas formas extremas: isso não basta para formar uma doença. A distância, no quadro dos parentescos mórbidos, entre a excitação verbal e essa paralisia motora impede que a proximidade cronológica prevaleça e decida sobre a unidade. Daí a ideia de uma causalidade que se manifesta em um ligeiro deslocamento temporal; ora o acesso maníaco aparece primeiro, ora os signos motores introduzem o conjunto sintomático: "As afecções paralíticas são uma causa de loucura muito mais frequente do que se crê; e são, também, um efeito bastante corriqueiro da mania." Nenhuma translação simpática pode, neste caso, transpor a separação das espécies; e a solidariedade entre os sintomas no organismo não basta para constituir uma unidade que repugna às essências. Existe, portanto, uma causalidade internosológica que desempenha o papel inverso da simpatia: esta conserva sua forma fundamental, percorrendo o tempo e o espaço; a causalidade assegura as simultaneidades e os intercruzamentos que misturam as purezas essenciais.

O tempo, nessa patologia, desempenha papel limitado. Admite-se que uma doença possa durar e que no seu desenvolvimento possam aparecer, de cada vez, episódios; desde Hipócrates, calculam-se os dias críticos; conhecem-se os valores significativos das pulsações arteriais: "Quando o pulso propulsivo aparece a cada $30^{\underline{a}}$ pulsação, aproximadamente, a hemorragia sobrevém mais ou menos quatro dias depois; quando ele sobrevém a cada $16^{\underline{a}}$ pulsação, a hemorragia chega em três dias... Finalmente, quando volta a cada quarta, terceira, segunda pulsação ou é contínuo, deve-se esperar a hemorragia no espaço de 24 horas."[16] Mas essa duração, numericamente fixada, faz parte da estrutura essencial da

---

15. J. Haslam, *Observations on madness*, Londres, 1798, p. 259.
16. Fr. Solano de Luques, *Observations nouvelles et extraordinaires sur la prédiction des crises*, enriquecidas com vários casos novos por Nihell, trad. fr., Paris, 1748, p. 2.

doença, do mesmo modo que é próprio ao catarro crônico tornar-se, depois de algum tempo, febre tísica. Não há um processo de evolução em que a duração traria, por si própria e apenas por sua insistência, novos acontecimentos; o tempo é integrado como constante nosológica e não como variável orgânica. O tempo do corpo não modifica, e muito menos determina, o tempo da doença.

O que faz o "corpo" essencial da doença se comunicar com o corpo real do doente não são, portanto, nem os pontos de localização, nem os efeitos da duração; é, antes, a qualidade. Meckel, em uma das experiências relatadas na Academia Real da Prússia, em 1764, explica como observa a alteração do encéfalo em diversas doenças. Quando faz uma autópsia, ele extrai do cérebro pequenos cubos de igual volume (6 linhas* de lado) em diferentes lugares da massa cefálica: compara essas extrações entre si e com as realizadas em outros cadáveres. O instrumento preciso dessa comparação é a balança; na tísica, doença de esgotamento, o peso específico do cérebro é relativamente menor do que nas apoplexias, doenças de ingurgitamento (1 dr 3 gr. $\frac{3}{4}$ contra 1 dr 6 ou 7 gr.); enquanto, em um indivíduo normal, que morreu naturalmente, o peso médio é de 1 dr 5 gr. Esses pesos podem variar segundo a região do encéfalo; na tísica, é sobretudo o cerebelo que é leve; na apoplexia, são as regiões centrais que são pesadas.[17] Existem, portanto, entre a doença e o organismo, pontos de contato bem situados e segundo um princípio regional; mas trata-se apenas de setores em que a doença segrega ou transpõe suas qualidades específicas: o cérebro dos maníacos é leve, seco e friável, na medida em que a mania é uma doença viva, quente, explosiva; o dos tísicos será esgotado e lânguido, inerte, exange, na medida em que a tísica se alinha na classe geral das hemorragias. O con unto qualitativo que caracteriza a doença se deposita em um órgão que serve então de suporte aos sintomas. A doença e o corpo só se comunicam por intermédio do elemento não espacial da qualidade.

---

17. Resenha, *in Gazette salutaire*, t. XXI, 2 de agosto de 1764.

* Antiga medida de comprimento que corresponde à duodécima parte da polegada. (N.T.)

ESPAÇOS E CLASSES   13

Compreende-se, nessas condições, que a medicina se afaste de uma forma de conhecimento que Sauvages designava como matemática: "Conhecer as quantidades e saber medilas, determinar, por exemplo, a força e a velocidade do pulso, o grau de calor, a intensidade da dor, a violência da tosse e de outros sintomas."[18] Se Meckel media, não era para aceder a um conhecimento de tipo matemático; tratava-se, para ele, de avaliar a intensidade de determinada qualidade patológica em que a doença consistia. Nenhuma mecânica mensurável do corpo pode, em suas particularidades físicas ou matemáticas, dar conta de um fenômeno patológico; as convulsões são, talvez, determinadas por um dessecamento ou uma contração do sistema nervoso – o que é do âmbito da mecânica, mas de uma mecânica das qualidades que se encadeiam, dos movimentos que se articulam, das transformações que se desencadeiam em série, não de uma mecânica de segmentos quantificáveis. Pode tratar-se de um mecanismo, mas que não diz respeito à mecânica. "Os médicos devem se limitar a conhecer as forças dos medicamentos e das doenças por meio de suas operações; devem observá-las com cuidado, se aplicar em conhecer suas leis e não se esgotar na investigação das causas físicas."[19]

A percepção da doença no doente supõe, portanto, um olhar qualitativo; para apreender a doença é preciso olhar onde há secura, ardor, excitação, onde há umidade, ingurgitamento, debilidade. Como distinguir, sob a mesma febre, sob a mesma tosse, sob o mesmo esgotamento, a pleurisia da tísica, se não se reconhece naquela uma inflamação seca dos pulmões e nesta um derrame seroso? Como distinguir, senão por sua qualidade, as convulsões de um epilético que sofre de uma inflamação cerebral das de um hipocondríaco afetado por um ingurgitamento das vísceras? Percepção sutil das qualidades, percepção das diferenças de um caso a outro, fina percepção das variantes – é preciso toda uma hermenêutica do fato patológico a partir de uma experiência modulada e colorida; medem-se variações, equilíbrios, excessos ou defeitos: "O corpo humano é composto de vasos e fluidos;... quando os vasos e as

---

18. Sauvages, *loc. cit.*, I, p. 91-92.
19. Tissot, *Avis aux gens de lettres sur leur santé*, Lausanne, 1767, p. 28.

14 O Nascimento da Clínica | Michel Foucault

fibras não têm nem muita nem muito pouca elasticidade, quando os fluidos têm a consistência que lhes convém, quando não estão nem muito nem muito pouco em movimento, o homem está em estado de saúde; se o movimento... é forte demais, os sólidos se endurecem, os fluidos tornam-se espessos; se é fraco demais, a fibra se relaxa, o sangue se atenua."[20]

E o olhar médico, aberto a essas qualidades tênues, torna-se, por necessidade, atento a todas as suas modulações; a decifração da doença em suas características específicas repousa em uma forma matizada de percepção que deve apreciar cada equilíbrio singular. Mas em que consiste essa singularidade? Não é, de modo algum, a de um organismo em que processo patológico e reações se encadeiam de modo único para formar um "caso". Trata-se, antes, de variedades qualitativas da doença a que vêm se acrescentar, para modulá-las em segundo grau, as variedades que os temperamentos podem apresentar. O que a medicina classificatória chama "histórias particulares" são os efeitos de multiplicação provocados pelas variações qualitativas (devidas aos temperamentos) das qualidades essenciais que caracterizam as doenças. O indivíduo doente se encontra no ponto em que aparece o resultado dessa multiplicação.

Daí sua posição paradoxal. Quem desejar conhecer a doença deve subtrair o indivíduo com suas qualidades singulares: "O autor da natureza, dizia Zimmermann, fixou o curso da maioria das doenças por leis imutáveis que logo se descobram, se o curso da doença não é interrompido ou perturbado pelo doente."[21] Neste nível, o indivíduo é apenas um elemento negativo. Mas a doença nunca pode se dar fora de um temperamento, de suas qualidades, de sua vivacidade ou de seu peso; e mesmo que ela mantenha sua fisionomia de conjunto, seus traços sempre recebem, nos detalhes, colorações singulares. E o próprio Zimmermann, que só reconhecia no doente o negativo da doença, é "às vezes tentado", contra as descrições gerais de Sydenham, "a admitir apenas histórias particulares. Embora a natureza seja simples no todo, é, entretanto,

---

20. *Ibidem*, p. 28.
21. Zimmermann, *Traité de l'expérience*, trad. fr., Paris, 1800, T. I, p. 122.

variada nas partes; é preciso, por conseguinte, procurar conhecê-la no todo e nas partes".[22]

A medicina das espécies empenha-se em uma atenção renovada do individual – atenção cada vez mais impaciente e menos capaz de suportar as formas gerais de percepção, as apressadas leituras da essência. "Certo Esculápio tem todas as manhãs 50 a 60 doentes em sua antecâmara; escuta as queixas de cada um, alinha-os em quatro filas, receita à primeira uma sangria, à segunda, uma purgação, à terceira, um clister, à quarta, uma mudança de ar."[23] Isso não é medicina; e o mesmo acontece com a prática hospitalar, que mata as qualidades da observação e sufoca os talentos do observador pelo número de coisas a observar. A percepção médica não deve se dirigir nem às séries nem aos grupos; deve estruturar-se como um olhar através de "uma lupa que, aplicada às diversas partes de um objeto, permite ainda notar outras partes que sem ela não se distinguiria",[24] e empreender o infinito trabalho do conhecimento dos frágeis singulares. Reencontra-se, neste ponto, o tema do retrato, evocado acima; o doente é a doença que adquiriu traços singulares; dada com sombra e relevo, modulações, matizes, profundidade; e a tarefa do médico, quando descrever a doença, será restituir esta espessura viva: "É preciso exprimir as enfermidades do doente, seus sofrimentos, com seus gestos, sua atitude, seus termos e suas queixas."[25]

Pelo jogo da espacialização primária, a medicina das espécies situava a doença em uma região de homologias em que o indivíduo não podia receber estatuto positivo; na espacialização secundária, ela exige, em contrapartida, uma aguda percepção do singular, liberada das estruturas médicas coletivas, livre de qualquer olhar de grupo e da própria experiência hospitalar. Médico e doente estão implicados em uma proximidade cada vez maior e ligados, o médico por um olhar que espreita, apoia sempre mais e penetra, e o doente pelo conjun-

---

22. *Ibidem*, p. 184.
23. *Ibidem*, p. 187.
24. *Ibidem*, p. 127.
25. *Ibidem*, p. 178.

to das qualidades insubstituíveis e mudas que nele traem, isto é, mostram e variam, as belas formas ordenadas da doença. Entre as características nosológicas e os traços terminais que se leem no rosto do doente, as qualidades atravessaram livremente o corpo. Corpo em que o olhar médico não tem razões para se demorar, ao menos em sua espessura e seu funcionamento.

* * *

Chamar-se-á espacialização terciária o conjunto dos gestos pelos quais a doença, em uma sociedade, é envolvida, medicamente investida, isolada, repartida em regiões privilegiadas e fechadas, ou distribuída pelos meios de cura, organizados para serem favoráveis. Terciária não significa que se trate de uma estrutura derivada e menos essencial do que as precedentes; ela implica um sistema de opções que diz respeito à maneira como um grupo, para se manter e se proteger, pratica exclusões, estabelece as formas de assistência, reage ao medo da morte, recalca ou alivia a miséria, intervém nas doenças ou as abandona a seu curso natural. Mais do que as outras formas de espacialização, ela é, porém, o lugar de dialéticas diversas: instituições heterogêneas, decalagens cronológicas, lutas políticas, reivindicações e utopias, pressões econômicas, afrontamentos sociais. Nela, todo um corpo de práticas e instituições médicas articula as espacializações primária e secundária com as formas de um espaço social de que a gênese, a estrutura e as leis são de natureza diferente. E, no entanto, ou melhor, por isso mesmo, ela é o ponto de origem dos questionamentos mais radicais. A partir dela, a experiência médica oscilou e definiu, para suas percepções, dimensões mais concretas e um novo solo.

Segundo a medicina das espécies, a doença possui, por direito de nascimento, formas e momentos estranhos ao espaço das sociedades. Existe uma natureza "selvagem" da doença que é, ao mesmo tempo, sua verdadeira natureza e seu mais sábio percurso: só, livre de intervenção, sem artifício médico, ela apresenta a nervura ordenada e quase vegetal de sua essência. Mas, quanto mais complexo se torna o espaço social em que está situada, mais ela se *desnaturaliza*. Antes da civilização, os povos só tinham as doenças mais simples e mais necessárias. Camponeses e gente do povo ainda permanecem próximos do quadro nosológico fundamental; a simplicidade de suas vidas deixa-o transparecer em sua ordem racional: não têm os males de nervos variáveis, complexos, misturados, mas sólidas apoplexias ou puras crises de mania.[26] À medida que se ascende na ordem das condições e que a rede social se fecha em torno dos indivíduos, "a saúde parece diminuir gradativamente"; as doenças se diversificam e se combinam; seu número já é grande "na ordem superior do burguês;... ele é o maior possível na alta sociedade".[27]

O hospital, como a civilização, é um lugar artificial em que a doença, transplantada, corre o risco de perder seu aspecto essencial. Ela logo encontra nele um tipo de complicação que os médicos chamam febre das prisões ou dos hospitais: astenia muscular, língua seca, saburra, rosto lívido, pele pegajosa, diarreia, urina descorada, opressão nas vias respiratórias, morte no oitavo ou $11^{\underline{o}}$ dia, ou, no mais tardar, no $13^{\underline{o}}$.[28] De modo mais geral, o contato com os outros doentes, nesse jardim desordenado em que as espécies se entrecruzam, altera a natureza da doença e a torna mais dificilmente legível; e como, nessa necessária proximidade, "corrigir o eflúvio maligno que parte de todo o corpo dos doentes, dos membros gangrenados, ossos cariados, úlceras contagiosas, febre pútridas"?[29] E, além disso, podem-se apagar as desagradáveis impressões que causa ao doente, afastado de sua família, o espetáculo dessas casas que não são para muitos senão "o templo da morte"? Essa solidão povoada e esse desespero perturbam, com as sadias reações do organismo, o curso natural da doença; seria preciso um médico de hospital bastante hábil "para escapar do perigo da falsa experiência que parece provir das doenças artificiais a que ele deve prestar cuidados nos hospitais. Com efeito, nenhuma doença de hospital é pura".[30]

---

26. Tissot, *Traité des nerfs et de leurs maladies*, Paris, 1778-1780, T. II, p. 432-444.

27. Tissot, *Essai sur la santé des gens du monde*, Lausanne, 1770, p. 8-12.

28. Tenon, *Mémoires sur les hôpitaux*, Paris, 1788, p. 451.

29. Percival, Lettre à M. Aikin, in J. Aikin, *Observations sur les hôpitaux*, trad. fr., Paris, 1777, p. 113.

30. Dupont de Nemours, *Idées sur les secours à donner*, Paris, 1786, p. 24-25.

O lugar natural da doença é o lugar natural da vida – a família: doçura dos cuidados espontâneos, testemunho do afeto, desejo comum da cura, tudo entra em cumplicidade para ajudar a natureza que luta contra o mal e deixar o próprio mal se desdobrar em sua verdade; o médico de hospital só vê doenças distorcidas, alteradas, toda uma teratologia do patológico; o que atende em domicílio "adquire em pouco tempo uma verdadeira experiência fundada nos fenômenos naturais de todas as espécies de doenças".[31] A vocação dessa medicina em domicílio é, necessariamente, ser respeitosa: "Observar os doentes, ajudar a natureza sem violentá-la e esperar, confessando modestamente, que faltam ainda muitos conhecimentos."[32] Reanima-se, assim, a respeito da patologia das espécies, o velho debate da medicina atuante e da medicina expectante.[33] Os nosologistas são favoráveis a esta e um dos últimos, Vitet, em uma classificação que compreende mais de 2 mil espécies, que se intitula *Médecine expectante*, prescreve invariavelmente a quina para ajudar a natureza a realizar seu movimento natural.[34]

A medicina das espécies implica, portanto, uma especialização livre para a doença, sem região privilegiada, sem opressão hospitalar – uma espécie de repartição espontânea em seu local de nascimento e desenvolvimento que deve funcionar como o lugar em que ela desenvolve e realiza sua essência, em que ela chega a seu fim natural: a morte, inevitável se esta é sua lei; a cura, frequentemente possível, se nada vem perturbar sua natureza. No lugar em que aparece, ela deve, pelo mesmo movimento, desaparecer. Não é preciso fixá-la em um domínio medicamente preparado, mas deixá-la, no sentido positivo do termo, "vegetar" em seu solo de origem: o lar, espaço social concebido da forma mais natural, mais primitiva, mais moralmente sólida, ao mesmo tempo oculto e inteiramente transparente, em que a doença está entregue a si pró-

---

31. *Ibidem*.
32. Moscati, *De l'emploi des systèmes dans la médecine pratique*, trad. fr., Estrasburgo, ano VII, p. 26-27.
33. Cf. Vicq d'Azyr, *Remarques sur la médecine agissante*, Paris, 1786.
34. Vitet, *La médecine expectante*, Paris, 1808, 6 vols.

pria. Ora, este tema coincide exatamente com o modo como o pensamento político reflete o problema da assistência.

A crítica das fundações hospitalares é, no século XVIII, um lugar comum da análise econômica. Os bens que as constituem são inalienáveis: é a parte perpétua dos pobres. Mas a pobreza não é perpétua; as necessidades podem mudar e a assistência deveria beneficiar as províncias ou as cidades que dela necessitam. Não seria transgredir, mas, ao contrário, seguir a vontade dos doadores em sua verdadeira forma; seu "objetivo principal foi servir o público, aliviar o Estado; sem se afastar da intenção dos fundadores e mesmo se conformando a suas perspectivas, deve-se considerar como uma massa comum o total dos bens destinados aos hospitais".[35] A fundação, singular e intangível, deve ser dissolvida no espaço de uma assistência generalizada de que a sociedade é, ao mesmo tempo, a única administradora e a indiferenciada beneficiária. Por outro lado, é um erro econômico basear a assistência na imobilização do capital, isto é, no empobrecimento da nação, que acarreta, por sua vez, a necessidade de novas fundações e, em última análise, uma paralisação da atividade. Não se deve basear a assistência nem na riqueza produtora, o capital, nem na riqueza produzida, a renda, que é sempre capitalizável, mas no princípio mesmo que produz a riqueza: o trabalho. Na medida em que se faz com que os pobres trabalhem, eles serão assistidos sem empobrecer a nação.[36]

O doente, sem dúvida, não é capaz de trabalhar, mas se é colocado no hospital torna-se uma dupla carga para a sociedade: a assistência de que se beneficia só a ele diz respeito, enquanto sua família, deixada ao abandono, se encontra, por sua vez, exposta à miséria e à doença. O hospital, criador de doença, pelo domínio fechado e pestilento que representa, também o é no espaço social em que está situado. Essa separação, destinada a proteger, comunica a doença e a multiplica infinitamente. Se, inversamente, ela é deixada no campo livre de seu nascimento e desenvolvimento, nunca será mais do que ela mesma: desaparecerá como apareceu; e a assistên-

---

35. Chamousset, C.H.P., Plan général pour l'administration des hôpitaux, *in Vues d'un citoyen*, Paris, 1757, T. II.
36. Turgot, artigo "Fondation" da *Encyclopédie*.

20   O Nascimento da Clínica | Michel Foucault

cia que lhe será dada em domicílio compensará a pobreza que provoca: os cuidados assegurados espontaneamente pelos que o cercam nada custarão a ninguém; e a subvenção concedida ao doente será útil à família: "É preciso que alguém coma a carne que serviu para lhe fazer um caldo; e ao esquentar sua tisana, não custa mais aquecer também suas crianças."[37] A cadeia da "doença das doenças" e a do empobrecimento perpétuo da pobreza são, assim, rompidas quando se renuncia a criar para o doente um espaço diferenciado, distinto e destinado, de modo ambíguo mas desajeitado, a proteger a doença e a preservar da doença.

Independentemente de suas justificações, as teses dos economistas e dos médicos classificadores coincidem em suas linhas gerais: o espaço em que a doença se realiza, se isola e se completa é um espaço absolutamente aberto, sem divisão e sem figura privilegiada ou fixa, reduzido apenas ao plano das manifestações visíveis; espaço homogêneo em que nenhuma intervenção se autoriza, a não ser a de um olhar que, ao se fixar, se apaga, e de uma assistência cujo valor reside apenas no efeito de uma compensação transitória: espaço sem morfologia própria, a não ser a das semelhanças percebidas de indivíduo a indivíduo e de cuidados oferecidos por uma medicina privada a um doente privado.

Mas, por ser assim levada ao extremo, a temática se inverte. Uma experiência médica diluída no espaço livre de uma sociedade que organiza apenas a figura da família não supõe o apoio de toda a sociedade? Não implica, pela atenção singular que dispensa ao indivíduo, uma vigilância generalizada cuja extensão coincide com o grupo em seu conjunto? Seria preciso conceber uma medicina suficientemente ligada ao Estado para que, de comum acordo com ele, fosse capaz de praticar uma política constante, geral, mas diferenciada de assistência; a medicina torna-se tarefa nacional; e Menuret, no início da Revolução, sonhava com cuidados gratuitos assegurados por médicos que o governo indenizaria entregando-lhes as rendas eclesiásticas.[38] Seria, por isso mesmo, necessário exer-

---

37. Dupont de Nemours, *Idées sur les secours à donner*, Paris, 1786, p. 14-30.
38. J.-J. Menuret, *Essai sur les moyens de former de bons médecins*, Paris, 1791.

ESPAÇOS E CLASSES **21**

cer um controle sobre esses médicos: impedir os abusos, proscrever os charlatães, evitar, pela organização de uma medicina sã e racional, que os cuidados em domicílio não fizessem do doente uma vítima e não expusessem ao contágio os que o cercassem. A boa medicina deverá receber do Estado testemunho de validade e proteção legal; a ele cabe "estabelecer a existência de uma verdadeira arte de curar".[39] A medicina da percepção individual, da assistência familiar, dos cuidados em domicílio só pode encontrar apoio em uma estrutura coletivamente controlada e que recobre a totalidade do espaço social. Entra-se em uma forma inteiramente nova e mais ou menos desconhecida, no século XVIII, de espacialização institucional da doença. Nela, a medicina das espécies se perderá.

---

39. Jadelot, *Adresse à Nos Seigneurs de l'Assemblée Nationale sur la nécessité et le moyen de perfectionner l'enseignement de la médecine*, Nancy, 1790, p. 7.

Capítulo II

UMA CONSCIÊNCIA POLÍTICA

Com relação à medicina das espécies, as noções de constituição, doença endêmica e epidemia tiveram, no século XVIII, destino singular.

É preciso retornar a Sydenham e à ambiguidade de sua lição: iniciador do pensamento classificatório, ele definiu, ao mesmo tempo, o que podia ser uma consciência histórica e geográfica da doença. A "constituição" de Sydenham não é uma natureza autônoma, mas o complexo – como o liame transitório – de um conjunto de acontecimentos naturais: qualidades do solo, climas, estações, chuva, seca, focos pestilenciais, penúria; e nos casos em que tudo isso não dê conta dos fenômenos constatados, é preciso invocar as características não de uma espécie luminosa no jardim das doenças, mas de um núcleo obscuro e oculto na terra. "*Variae sunt semper annorum constitutiones quae neque calori neque frigori non sicco humidove ortum suum debent, sed ab occulta potius inexplicabili quadam alteratione in ipsis terrae visceribus pendent.*"[1] As constituições não apresentam sintomas próprios, elas se definem por deslocamentos de acento, agrupamentos inespe-

---

1. Th. Sydenham, Observationes medicae, *in Opera medica*, Genebra, 1736, I, p. 32.

UMA CONSCIÊNCIA POLÍTICA **23**

rados de signos, fenômenos mais intensos ou mais fracos: aqui, as febres serão violentas e secas, ali, os catarros e os derrames serosos mais frequentes; durante um verão quente e longo, os ingurgitamentos viscerais são mais numerosos do que de costume, e mais duradouros. Londres, de julho a setembro de 1661: "*Aegri paroxysmus atrocior, lingua magis nigra siccaque, extra paroxysmum aporexia obscurio, virium et appetitus prostratio major, major item ad paroxysmum proclinitas, omnia summatim accidentia immanioria, ipseque morbus quam pro more Febrium intermittentium funestior.*"[2] A constituição não se refere a um absoluto específico de que seria a manifestação mais ou menos modificada: é percebida apenas na relatividade das diferenças – por um olhar de certa forma diacrítico.

Nem toda constituição é epidemia; mas a epidemia é uma constituição de tessitura mais compacta, de fenômenos constantes e mais homogêneos. Discutiu-se muito e longamente, e ainda se discute, para saber se os médicos do século XVIII tinham compreendido seu caráter contagioso e se tinham colocado o problema do agente de sua transmissão. Ociosa questão, e que permanece estranha, ou, ao menos, é derivada com relação à estrutura fundamental: a epidemia é mais do que uma forma particular de doença; é, no século XVIII, um modo autônomo, coerente e suficiente de ver a doença: "Dá-se o nome de doenças epidêmicas a todas aquelas que atacam ao mesmo tempo, e com características imutaveis, grande número de pessoas."[3] Não há, portanto, diferenças de natureza ou de espécie entre uma doença individual e um fenômeno epidêmico; basta que uma afecção esporádica se reproduza algumas vezes e simultaneamente para que haja epidemia. Problema puramente aritmético do limiar: o esporádico é apenas uma epidemia infraliminar. Trata-se de uma percepção não mais essencial e ordinal, como na medicina das espécies, mas qualitativa e cardinal.

O suporte dessa percepção não é um tipo específico, mas um núcleo de circunstâncias. A essência da epidemia não é a

---

2. *Ibidem*, p. 27.
3. Le Brun, *Traité historique sur les maladies épidémiques*, Paris, 1776, p. 1.

24 O Nascimento da Clínica | Michel Foucault

peste ou o catarro; é Marselha em 1721, é Bicêtre em 1780; é Rouen em 1769, onde, "durante o verão, se produziu, atingindo as crianças, uma epidemia de febres biliosas catarrais, febres biliosas pútridas, complicadas com a miliar, febres biliosas ardentes durante o outono. Esta constituição degenera em biliosa pútrida no final desta estação e durante o inverno de 1769 a 1770".[4] As formas patológicas familiares são convocadas, mas para um jogo complexo de entrecruzamentos em que ocupam um lugar análogo ao do sintoma em relação à doença. O fundamento essencial é definido pelo momento, pelo lugar, por este "ar vivo, picante, sutil, penetrante", que é o de Nîmes durante o inverno,[5] por este outro, pegajoso, espesso, pútrido que se conhece em Paris, quando o verão é longo e pesado.[6]

A regularidade dos sintomas não deixa transparecer em filigrana a sabedoria de uma ordem natural; indica apenas a constância das causas, a obstinação de um fator cuja pressão global, e sempre repetida, determina uma forma privilegiada de afecções. Às vezes, trata-se de uma causa que se mantém através do tempo, e provoca, por exemplo, a plica na Polônia, as escrófulas na Espanha; falar-se-á então, de preferência, de doenças endêmicas; trata-se às vezes de causas que "de repente atacam grande número de pessoas em um mesmo lugar, sem distinção de idade, sexo ou temperamento. Apresentam a ação de uma causa geral, mas como estas doenças só reinam durante algum tempo, esta causa pode ser vista como puramente acidental":[7] é o caso da varíola, da febre maligna ou da disenteria; são as epidemias propriamente ditas. Não é de espantar que, apesar da grande diversidade das pessoas atingidas, de suas disposições e de suas idades, a doença nelas se apresente com os mesmos sintomas: é que a secura ou a umidade, o calor ou o frio asseguram, desde que sua ação se prolonge um pouco, a dominação de um de nossos princí-

---

4. Lepecq de la Cloture, *Collection d'observations sur les maladies et constitutions épidémiques*, Rouen, 1778, p. XIV.

5. Razoux, *Tableau nosologique et météorologique*, Bâle, 1787, p. 22.

6. Menuret, *Essai sur l'histoire médico-topographique de Paris*, Paris, 1788, p. 139.

7. Banan et Turben, *Mémoires sur les épidémies de Languedoc*, Paris, 1786, p. 3.

pios constitutivos: álcalis, sais, flogísticos; "somos, então, expostos aos acidentes que este princípio ocasiona, e estes acidentes devem ser os mesmos nas diferentes pessoas".[8]

A análise de uma epidemia não se impõe como tarefa reconhecer a forma geral da doença, situando-a no espaço abstrato da nosologia, mas reencontrar, sob os signos gerais, o processo singular, variável segundo as circunstâncias, de uma epidemia a outra que, da causa à forma mórbida, tece em todos os doentes uma trama comum, mas singular, em um momento do tempo e em determinado lugar do espaço; Paris, em 1785, conheceu febres quartãs e sínocas pútridas, mas o essencial da epidemia era uma "bílis ressecada em seus canais, que se tornou melancolia, o sangue empobrecido, espesso, e por assim dizer pegajoso, os órgãos do baixo ventre ingurgitados e convertidos em causas ou focos da obstrução":[9] em suma, uma espécie de singularidade global, um indivíduo de cabeças múltiplas mas semelhantes, cujos traços só se manifestam uma única vez no tempo e no espaço. A doença específica sempre se repete mais ou menos, a epidemia nunca inteiramente.

Nessa estrutura perceptiva, o problema do contágio tem relativamente pouca importância. A transmissão de um indivíduo a outro não é, em caso algum, a essência da epidemia; ela pode, em forma de "miasma" ou de "fermento" que se comunicam por meio da água, dos alimentos, do contato, do vento, do ar confinado, constituir uma das causas da epidemia, seja direta ou primária (quando é a única causa em ação), seja secundária (quando o miasma é o produto, em uma cidade ou um hospital, de uma doença epidêmica provocada por um outro fator). Mas o contágio é apenas uma modalidade do fato da epidemia. Admitir-se-á de bom grado que as doenças malignas, como a peste, tenham uma causa transmissível; isto será mais dificilmente reconhecido no caso das doenças epidêmicas simples (coqueluche, rubéola, escarlatina, diarreia biliosa, febre intermitente).[10]

---

8. Le Brun, *loc. cit.*, p. 66, n⁰ 1.
9. Menuret, *loc. cit.*, p. 139.
10. Le Brun, *loc. cit.*, p. 2-3.

Contagiosa ou não, a epidemia tem uma espécie de individualidade histórica. Daí a necessidade de usar com ela um método complexo de observação. Fenômeno coletivo, ela exige um olhar múltiplo; processo único, é preciso descrevê-la no que tem de singular, acidental e imprevisto. Deve-se transcrever o acontecimento detalhadamente, mas também segundo a coerência que implica a percepção realizada por muitos: conhecimento impreciso, mal fundado na medida em que é parcial, incapaz de aceder sozinho ao essencial ou ao fundamental, só encontra seu volume próprio no cruzamento das perspectivas, em uma informação repetida e retificada, que finalmente envolve, no lugar em que os olhos se cruzam, o núcleo individual e único desses fenômenos coletivos. No final do século XVIII, esta forma de experiência está em vias de se institucionalizar: em cada subdelegação, um médico e vários cirurgiões são designados pelo Intendente para seguir as epidemias que podem se produzir em seu cantão; eles se correspondem com o médico-chefe da Intendência a propósito "tanto da doença reinante quanto da topografia médica de seu cantão": quando quatro ou cinco pessoas são atacadas pela mesma doença, o síndico deve prevenir o subdelegado, que envia o médico para que este indique o tratamento que os cirurgiões aplicarão diariamente; nos casos mais graves, é o médico da Intendência que deve ir pessoalmente a esses lugares.[11]

Mas essa experiência só pode adquirir plena significação se for reforçada por uma intervenção constante e coercitiva. Só poderia haver medicina das epidemias se acompanhada de uma polícia: vigiar a instalação das minas e dos cemitérios, obter, o maior número de vezes possível, a incineração dos cadáveres, em vez de sua inumação, controlar o comércio do pão, do vinho, da carne,[12] regulamentar os matadouros, as tinturarias, proibir as habitações insalubres; seria necessário que depois de um estudo detalhado de todo o território se estabelecesse, para cada província, um regulamento de saúde para ser lido "na missa ou no sermão, todos os domingos e

---

11. Anônimo, *Description des épidémies qui ont régné depuis quelques années sur la généralité de Paris*, Paris, 1783, p. 35-37.
12. Le Brun, *loc. cit.*, p. 127-132.

dias santos", e que diria respeito ao modo de se alimentar, de se vestir, de evitar as doenças, de prevenir ou curar as que reinam: "Estes preceitos seriam como as preces que mesmo os mais ignorantes e as crianças conseguem recitar."[13] Seria necessário, por último, criar um corpo de inspetores de saúde, que se poderia "distribuir em diferentes províncias, confiando a cada um deles um departamento circunscrito"; neste lugar, ele faria observações sobre os domínios que dizem respeito à medicina, mas também à física, química, história natural, topografia e astronomia; prescreveria as medidas a serem tomadas e controlaria o trabalho do médico. "Seria desejável que o Estado se encarregasse de valorizar estes médicos físicos e lhes poupasse os gastos que o gosto de fazer descobertas úteis acarreta."[14]

A medicina das epidemias se opõe a uma medicina das classes, como a percepção coletiva de um fenômeno global, mas único e nunca repetido, pode se opor à percepção individual daquilo que uma essência pode constantemente revelar de si mesma e de sua identidade na multiplicidade dos fenômenos. Análise de uma série, em um caso, decifração de um tipo, no outro; integração do tempo, nas epidemias, definição de um lugar hierárquico, para as espécies; determinação de uma causalidade – pesquisa de uma coerência essencial; percepção desligada de um espaço histórico e geográfico complexo – definição de uma superfície homogênea em que se leem analogias. E no entanto, no final das contas, quando se trata das figuras terciárias, que devem distribuir a doença, a experiência médica e o controle do médico nas estruturas sociais, a patologia das epidemias e a das espécies se encontram diante das mesmas exigências: a definição de um estatuto político da medicina e a constituição, no nível de um estado, de uma consciência médica, encarregada de uma tarefa constante de informação, controle e coação; exigências que "compreendem objetos tanto relativos à polícia quanto propriamente da competência da medicina".[15]

---

13. Anônimo, *Description des épidémies*, p. 14-17.
14. Le Brun, *loc. cit.*, p. 124.
15. Le Brun, *loc. cit.*, p. 126.

28 O Nascimento da Clínica | Michel Foucault

* * *

Esta é a origem da Sociedade Real de Medicina e de seu insuperável conflito com a faculdade. Em 1776, o governo decide criar em Versalhes uma comissão encarregada de estudar os fenômenos epidêmicos e epizoóticos, que se tinham multiplicado durante os anos precedentes; a ocasião precisa foi uma doença do gado, no sudoeste da França, que forçara o controlador-geral das finanças a dar ordem de abater todos os animais suspeitos: daí resultou uma perturbação econômica bastante grave. O decreto de 29 de abril de 1776 declara, em seu preâmbulo, que as epidemias "são funestas e destrutivas em seus começos apenas porque suas características, sendo pouco conhecidas, deixam o médico na incerteza quanto à escolha dos tratamentos que lhes convém aplicar; que esta incerteza nasce do pouco cuidado que se teve em estudar ou descrever os sintomas das diferentes epidemias e os métodos curativos que tiveram mais sucesso". A comissão terá um triplo papel: de investigação, mantendo-se informada sobre os diversos movimentos epidêmicos; de elaboração, comparando os fatos, registrando as medicações empregadas, organizando experiências; de controle e prescrição, indicando aos médicos visitadores os métodos que pareçam mais adaptados. Ela é composta por oito médicos: um diretor, encarregado da "correspondência relativa às epidemias e às epizootias" (De Lasson), um comissário-geral, que assegura a ligação com os médicos da província (Vicq d'Azyr) e seis doutores da faculdade, que se consagram a trabalhos que dizem respeito a esses mesmos assuntos. O controlador das finanças poderá mandá-los fazer inquéritos na província e pedir-lhes relatórios. Por último, Vicq d'Azyr será encarregado de um curso de anatomia humana e comparada ante os outros membros da comissão, os doutores da faculdade e "os estudantes que disto se mostrarem dignos".[16] Assim se estabelece um duplo controle: das instâncias políticas sobre o exercício da medicina e de um corpo médico privilegiado sobre o conjunto dos práticos.

---

16. Cf. *Précis historique de l'établissement de la Société royale de Médecine* (s.l.n.d. O autor anônimo é Boussu).

UMA CONSCIÊNCIA POLÍTICA **29**

Logo se manifesta o conflito com a faculdade. Trata-se, aos olhos dos contemporâneos, do choque de duas instituições, uma moderna e epoiada politicamente, a outra arcaica e fechada sobre si mesma. Um partidário da faculdade descreve assim a oposição: "Uma antiga, respeitável por todos os motivos e principalmente aos olhos dos membros da sociedade, que ela formou em sua maioria; a outra, instituição moderna, cujos membros preferiram, à associação de suas instituições, a dos ministros da Coroa, que desertaram das assembleias da faculdade, a que o bem público e seus juramentos deveriam manter ligados, para seguir a carreira da intriga."[17] Durante três meses, com protesto, a faculdade "faz greve": se recusa a exercer suas funções, e seus membros a conferenciar com os membros da Sociedade. Mas o resultado está previamente dado, pois o Conselho sustenta o novo comitê. Desde 1778, já estavam registradas as cartas patentes que consagravam sua transformação em Sociedade Real de Medicina, e a faculdade se viu proibida "de adotar nesta questão qualquer espécie de defesa". A Sociedade recebe 40 mil libras de rendas deduzidas das águas minerais, enquanto a faculdade recebe apenas 2 mil.[18] Mas, sobretudo, seu papel incessantemente se amplia: órgão de controle das epidemias, torna-se, pouco a pouco, um local de centralização do saber, uma instância de registro e de julgamento de toda atividade médica. No início da Revolução, o Comitê das Finanças da Assembleia Nacional justificará assim seu estatuto: "O objeto desta Sociedade é vincular a medicina francesa com a medicina estrangeira, mediante uma útil correspondência; recolher as observações esparsas, conservá-las e compará-las; procurar, sobretudo, as causas das doenças populares, calcular sua reincidência, constatar os remédios mais eficazes."[19] A Sociedade não agrupa mais apenas os médicos que se consagram ao estudo dos fenômenos patológicos coletivos; tornou-se o órgão oficial de uma *consciência coletiva* dos fenômenos patológicos; consciência que se mani-

---

17. Retz, *Exposé succinct à l'Assemblée Nationale*, Paris, 1791, p. 5-6.
18. Cf. Vacher de la Feuterie, *Motif de la réclamation de la Faculté de Médecine de Paris contre l'établissement de la Société royale de Médecine* (s.l.n.d.).
19. Citado em Retz, *loc. cit.*

30   O Nascimento da Clínica | Michel Foucault

festa, no nível da experiência como no nível do saber, tanto de forma cosmopolita quanto no espaço da nação.

Esse acontecimento tem valor de emergência nas estruturas fundamentais. Nova forma da experiência, cujas linhas gerais, formadas em torno dos anos 1775-1780, vão se prolongar por muito tempo para apresentar, durante a Revolução e até sob o Consulado, muitos projetos de reforma. De todos esses planos, pouca coisa, sem dúvida, se tornará realidade. E, no entanto, a forma de percepção médica implicada por eles é um dos elementos constitutivos da experiência clínica.

Novo estilo de totalização. Os tratados do século XVIII, instituições, aforismos, nosologias encerravam o saber médico em um espaço fechado: o quadro formado podia não se completar nos detalhes ou, por ignorância, estar em desordem em alguns pontos; em sua forma geral, era exaustivo e fechado. Ele é agora substituído por quadros abertos e indefinidamente prolongáveis: Hautesierck já havia dado o exemplo quando, a pedido de Choiseul, propusera para os médicos e cirurgiões militares um plano de trabalho coletivo, compreendendo quatro séries paralelas e sem limites: estudo das topografias (a situação dos lugares, o terreno, a água, o ar, a sociedade, os temperamentos dos habitantes), observações meteorológicas (pressão, temperatura, regime dos ventos), análise das epidemias e das doenças reinantes, descrição dos casos extraordinários.[20] O tema da enciclopédia cede lugar ao de uma informação constante e constantemente revisada, em que se trata mais de totalizar os acontecimentos e sua determinação do que de fechar o saber em uma forma sistemática: "Tanto isso é verdade que existe uma cadeia que liga, no Universo, sobre a terra e no homem, todos os seres, todos os corpos, todas as afecções; cadeia cuja sutileza, eludindo os olhares superficiais do minucioso experimentador e do frio tratadista, se dá a conhecer ao gênio verdadeiramente observador."[21] No início da Revolução, Cantin propõe que esse trabalho de informação seja assegurado, em cada departamento,

---

20. Hautesierck, *Recueil d'observations de médecine des hôpitaux militaires*, Paris, 1766, T. I, p. XXIV-XXVII.
21. Menuret, *Essai sur l'histoire médico-topographique de Paris*, p. 139.

UMA CONSCIÊNCIA POLÍTICA **31**

por uma comissão eleita entre os médicos;[22] Mathieu Géraud pede a criação, em cada sede administrativa, de uma "casa governamental salubre" e, em Paris, de uma "corte de salubridade", sediada na Assembleia Nacional, centralizando as informações, comunicando-as de um ponto a outro do território, colocando as questões ainda obscuras e indicando as pesquisas a fazer.[23]

O que constitui agora a unidade do olhar médico não é o círculo do saber em que ele se completa, mas esta totalização aberta, infinita, móvel, sem cessar, deslocada e enriquecida pelo tempo, que ele percorre sem nunca poder detê-lo: uma espécie de registro clínico da série infinita e variável dos acontecimentos. Mas seu suporte não é a percepção do doente em sua singularidade, é uma consciência coletiva de todas as informações que se cruzam, crescendo em uma ramagem complexa e sempre abundante, ampliada finalmente até as dimensões de uma história, de uma geografia, de um Estado.

Para os classificadores, o ato fundamental do conhecimento médico era estabelecer uma demarcação: situar um sintoma em uma doença, uma doença em um conjunto específico e orientar este no interior do plano geral do mundo patológico. Na análise das constituições e das epidemias, trata-se de estabelecer uma rede pelo jogo de séries que, ao se cruzarem, permitem reconstituir esta "cadeia" de que falava Menuret. Razoux estabelecia diariamente observações meteorológicas e climáticas que confrontava, por um lado, com uma análise nosológica dos doentes observados e, por outro, com a evolução, as crises, o término das doenças.[24] Aparecia, então, um sistema de coincidências, indicando uma trama causal e sugerindo também parentescos ou novos encadeamentos entre as doenças. "Se alguma coisa é capaz de aperfeiçoar nossa arte", escrevia o próprio Sauvages a Razoux, "é uma obra semelhan-

---

22. Cantin, *Projet de réforme adressé à l'Assemblée Nationale*, Paris, 1790.
23. Mathieu Géraud, *Projet de décret à rendre sur l'organisation civile des médecins*, Paris, 1791, n°s 78-79.
24. Razoux, *Tableau nosologique et météorologique adressé à l'Hôtel-Dieu de Nîmes*, Bâle, 1761.

32 O Nascimento da Clínica | Michel Foucault

te executada, durante 50 anos, por uns 30 médicos exatos e laboriosos... Não deixarei passar a oportunidade de estimular alguns de nossos doutores a fazerem as mesmas observações em nosso Hôtel-Dieu".[25] O que define o ato do conhecimento médico em sua forma concreta não é, portanto, o encontro do médico com o doente, nem o confronto de um saber com uma percepção; é o cruzamento sistemático de várias séries de informações homogêneas, mas estranhas umas às outras – várias séries que envolvem um conjunto infinito de aconteci-mentos separados, mas cuja interligação faz surgir, em sua dependência isolável, o *fato individual*.

Nesse movimento, a consciência médica se desdobra: vive, em um nível imediato, na ordem das constatações imediatas; mas se recupera, em um nível superior, em que constata as constituições, confronta-as e, refletindo sobre os conhecimen-tos espontâneos, pronuncia com toda a soberania seu julga-mento e seu saber. Torna-se centralizada. A Sociedade Real de Medicina o mostra no nível das instituições. E no início da Re-volução são numerosos os projetos que esquematizam essa dupla e necessária instância do saber médico, com o inces-sante vaivém que mantém a distância entre elas, percorren-do-a. Mathieu Géraud desejava que se criasse um Tribunal de Salubridade, em que um acusador denunciaria "todo particu-lar que, sem ter feito prova de capacitação, interferisse em ou-tro homem, ou em animal que não lhe pertence, no que diz respeito à aplicação direta ou indireta da arte salubre".[26] Os julgamentos desse Tribunal no que concerne aos abusos, às incapacidades, às faltas profissionais deverão constituir juris-prudência no estado médico. Trata-se, neste caso, da política dos conhecimentos imediatos: do controle de sua validade. Ao lado do Judiciário, será necessário um Executivo, "a alta e grande política de todos os setores da salubridade". Prescreve-rá os livros a serem lidos e as obras a serem redigidas; indica-rá, segundo as informações recebidas, os cuidados a serem prestados nas doenças reinantes; publicará inquéritos reali-

25. *Ibidem*, p. 14.
26. Mathieu Géraud, *loc. cit.*, p. 65.

UMA CONSCIÊNCIA POLÍTICA 33

zados sob seu controle ou trabalhos estrangeiros, o que deve ser conservado para uma prática esclarecida. O olhar médico circula, em um movimento autônomo, no interior de um espaço em que se desdobra e se controla; distribui soberanamente para a experiência cotidiana o saber que há muito tempo dela recebeu e de que se fez, ao mesmo tempo, o ponto de convergência e o centro de difusão.

Nela, o espaço médico pode coincidir com o espaço social, ou melhor, atravessá-lo e penetrá-lo inteiramente. Começa-se a conceber uma presença generalizada dos médicos, cujos olhares cruzados formam uma rede e exercem em todos os lugares do espaço, em todos os momentos do tempo, uma vigilância constante, móvel, diferenciada. Coloca-se o problema da implantação dos médicos no campo;[27] deseja-se um controle estatístico da saúde, graças ao registro dos nascimentos e das mortes (que deveria mencionar as doenças, o gênero de vida e a causa da morte, tornando-se assim um estado civil da patologia); pede-se que as razões de reforma sejam indicadas em detalhe pelo conselho de revisão; finalmente, que se estabeleça uma topografia médica de cada departamento "com cuidadosos sumários sobre a região, as habitações, as pessoas, as paixões dominantes, o vestuário, a constituição atmosférica, as produções do solo, o tempo de sua maturidade perfeita e de sua colheita, assim como a educação física e moral dos habitantes da região".[28] E como se não bastasse a implantação dos médicos, pede-se que a consciência de cada indivíduo esteja medicamente alerta; será preciso que cada cidadão esteja informado do que é necessário e possível saber em medicina. E cada prático deverá acrescentar à sua atividade de vigilante uma atividade de ensino, pois a melhor maneira de evitar que a doença se propague ainda é difundir a medicina.[29] O lugar

---

27. Cf. N.-L. Lespagnol, *Projet d'établir trois médecins par district pour le soulagement des gens de la campagne*, Charleville, 1790; Royer, *Bienfaisance médicale et projet financier*, Provins, ano IX.
28. J.-B. Demangeon, *Des moyens de perfectionner la médecine*, Paris, ano VII, p. 5-9; cf. Audin Rouvière, *Essai sur la topographie physique et médicale de Paris*, Paris, ano II.
29. Bacher, *De la médecine considérée politiquement*, Paris, ano XI, p. 38.

em que se forma o saber não é mais o jardim patológico em que Deus distribui as espécies; é uma consciência médica generalizada, difusa no espaço e no tempo, aberta e móvel, ligada a cada existência individual, mas também à vida coletiva da nação, sempre atenta ao domínio indefinido em que o mal trai, sob seus aspectos diversos, sua grande forma.

* * *

Os anos anteriores e imediatamente posteriores à Revolução viram nascer dois grandes mitos, cujos temas e polaridades são opostos; mito de uma profissão médica nacionalizada, organizada à maneira do clero e investida, no nível da saúde e do corpo, de poderes semelhantes aos que este exercia sobre as almas; mito de um desaparecimento total da doença em uma sociedade sem distúrbios e sem paixões, restituída à sua saúde de origem. A contradição manifesta dos dois temas não deve iludir: tanto uma quanto a outra dessas figuras oníricas expressam como que em preto e branco o mesmo projeto da experiência médica. Os dois sonhos são isomorfos: um, narrando de maneira positiva a medicalização rigorosa, militante e dogmática da sociedade, por uma conversão quase religiosa, e a implantação de um clero da terapêutica; o outro, relatando esta mesma medicalização, mas de modo triunfante e negativo, isto é, a volatização da doença em um meio corrigido, organizado e incessantemente vigiado, em que, finalmente, a própria medicina desapareceria com seu objeto e sua razão de ser.

Um criador de projetos do começo da Revolução, Sabarot de L'Avernière, vê nos padres e nos médicos os herdeiros naturais das duas mais visíveis missões da Igreja: a consolação das almas e o alívio dos sofrimentos. É preciso, portanto, que os bens eclesiásticos sejam confiscados ao alto clero, que os desviou de seu uso original, e entregues à nação, a única que conhece suas próprias necessidades espirituais e materiais. Suas rendas serão divididas entre os curas das paróquias e os médicos, ambos recebendo partes iguais. Os médicos não são os padres do corpo? "A alma não poderia ser considerada separadamente dos corpos animados e, se os ministros da Igreja são venerados e recebem do Estado uma pensão honesta, é preciso também que aqueles de vossa saúde também recebam um salário fixo suficiente para serem alimentados e vos socorrer. Eles são os gênios tutelares da integridade de vossas fa-

UMA CONSCIÊNCIA POLÍTICA **35**

culdades e de vossas sensações."[30] O médico não terá mais de pedir honorários àqueles que trata; a assistência aos doentes será gratuita e obrigatória – serviço que a nação assegura como uma de suas tarefas sagradas; o médico é apenas seu instrumento.[31] Ao terminar seus estudos, o novo médico ocupará não o posto de sua escolha, mas o que lhe for indicado, segundo as necessidades ou as vagas, em geral no campo; quando tiver adquirido experiência, poderá pedir um lugar de mais responsabilidade e melhor remuneração. Deverá prestar contas a seus superiores de suas atividades e ser responsável por seus erros. Tornando-se atividade pública, desinteressada e controlada, a medicina poderá se aperfeiçoar indefinidamente; reencontrará, no alívio das misérias físicas, a velha vocação espiritual da Igreja, de que será como que o decalque leigo. E ao exército dos padres, que velam pela saúde das almas, corresponderá o dos médicos, que se preocupam com a saúde dos corpos.

O outro mito procede de uma reflexão histórica levada ao extremo. Ligadas às condições de existência e às formas de vida dos indivíduos, as doenças variam com as épocas e os lugares. Na Idade Média, na época das guerras e das fomes, os doentes estavam entregues ao medo e ao esgotamento (apoplexias, febres hécitas); mas, durante os séculos XVI e XVII, vê-se enfraquecer o sentimento da pátria e das obrigações que se tem para com ela; o egoísmo se volta sobre si mesmo, pratica-se a luxúria e a gulodicc (doenças venéreas, obstrução das vísceras e do sangue); no século XVIII, a procura do prazer passa pela imaginação; vai-se ao teatro, leem-se romances, exaltam-se os ânimos em conversas vãs; vela-se à noite, dorme-se de dia; daí as histerias, as hipocondrias, as doenças nervosas.[32] Uma nação que vivesse sem guerra, sem paixões violentas, sem ociosos, não conheceria, portanto, nenhum des-

---

30. Sabarot de L'Avernière, *Vue de législation médicale adressée aux États généraux*, 1789, p. 3.

31. Encontra-se em Menuret, *Essai sur le moyen de former des bons médecins*, Paris, 1791, a idéia de um financiamento da medicina por meio das rendas eclesiásticas, mas apenas quando se trata de atender aos indigentes.

32. Maret, *Mémoire où on cherche à déterminer quelle influence les moeurs ont sur la santé*, Amiens, 1771.

ses males; e, sobretudo, uma nação que não conhecesse a tirania que a riqueza exerce sobre a pobreza, nem os abusos a que ela própria se entrega. Os ricos? "Em meio à comodidade e entre os prazeres da vida, seu irascível orgulho, seus despeitos amargos, seus abusos e os excessos a que os conduz o desprezo de todos os princípios, os expõem a enfermidades de todo tipo; rapidamente... seus rostos se enrugam, seus cabelos embranquecem, as doenças os colhem antes do tempo."[33] Quanto aos pobres, submetidos ao despotismo dos ricos e de seus reis, só conhecem os impostos que os reduzem à miséria, a carestia com que lucram os açambarcadores, as habitações insalubres que os obrigam "a não criar famílias ou a procriar tristemente só seres fracos e infelizes".[34]

A primeira tarefa do médico é, portanto, política: a luta contra a doença deve começar por uma guerra contra os maus governos; o homem só será total e definitivamente curado se for primeiramente liberto: "Quem deverá, portanto, denunciar ao gênero humano os tiranos se não os médicos que fazem do homem seu único estudo, e que todos os dias, com o pobre e o rico, com o cidadão e o mais poderoso, na choupana e nos lambris, contemplam as misérias humanas que não têm outra origem senão a tirania e a escravidão?"[35] Se souber ser politicamente eficaz, a medicina não será mais medicamente indispensável. E em uma sociedade finalmente livre, em que as desigualdades são apaziguadas e onde reina a concórdia, o médico terá apenas papel transitório a desempenhar: dar ao legislador e ao cidadão conselhos para o equilíbrio do coração e do corpo. Não haverá mais necessidade de academias nem de hospitais: "Com simples leis dietéticas formando os cidadãos na frugalidade, fazendo os jovens conhecerem sobretudo os prazeres de que uma vida, mesmo dura, é a fonte, fazendo-os amar a mais exata disciplina na Marinha e nos exércitos, quantos males prevenidos, quantas despesas suprimidas, quantas facilidades novas... para as maiores e mais difíceis empresas." E pouco a pouco, nesta jovem cidade inteiramente entregue

---

33. Lanthenas, *De l'influence de la liberté sur la santé*, Paris, 1792, p. 8.
34. *Ibidem*, p. 4.
35. *Ibidem*, p. 8.

UMA CONSCIÊNCIA POLÍTICA **37**

à felicidade de sua própria saúde, o rosto do médico se apagaria, deixando apenas no fundo da memória dos homens a lembrança desse tempo dos reis e das riquezas em que eram escravos, pobres e doentes.

Tudo isso não passava de sonho; sonho de uma cidade em festa, de uma humanidade ao ar livre, em que a juventude está nua e a idade não conhece inverno; símbolo familiar dos estádios antigos, a que vem se misturar o tema mais recente de uma natureza em que se recolheriam as formas mais matinais da verdade: todos esses valores rapidamente se apagarão.[36]

E, no entanto, desempenharam importante papel: ligando a medicina ao destino dos Estados, nela fizeram aparecer uma significação positiva. Em vez de continuar o que era, "a seca e triste análise de milhões de enfermidades", a duvidosa negação do negativo, recebe a bela tarefa de instaurar na vida dos homens as figuras positivas da saúde, da virtude e da felicidade; a ela cabe escandir o trabalho com festas, exaltar as paixões calmas; vigiar as leituras e a honestidade dos espetáculos; controlar os casamentos para que não se façam apenas por puro interesse, ou por capricho passageiro, e sejam bem fundados na única condição durável de felicidade, que está a serviço do Estado.[37]

A medicina não deve mais ser apenas o *corpus* de técnicas da cura e do saber que elas requerem; envolverá, também, um conhecimento do *homem saudável*, isto é, ao mesmo tempo uma experiência do *homem não doente* e uma definição do *homem modelo*. Na gestão da existência humana, toma uma postura normativa que não a autoriza apenas a distribuir conselhos de vida equilibrada, mas a reger as relações físicas e morais do indivíduo e da sociedade em que vive. Situa-se nessa zona fronteiriça, mas soberana para o homem moderno, em que uma felicidade orgânica, tranquila, sem paixão e vigorosa

---

36. Lanthenas, que era girondino, foi colocado em 2 de junho de 1793 na lista dos proscritos, depois riscado, tendo-o Marat qualificado de "pobre de espírito". Cf. Mathiez, *La Révolution Française*, T. II, Paris, 1945, p. 221.

37. Cf. Ganne, *De l'homme physique et moral, ou recherches sur les moyens de rendre l'homme plus sage*, Estrasburgo, 1791.

se comunica de pleno direito com a ordem de uma nação, o vigor de seus exércitos, a fecundidade de seu povo e a marcha paciente de seu trabalho. Lanthenas, este visionário, deu à medicina uma definição breve, mas carregada de toda uma história: "Finalmente a medicina será o que deve ser: o conhecimento do homem natural e social."[38]

É importante determinar como e de que maneira as diversas formas do saber médico se referem às noções positivas de "saúde" e de "normalidade". De um modo geral, pode-se dizer que até o final do século XVIII a medicina referiu-se muito mais à saúde do que à normalidade; não se apoiava na análise de um funcionamento "regular" do organismo para procurar onde se desviou, o que lhe causa distúrbio, como se pode restabelecê-lo; referia-se mais a qualidades de vigor, flexibilidade e fluidez que a doença faria perder e que se deveria restaurar. A prática médica podia, desse modo, conceder grande destaque ao regime, à dietética, em suma, a toda uma regra de vida e de alimentação que o indivíduo se impunha a si mesmo. Nessa relação privilegiada da medicina com a saúde se encontrava inscrita a possibilidade de ser médico de si mesmo. A medicina do século XIX regula-se mais, em compensação, pela normalidade do que pela saúde; é em relação a um tipo de funcionamento ou de estrutura orgânica que ela forma seus conceitos e prescreve suas intervenções; e o conhecimento fisiológico, outrora saber marginal para o médico, e puramente teórico, vai se instalar (Claude Bernard é testemunha) no âmago de toda reflexão médica. Mais ainda: o prestígio das ciências da vida, no século XIX, o papel de modelo que desempenharam, sobretudo nas ciências do homem, está ligado originariamente não ao caráter compreensivo e transferível dos conceitos biológicos, mas ao fato de que esses conceitos estavam dispostos em um espaço cuja estrutura profunda respondia à oposição entre o sadio e o mórbido. Quando se falar da vida dos grupos e das sociedades, da vida da raça, ou mesmo da "vida psicológica", não se pensará apenas na estrutura interna do *ser organizado*, mas na *bipolaridade médica do normal e do patológico*. A consciência vive, na medida em que

---

38. Lanthenas, *loc. cit.*, p. 18.

pode ser alterada, amputada, afastada de seu curso, paralisada; as sociedades vivem, na medida em que existem algumas, doentes, que se estiolam, e outras, sadias, em plena expansão; a raça é um ser vivo que degenera; como também as civilizações, de que tantas vezes se pôde constatar a morte. Se as ciências do homem apareceram no prolongamento das ciências da vida, é talvez porque estavam *biologicamente* fundadas, mas é também porque o estavam *medicamente*: sem dúvida por transferência, importação e, muitas vezes, metáfora, as ciências do homem utilizaram conceitos formados pelos biólogos; mas o objeto que eles se davam (o homem, suas condutas, suas realizações individuais e sociais) constituía, portanto, um campo dividido segundo o princípio do normal e do patológico. Daí o caráter singular das ciências do homem, impossíveis de separar da negatividade em que apareceram, mas também ligadas à positividade que situam, implicitamente, como norma.

Capítulo III

O CAMPO LIVRE

A oposição entre uma medicina das espécies patológicas e uma medicina do espaço social era obscurecida, aos olhos dos contemporâneos, pelo prestígio demasiado visível de uma consequência que lhes era comum: a neutralização de todas as instituições médicas que demonstravam opacidade em face das novas exigências do olhar. Era preciso, com efeito, que se constituísse um campo da experiência médica inteiramente aberto, para que a necessidade natural das espécies nele pudesse aparecer sem resíduo ou confusão; era preciso, também, que ele estivesse bastante presente em sua totalidade e condensado em seu conteúdo, para que se pudesse formar um conhecimento fiel, exaustivo e permanente da saúde de uma população. Esse campo médico restituído à sua verdade de origem, e inteiramente percorrido pelo olhar, sem obstáculos ou alterações, é análogo, em sua geometria implícita, ao espaço social com que sonhava a Revolução, ao menos em suas primeiras fórmulas: uma configuração homogênea em cada uma de suas regiões, constituindo um conjunto de pontos equivalentes, suscetíveis de manter relações constantes com sua totalidade; um espaço da livre circulação em que a relação das partes com o todo foi sempre reversível e suscetível da transposição.

O Campo Livre **41**

Existe, portanto, um fenômeno de convergência entre as exigências da *ideologia política* e as da *tecnologia médica*. Médicos e homens de Estado reclamam em um mesmo movimento e em um vocabulário às vezes semelhante, mesmo que por motivos diferentes, a supressão de tudo o que pode ser um obstáculo para a constituição deste novo espaço: os hospitais que alteram as leis específicas que regem a doença, e que perturbam aquelas, não menos rigorosas, que definem as relações da propriedade com a riqueza, da pobreza com o trabalho; a corporação dos médicos que impede a formação de uma consciência médica centralizada e o livre jogo de uma experiência sem limitação, acedendo por si mesma ao universal; as faculdades, finalmente, que só reconhecem o verdadeiro nas estruturas teóricas e fazem do saber um privilégio social. A liberdade deve quebrar todos os entraves que se opõem à força viva da verdade. Deve haver um mundo em que o olhar, livre de todo obstáculo, esteja apenas submetido à lei imediata do verdadeiro; mas o olhar não é fiel ao verdadeiro e submetido à verdade sem assegurar com isso o soberano domínio; o olhar que vê é um olhar que domina; e se ele também sabe se submeter, ele domina seus senhores: "O despotismo tem necessidade de trevas, mas a liberdade, toda radiante de glória, só pode subsistir quando cercada por todas as luzes que podem esclarecer os homens; é durante o sono dos povos que a tirania pode se estabelecer e se tornar natural entre eles... Tornem as outras nações tributárias não de uma autoridade política, não de seu governo, mas de seus talentos e suas luzes... existe uma ditadura para os povos cujo domínio absolutamente não repugna àqueles que se curvam perante ele; é a ditadura do gênio."[1]

O tema ideológico que orienta todas as reformas de estruturas médicas, de 1789 até termidor, ano II, é o da soberana liberdade do verdadeiro: a violência majestosa da luz, que é seu próprio reino, abole o reinado obscuro dos saberes privilegiados e instaura o império sem limites do olhar.

---

1. Boissy d'Anglas, *Adresse à la Convention 25 de pluviôse, an II. Apud* Guillaume, *Procès-verbaux du Comité d'Instruction publique de la Convention*, T. II, p. 640-642.

1. O questionamento das estruturas hospitalares

O Comitê de Mendicidade da Assembleia Nacional aderiu, ao mesmo tempo, às ideias dos economistas e dos médicos que julgam que o único lugar possível de reparação da doença é o meio natural da vida social – a família. Nesta, o custo da doença reduz-se ao mínimo para a nação; e também desaparece o risco de vê-la complicar-se no artifício, multiplicar-se por si mesma e tomar, como no hospital, a forma aberrante de uma doença da doença. Em família, a doença está em estado de "natureza", isto é, em conformidade com sua natureza e livremente oferecida às forças regeneradoras da natureza. O olhar que os parentes lhe dirigem tem a força viva da benevolência e a discrição da expectativa. Há, na doença livremente olhada, algo que já a compensa: "A infelicidade... excita, com sua presença, a benévola compaixão; faz nascer no coração dos homens a necessidade premente de levar-lhe alívio e consolo, e os cuidados prestados aos infelizes em seu próprio asilo aproveitam esta fonte fecunda de bens que a beneficência particular difunde. Foi o pobre internado em hospital? Todos esses recursos lhe são negados."[2] Sem dúvida, existem doentes que não têm família e outros são tão pobres que vivem "amontoados em águas-furtadas". É necessário criar, para estes, "casas comunais de doentes" que deverão funcionar como substitutos da família e fazer circular, em forma de reciprocidade, o olhar da compaixão; os miseráveis encontrarão, assim, "nos companheiros de sua sorte, seres naturalmente compassivos e a que, ao menos, não são inteiramente estranhos".[3] A doença encontrará assim em toda parte seu lugar natural, ou quase natural: terá aí a liberdade de seguir seu curso e de abolir-se em sua verdade.

Mas as ideias do Comitê de Mendicidade se aparentam também com o tema de uma consciência social e centralizada da doença. Se a família está ligada ao infeliz por um dever *natural* de compaixão, a nação a ele está ligada por um dever *so-*

---

2. Bloch et Tutey, *Procès-verbaux et rapports du Comité de Mendicité*, Paris, 1911, p. 395.
3. *Ibidem*, p. 396.

cial e *coletivo* de assistência. As fundações hospitalares, bens imobilizados e criadores de pobreza por sua própria inércia, devem desaparecer em proveito de uma riqueza nacional e sempre mobilizável que pode assegurar a cada um a assistência necessária. O Estado deverá, portanto, "alienar em seu benefício" os bens dos hospitais e, em seguida, reuni-los em uma "massa comum". Criar-se-á uma administração centralizada encarregada de gerir essa massa; ela formará como que a consciência médico-econômica permanente da nação; será percepção universal de cada doença e reconhecimento imediato de todas as necessidades: o grande Olho da Miséria; será encarregada de "destinar somas necessárias e completamente suficientes para o alívio dos infelizes"; financiará a "Casa Comunal" e dará assistência particular às famílias pobres que tratam de seus doentes.

Dois problemas fizeram o projeto fracassar. Um, o da alienação dos bens hospitalares, é de natureza política e econômica. O outro é de natureza médica e diz respeito às doenças complexas ou contagiosas.

A Assembleia Legislativa volta atrás quanto ao princípio da nacionalização dos bens; prefere simplesmente reunir suas rendas para destiná-las a um fundo de assistência. É desnecessário também confiar a uma única administração central o cuidado de geri-las; ela seria excessivamente pesada, distante demais e, por isso, impotente para responder às necessidades. A consciência da doença e da miséria, para ser imediata e eficaz, deve ser geograficamente especificada. E a Assembleia Legislativa, neste domínio como em muitos outros, retrocede do centralismo da Constituinte para um sistema muito mais aberto, de tipo inglês: as administrações locais são encarregadas de constituir os centros de transmissão essenciais, deverão estar a par das necessidades e distribuir elas mesmas as rendas; formarão uma rede múltipla de vigilância. Encontra-se, assim, colocado o princípio da comunalização da Assistência, a que o Diretório aderirá definitivamente.

Mas uma assistência descentralizada e confiada às instâncias locais não pode mais assegurar funções penais: será, portanto, necessário dissociar os problemas da assistência dos da repressão. Tenon, com a preocupação de regular a questão de Bicêtre e da Salpêtrière, desejava que a Assembleia Le-

44 O Nascimento da Clínica | Michel Foucault

gislativa criasse um comitê "dos hospitais e das casas de detenção" que tivesse competência geral para os estabelecimentos hospitalares, as prisões, a vadiagem e as epidemias. A Assembleia se opõe, alegando que seria "de certo modo aviltar as últimas classes do povo, confiando o cuidado dos desafortunados e dos criminosos às mesmas pessoas".[4] A consciência da doença e da assistência que lhe é devida no caso dos pobres adquire autonomia; ela se dirige agora a um tipo específico de miséria. Correlativamente, o médico começa a desempenhar um papel decisivo na organização dos auxílios. Na escala social em que eles são distribuídos, o médico se torna agente detector das necessidades e juiz da natureza e do grau da ajuda que é preciso conceder. A descentralização dos meios da assistência autoriza uma medicalização de seu exercício. Reconhece-se aí uma ideia familiar a Cabanis, a do médico-magistrado; é a ele que a cidade deve confiar "a vida dos homens" em lugar de "deixá-la à mercê dos astuciosos e das comadres"; é ele quem deve julgar se "a vida do poderoso e do rico não é mais preciosa que a do fraco e do indigente"; é ele, finalmente, que saberá recusar assistência "aos malfeitores públicos".[5] Além do papel de técnico da medicina, ele desempenha um papel econômico na repartição dos auxílios, um papel moral e quase judiciário em sua atribuição: ei-lo convertido no "vigilante da moral e da saúde pública".[6]

O hospital deve ter um lugar nessa configuração em que as instâncias médicas são múltiplas para melhor assegurar uma vigilância contínua. Ele é necessário para os doentes sem família; mas é necessário também nos casos contagiosos, e para as doenças difíceis, complexas, "extraordinárias", a que a medicina, em sua forma cotidiana, não pode fazer frente. Ainda aí, a influência de Tenon e de Cabanis é visível. O hospital, que em sua forma mais geral só traz os estigmas da miséria, aparece no nível local como indispensável medida de

---

4. *Apud* Imbert, *Le droit hospitalier sous la Révolution et l'Empire*, Paris, 1954, p. 52.
5. Cabanis, *Du degré de certitude de la médecine*, 3ª ed. Paris, 1819, p. 135 e 154.
6. *Ibidem*, p. 146, nº 1.

proteção. Proteção das pessoas sadias contra a doença; proteção dos doentes contra as práticas das pessoas ignorantes: é preciso "preservar o povo de seus próprios erros";[7] proteção dos doentes uns com relação aos outros. O que Tenon projeta é um espaço hospitalar diferenciado. E diferenciado segundo dois princípios: o da "formação", que destinaria cada hospital a uma categoria de doentes ou a uma família de doenças; e o da "distribuição", que define, no interior de um mesmo hospital, a ordem a seguir, "para nele dispor as espécies de doentes que se tiver achado oportuno receber".[8] Assim, a família, lugar natural da doença, é complementada por outro espaço, que deve reproduzir, como um microcosmo, a configuração específica do mundo patológico. Aí, sob o olhar do médico de hospital, as doenças serão agrupadas por ordens, gêneros e espécies, em um domínio racionalizado que restitui a distribuição originária das essências. Assim concebido, o hospital permite "classificar de tal maneira os doentes que cada um encontra o que convém a seu estado, sem agravar, por sua vizinhança, o mal de outro, sem difundir o contágio no hospital ou fora dele".[9] A doença aí encontra seu elevado lugar e como que a residência forçada de sua verdade.

Nos projetos do Comitê de assistência, duas instâncias são, portanto, justapostas: uma, ordinária, que implica, pela repartição da ajuda, uma vigilância contínua do espaço social, com um sistema de centros de transmissão regionais fortemente medicalizados; quanto à instância extraordinária, ela é constituída por espaços descontínuos exclusivamente médicos e estruturados segundo o modelo do saber científico. A doença é, assim, tomada em um duplo sistema de observação: um olhar que a confunde e a dissolve no conjunto das misérias sociais a suprimir e um olhar que a isola para melhor circunscrevê-la em sua verdade de natureza.

A Assembleia Legislativa deixava à Convenção dois problemas não resolvidos: o da propriedade dos bens hospitalares e, o novo, do pessoal dos hospitais. Em 18 de agosto de

---

7. Cabanis, *Du degré de certitude de la médecine*, p. 135.
8. Tenon, *Mémoires sur les hôpitaux*, Paris, 1788, p. 359.
9. *Ibidem*, p. 354.

46 O Nascimento da Clínica | Michel Foucault

1792, a Assembleia declarou dissolvidas "todas as corporações religiosas e congregações seculares de homens e de mulheres eclesiásticas ou leigas".[10] Mas a maioria dos hospitais era mantida por ordens religiosas ou, como a Salpêtrière, por organizações leigas concebidas à base de um modelo quase monástico; é por essa razão que o decreto acrescenta: "Entretanto, nos hospitais e casas de caridade, as mesmas pessoas continuarão como antes o serviço dos pobres e o cuidado dos doentes a título individual, sob a vigilância dos corpos municipais e administrativos, até a organização definitiva que o Comitê de Assistência apresentará incessantemente à Assembleia Nacional." De fato, até termidor, a Convenção pensará no problema da assistência e do hospital sobretudo em termos de supressão. Supressão imediata dos auxílios do Estado, pedida pelos girondinos que temiam o enquadramento político das classes mais pobres pelas Comunas, se lhes fosse dado repartir a assistência; para Roland, o sistema dos auxílios manuais "é o mais perigoso": sem dúvida a beneficência pode e deve se exercer por "subscrição privada, mas o governo não deve imiscuir-se nela; ele seria enganado e não a auxiliaria ou auxiliaria mal".[11] Supressão dos hospitais pedida pela Montanha por ver neles como que uma institucionalização da miséria; e uma das tarefas da Revolução deve ser fazê-los desaparecer, tornando-os inúteis; a propósito de um hospital consagrado à "humanidade sofredora", Lebon pedia: "Deve haver uma parte da humanidade que sofra?... Coloquem, portanto, em cima das portas desses asilos inscrições que anunciem seu desaparecimento próximo. Porque, se acabada a Revolução tivermos ainda infelizes entre nós, nossos trabalhos terão sido vãos."[12] E Barère, na discussão da lei de 22 de floreal, ano II, lançará a fórmula célebre "Chega de esmolas, chega de hospitais."

Com a vitória da Montanha, triunfa a ideia da organização da assistência pública pelo Estado e da complementar supressão, em um prazo mais ou menos longínquo, dos estabeleci-

---

10. J.-B. Duvergier, *Collection complète des lois...*, T. IV, p. 325.
11. *Archives parlementaires*, T. LVI, p. 646; *apud* Imbert, *Le droit hospitalier sous la Révolution et l'Empire*, p. 76, nº 29.
12. *Ibidem*, p. 78.

O Campo Livre **47**

mentos hospitalares. A Constituição do ano II proclama, em sua Declaração dos Direitos, que os "socorros públicos são uma dívida sagrada"; a lei de 22 de floreal prescreve a formação de um "grande livro da beneficência nacional" e a organização de um sistema de assistência no campo. Só se preveem casas de saúde para os "doentes que não têm domicílio, ou que nele não poderão receber assistência".[13] A nacionalização dos bens hospitalares, cujo princípio tinha sido aceito desde 19 de março de 1793, mas cuja aplicação deveria ser retardada até depois da "organização completa, definitiva e em várias atividades da assistência pública", se torna imediatamente executiva com a lei de 23 de messidor, ano II. Os bens hospitalares serão vendidos com os bens nacionais, e a assistência assegurada pelo Tesouro. Agências cantonais serão encarregadas de distribuir em domicílio os socorros necessários. Assim, começa a se integrar, senão à realidade, ao menos à legislação, o grande sonho de uma desospitalização completa da doença e da indigência. A pobreza é um fato econômico que a assistência deve remediar enquanto existe; a doença é um acidente individual à qual a família deve responder assegurando à vítima os cuidados necessários. O hospital é uma solução anacrônica que não responde às necessidades reais da pobreza e que estigmatiza o homem doente em sua miséria. Deve haver um estado ideal em que o ser humano não conhecerá mais o esgotamento dos trabalhos penosos, nem o hospital que conduz à morte. "Um homem não é feito nem para os ofícios, nem para o hospital, nem para os hospícios: tudo isso é horrível."[14]

2. O direito de exercício e o ensino médico

Os decretos de Marly, promulgados no mês de março de 1707, tinham regulamentado para todo o século XVIII a prática da medicina e a formação dos médicos. Tratava-se então de lutar contra os charlatães, os empíricos "e as pessoas sem título e sem capacidade que exerciam a medicina"; correlativamente, tinha sido necessário reorganizar as faculdades entregues, há

---

13. Lei de 19 de março de 1793.
14. Saint-Just, *apud* Buchez et Roux, *Histoire parlementaire*, T. XXXV, p. 296.

48 O Nascimento da Clínica | Michel Foucault

vários anos, ao mais "extremo relaxamento". Prescrevia-se que a medicina, a partir de então, seria ensinada em todas as universidades do reino que tinham, ou tiveram, uma faculdade; que as cátedras, em lugar de permanecerem indefinidamente vacantes, seriam disputadas logo que estivessem livres; que os estudantes só receberiam seu grau depois de três anos de estudos devidamente verificados por inscrições feitas todos os quatro meses; que a cada ano se submeteriam a um exame, antes das atas que lhes dariam o título de bacharel, licenciado e doutor; que deveriam assistir obrigatoriamente aos cursos de anatomia, de farmácia química e galênica e às demonstrações de plantas.[15] Nessas condições, o art. 26 do decreto postulava como princípio: "ninguém poderá exercer a medicina, nem dar qualquer remédio, mesmo gratuitamente, se não obteve o grau de licenciado"; e o texto acrescentava – o que era a consequência primordial e o fim alcançado pelas faculdades de medicina em troca de sua reorganização: "Que todos os religiosos mendicantes ou não mendicantes sejam e continuem concernidos pela proibição assinalada pelo artigo precedente."[16] No final do século, os críticos são unânimes, ao menos quanto a quatro pontos: os charlatães continuam florescendo; o ensino canônico ministrado na faculdade não responde mais às exigências da prática, nem às novas descobertas (só se ensina a teoria; não se dá lugar nem às matemáticas, nem à física); há excesso de escolas de medicina, para que o ensino possa ser assegurado em toda parte de maneira satisfatória; reina a concussão (procuram-se as cadeiras como cargos; os professores dão cursos pagos; os estudantes compram seus exames e fazem com que suas teses sejam escritas por médicos necessitados), o que torna os estudos médicos muito custosos, tanto mais que, para se formar, o novo doutor deve seguir, em suas visitas, um prático renomado a quem é preciso indenizar.[17] A Revolução se encontra, portanto, diante de duas séries de reivindicações: uma, por uma limitação mais

---

15. Arts. 1º, 6º, 9º, 10, 14 e 22.

16. Arts. 26 e 27. O texto completo dos decretos de Marly é citado por Gilibert, *L'anarchie médicinale*, Neuchâtel, 1772, T. II, p. 58-118.

17. Cf., a este respeito, Gilibert citado *supra*; Thiery, *Voeux d'un patriote sur la médecine en France*, 1789: este texto teria sido escrito em 1750 e publicado apenas na ocasião dos Estados gerais.

O Campo Livre **49**

estrita do direito de exercer; a outra, por uma organização mais rigorosa do *cursus* universitário. Ora, as duas se opõem a todo esse movimento de reformas que tem por resultado a supressão das confrarias e corporações e o fechamento das universidades.

Daí, uma tensão entre as exigências de uma reorganização do saber, da abolição dos privilégios e de uma vigilância eficaz da saúde da nação. Como o livre olhar que a medicina e, por intermédio dela, o governo devem pousar sobre os cidadãos pode estar armado e ser competente sem estar integrado no esoterismo de um saber e na rigidez dos privilégios sociais?

Primeiro problema: pode a medicina ser um ofício livre que nenhuma lei corporativa, nenhuma proibição de exercício, nenhum privilégio de competência protegeria? Pode a consciência médica de uma nação ser tão espontânea quanto sua consciência cívica ou moral? Os médicos defendem seus direitos corporativos afirmando que não têm o sentido do privilégio, mas da colaboração. O corpo médico se distingue por um lado dos corpos políticos, pelo fato de que não busca limitar a liberdade de outrem e impor leis ou obrigações aos cidadãos; só impõe imperativos a si próprios; sua "jurisdição é concentrada em seu seio",[18] mas se distingue também dos outros corpos profissionais, pois não está destinado a manter direitos e tradições obscuras, mas a confrontar e comunicar o saber: sem um órgão constituído, as luzes se apagariam desde seu nascimento, sendo a experiência de cada um perdida para todos. Ao se unirem, os médicos fazem este juramento implícito: "Desejamos nos esclarecer fortalecendo-nos com todos os nossos conhecimentos; a fraqueza de alguns entre nós se corrige pela superioridade dos outros; reunindo-nos sob uma polícia comum excitaremos sem cessar a emulação."[19] O corpo dos médicos se critica mais do que se protege e é, devido a isto, indispensável para proteger o povo contra suas próprias ilusões e os charlatães mistificadores.[20] "Se os médicos e os ci-

---

18. Cantin, *Projet de réforme adressé à l'Assemblée Nationale*, Paris, 1790, p. 14.
19. Cantin, *ibidem*.
20. Cabanis, *Du degré de certitude de la médecine*.

rurgiões formam um corpo necessário à sociedade, suas funções importantes exigem, da parte da autoridade legislativa, uma consideração particular que previna os abusos."[21] Um estado livre que deseja manter os cidadãos livres do erro, e dos males que ele acarreta, não pode autorizar um livre exercício da medicina.

De fato, ninguém sonhará, mesmo entre os girondinos mais liberais, em liberar inteiramente a prática médica e abri-la a um regime de concorrência sem controle. O próprio Mathieu Géraud, pedindo a supressão de todos os corpos médicos constituídos, desejava estabelecer em cada departamento uma Corte que julgaria "todo particular que se imiscuísse na medicina sem ter feito provas de capacidade".[22] Mas o problema do exercício da medicina estava ligado a outros três: a supressão geral das corporações, o desaparecimento da sociedade de medicina e, sobretudo, o fechamento das universidades.

Até termidor, são inúmeros os projetos de reorganização das Escolas de Medicina. Podem-se agrupá-los em duas famílias: uns, supondo a persistência das estruturas universitárias; os outros, levando em conta os decretos de 17 de agosto de 1792. No grupo dos "reformistas" se encontra constantemente a ideia de que é necessário apagar os particularismos locais, suprimindo as pequenas faculdades que vegetam, onde os professores, insuficientes e pouco competentes, distribuem ou vendem os exames e os títulos. Algumas faculdades importantes oferecerão, em todo o país, cadeiras que os melhores postularão; formarão doutores, cuja qualidade não será contestada por ninguém; o controle do Estado e da opinião intervirão, assim, de maneira eficaz para a gênese de um saber e de uma consciência médica que finalmente se tornou adequada às necessidades da nação. Thiery julga que bastariam quatro faculdades; Gallot, apenas duas, com algumas escolas especiais para um ensino menos douto.[23] Será também necessário que os estudos du-

---

21. Jadelot, *Adresse à Nos Seigneurs de l'Assemblée Nationale*, Nancy, 1790, p. 7.
22. Cf., *supra*, p. 31.
23. Thiery, *loc. cit.*,; J.-P. Gallot, *Vues générales sur la restauration de l'art de guérir*, Paris, 1790.

ESPAÇOS E CLASSES **51**

rem mais tempo: sete anos, segundo Gallot, 10, de acordo com Cantin; é que agora se trata de incluir no ciclo dos estudos as matemáticas, a geometria, a física e a química,[24] tudo o que tem um vínculo orgânico com a ciência médica. Mas, sobretudo, é necessário ter em vista um ensino prático. Thiery desejava um Instituto Real, mais ou menos independente da faculdade, que asseguraria à elite dos jovens médicos uma formação aperfeiçoada e essencialmente prática. Criar-se-ia no *Jardin du Roi* uma espécie de internato, com um hospital adjunto (poder-se-ia utilizar a Salpêtrière, bastante próxima), onde os professores, visitando os doentes, ensinariam; a faculdade se contentaria em delegar um doutor regente para os exames públicos do Instituto. Cantin propõe que, depois de terem aprendido o essencial, os candidatos médicos sejam enviados ora aos hospitais, ora ao campo, junto aos que ali exercem; é que, em ambos os casos, há necessidade de mão de obra, e os doentes aí tratados têm raramente necessidade de médicos muito competentes; fazendo, de região em região, essa espécie de circuito médico da França, os futuros doutores receberiam o ensino mais diversificado, aprenderiam a conhecer as doenças de cada clima e se informariam sobre os métodos que produzem melhores resultados.

Formação prática claramente dissociada do ensino teórico e universitário. Enquanto, como veremos mais adiante, a medicina já possui conceitos que lhe permitiriam definir a unidade de um ensino clínico, os reformadores não chegam a propor sua versão institucional: a formação prática não é a aplicação pura e simples do saber abstrato (bastaria, então, confiar esse ensino prático aos professores das próprias escolas); mas tampouco pode ser a chave desse saber (só se pode adquiri-lo quando este for obtido por outros meios); é que, de fato, esse ensino prático é definido conforme as normas de uma medicina do grupo social, enquanto não se separa a formação universitária de uma medicina mais ou menos aparentada com a teoria das espécies.

---

24. Thiery, *loc. cit.*, p. 89-98.

De maneira bastante paradoxal, essa aquisição da prática, que é dominada pelo tema da utilidade social, é deixada quase inteiramente à iniciativa privada, cabendo ao Estado o controle apenas do ensino teórico. Cabanis desejava que todo médico de hospital tivesse a permissão de "formar uma escola segundo o plano que julgasse melhor": apenas ele fixaria, para cada aluno, o tempo de estudo necessário; para alguns, dois anos bastariam; para outros, menos dotados, seriam necessários quatro; devido à iniciativa individual, essas lições seriam necessariamente pagas, e os próprios professores fixariam o preço, que, sem dúvida, poderia ser muito elevado se o professor fosse célebre e o seu ensino procurado, no que não haveria inconveniente algum: a "nobre emulação alimentada por toda espécie de motivos só poderia reverter em proveito dos doentes, dos alunos e da ciência".[25]

Curiosa estrutura a desse pensamento reformador. Pretendia-se deixar a assistência à iniciativa individual e manter os estabelecimentos hospitalares para uma medicina mais complexa e como que privilegiada; a configuração do ensino é inversa: ele segue um caminho obrigatório e público na universidade; no hospital ele se torna privado, competitivo e pago. É que as normas de aquisição do saber e as regras de formação da percepção ainda não estão sobrepostas: a maneira como se põe o olhar e a maneira como ele é instruído não convergem. O campo da prática médica é dividido entre um domínio livre e indefinidamente aberto, o do exercício em domicílio, e um lugar limitado e fechado sobre as verdades de espécies que ele revela; o campo da aprendizagem se divide entre o domínio fechado do saber transmitido e o domínio livre, em que a verdade fala por si mesma. E o hospital desempenha alternativamente este duplo papel: lugar das verdades sistemáticas para o olhar do médico, e o das experiências livres para o saber que formula o mestre.

Agosto de 1791, fechamento das universidades; setembro, a Assembleia Legislativa é dissolvida. A ambiguidade dessas estruturas complexas vai se desfazer. Os girondinos reivindicam uma liberdade que deveria se limitar por seu próprio

---

25. Cabanis, *Observations sur les hôpitaux*, Paris, 1790, p. 32-33.

O CAMPO LIVRE 53

jogo; e vêm em sua ajuda todos os que, favorecidos pelo antigo estado de coisas, pensam poder, na ausência de qualquer organização, reencontrar, senão seus privilégios, ao menos sua influência. Católicos, como Durand Maillane, antigos oratorianos, como Daunou ou Sieyès, moderados, como Fourcroy, são partidários do mais extremo liberalismo no ensino das ciências e das artes. Na opinião deles, o projeto de Condorcet ameaça reconstituir uma "corporação formidável";[26] ver-se-ia renascer o que se acaba de abolir, "as góticas universidades e as aristocráticas academias";[27] desde então, não será necessário esperar muito tempo para que se reate a rede de um sacerdócio "mais temível talvez do que aquele que a razão do povo acaba de derrubar".[28] Em lugar desse corporativismo, a iniciativa individual enunciará a verdade por toda parte onde for realmente livre: "Deem ao gênio toda a latitude de poder e de liberdade que ele reclama; proclamem seus direitos imprescritíveis; prodiguem aos intérpretes úteis da natureza, onde quer que eles se encontrem, as honras e as recompensas públicas; não fechem em círculo estreito as luzes que só procuram estender-se."[29] Nenhuma organização, mas simplesmente uma liberdade dada: "os cidadãos ilustrados nas letras e nas artes são convidados a se consagrarem ao ensino em toda a extensão da República francesa". Nem exames, nem outros títulos de competência além da idade, da experiência e da veneração dos cidadãos; quem deseja ensinar matemática, belas-artes ou medicina deverá apenas obter de sua municipalidade um certificado de civismo e de probidade: se tiver necessidade, e se o merecer, poderá pedir aos organismos locais que lhe emprestem material de ensino e de experimentação. Essas lições dadas livremente serão retribuídas pelos alunos de acordo com o mestre; mas as municipalidades poderão distribuir bolsas a quem merecer. O ensino, no regime do liberalismo econômico e da concorrência, reata com a velha liberdade grega: o saber

---

26. Durand Maillane, J. Guillaume, *Procès-verbaux du Comité d'Instruction publique de la Convention*, T. I, p. 124.

27. Fourcroy, *Rapport sur l'enseignement libre des sciences et des arts*, Paris, ano II, p. 2.

28. *Ibidem*, p. 2.

29. *Ibidem*, p. 8.

54 O Nascimento da Clínica | Michel Foucault

espontaneamente se transmite pela Palavra, e a que encerra mais verdade triunfa. E como que para imprimir uma marca de nostalgia e de inacessibilidade a seu sonho, para lhe conferir uma sigla ainda mais grega que torne suas intenções inatacáveis e oculte melhor seus reais desígnios, Fourcroy propõe que depois de 25 anos de ensino os professores carregados de anos e de veneração sejam, como outros tantos Sócrates, finalmente reconhecidos por uma Atenas melhor, alimentados durante sua longa velhice no Pritaneu.

Paradoxalmente, são os da Montanha, e os mais próximos de Robespierre, que defendem ideias parecidas com as do projeto de Condorcet. Le Pelletier, cujo plano, após seu assassinato, é retomado por Robespierre, e, em seguida, Romme, depois da queda dos girondinos, projetam um ensino centralizado e controlado a cada escalão pelo Estado; mesmo na Montanha há inquietação por causa destas "40 mil bastilhas em que se propõe encerrar a geração nascente".[30] Bouquier, membro do Comitê de Instrução Pública, apoiado pelos jacobinos, oferece um plano misto, menos anárquico do que o dos girondinos e menos severo do que os de Le Pelletier e Romme. Faz uma distinção importante entre "os conhecimentos indispensáveis para o cidadão", e sem os quais ele não pode se tornar um homem livre – o Estado lhe deve esta instrução, como lhe deve a própria liberdade –, e os "conhecimentos necessários à sociedade": o Estado "deve favorecê-los, mas não pode organizá-los, nem controlá-los como os primeiros; eles servem à coletividade, não formam o indivíduo". A medicina faz parte deles do mesmo modo que as ciências e as artes. Em nove cidades do país serão criadas Escolas de Saúde, cada uma com sete "instrutores"; a de Paris, porém, terá 14. Além disso, um "oficial de saúde dará aulas nos hospitais reservados às mulheres, às crianças, aos loucos e aos portadores de doenças venéreas". Esses instrutores serão retribuídos pelo Estado (3.500 libras por ano) e eleitos por júris escolhidos pelos "administradores do distrito reunidos com os cidadãos".[31] A consciência pública

---

30. Sainte-Foy, *Journal de la Montagne*, nº 29, 12 de dezembro de 1793.
31. Fourcroy, *loc. cit.*

encontrará, assim, nesse ensino, tanto sua expressão livre quanto a utilidade que procura.

Quando chega termidor, os bens dos hospitais são nacionalizados, as corporações proibidas, as sociedades e academias abolidas, a universidade, com as faculdades e as escolas de medicina, não mais existem; os convencionais, porém, não tiveram tempo de pôr em prática a política de assistência de que admitiram o princípio, nem de determinar limites para o livre exercício da medicina, nem de definir as competências que lhe são necessárias, nem, finalmente, de fixar as formas de seu ensino.

* * *

Tal dificuldade surpreende quando se pensa que, durante dezenas de anos, cada uma dessas questões tinha sido discutida e várias soluções propostas, indicando uma consciência teórica dos problemas; e, sobretudo, que a Assembleia Legislativa colocava como princípio o que, de termidor ao Consulado, se redescobrirá como solução.

Faltava uma estrutura indispensável durante todo esse período: a que teria podido dar unidade a uma forma de experiência já definida pela observação individual, pelo exame dos casos, pela prática cotidiana das doenças, e a um tipo de ensino de que se nota claramente que deveria ser dado no hospital, mais do que na faculdade, e no percurso total do mundo concreto da doença. Não se sabia como restituir pela palavra o que se sabia ser apenas dado ao olhar. O *Visível* não era *Dizível*, nem *Ensinável*.

É que, se as teorias médicas se modificaram muito há meio século, se novas observações foram feitas em grande número, o tipo de objeto a que se dirigia a medicina continuava o mesmo; a posição do sujeito cognoscente e perceptivo continuava a mesma; os conceitos se formavam segundo as mesmas regras. Ou melhor, o conjunto do saber médico obedecia a dois tipos de regularidade: o das percepções individuais e concretas, esquadrinhado segundo o quadro nosológico das espécies mórbidas; e o do registro contínuo, global e quantitativo de uma medicina dos climas e dos lugares.

Toda a reorganização pedagógica e técnica da medicina fracassava por causa de uma lacuna central: a ausência de um modelo novo, coerente e unitário para a formação dos objetos, das percepções e dos conceitos médicos. A unidade política e científica da instituição médica implicava, para ser realizada, essa mutação em profundidade. Ora, para os reformadores da Revolução, essa unidade só era efetuada sob a forma de temas teóricos que reagrupavam posteriormente os elementos de saber já constituídos.

Esses temas imprecisos exigiam uma unidade do conhecimento e da prática médica; indicavam-lhe um lugar ideal; mas eram, também, o principal obstáculo para sua realização. A ideia de um domínio transparente, sem limites, inteiramente aberto a um olhar armado, entretanto, de seus privilégios e de suas competências, dissipava suas próprias dificuldades nos poderes prestados à liberdade; nela, a doença devia formular, por si mesma, uma verdade inalterada e oferecida, sem perturbação, ao olhar do médico; e a sociedade, medicamente investida, instruída e vigiada, devia por isso mesmo se libertar da doença. Grande mito do *livre olhar* que, em sua fidelidade em *descobrir*, recebe a virtude de *destruir*; olhar purificado que purifica; liberto da sombra, ele dissipa as sombras. Os valores cosmológicos implícitos na *Aufklärung* ainda continuam presentes neste momento. O olhar médico, cujos poderes começam a ser reconhecidos, ainda não recebeu, no saber clínico, suas novas condições de exercício; ele é apenas um segmento da dialética do Iluminismo transportado para o olho do médico.

Por um efeito ligado ao futuro da medicina moderna, a clínica continuará, para a maioria dos espíritos, mais aparentada a esses temas de luz e de liberdade, que em suma a evitaram, do que à estrutura discursiva na qual efetivamente nasceu. Pensar-se-á frequentemente que a clínica nasceu nesse jardim livre em que, por um consentimento comum, médico e doente vêm se encontrar, em que a observação se faz, no mutismo das teorias, pela claridade única do olhar, em que, de mestre a discípulo, a experiência se transmite abaixo das próprias palavras. E, em proveito dessa história que liga a fecundidade da clínica a um *liberalismo* científico, político e econômico, esquece-se que ele foi, durante anos, o tema ideológico que serviu de obstáculo à organização da medicina clínica.

Capítulo IV

A VELHICE DA CLÍNICA

O princípio de que o saber médico se forma no próprio leito do doente não data do final do século XVIII. Muitas, senão todas as revoluções da medicina, foram feitas em nome dessa experiência colocada como fonte primeira e como norma constante. Mas o que se modificava continuamente era a própria rede segundo a qual essa experiência se dava, se articulava em elementos analisáveis e encontrava uma formulação discursiva. Não apenas mudaram o nome das doenças e o agrupamento dos sintomas; variaram também os códigos perceptivos fundamentais que se aplicavam ao corpo dos doentes, o campo dos objetos a que se dirigia a observação, as superfícies e profundidades que o olhar do médico percorria, todo o sistema de orientação desse olhar.

Ora, desde o século XVIII, a medicina tem tendência a narrar sua própria história como se o leito dos doentes tivesse sido sempre um lugar de experiência constante e estável, em oposição às teorias e sistemas que teriam estado em permanente mudança e mascarado, sob sua especulação, a pureza da evidência clínica. O teórico teria sido o elemento de permanente modificação, o ponto a partir do qual se desdobram todas as variações históricas do saber médico, o lugar dos conflitos e dos desaparecimentos; é neste elemento teórico que o saber médico marcaria sua frágil relatividade. A clínica, pelo contrário, teria sido o elemento de sua acumulação positiva: é o constante olhar sobre o doente, a atenção milenar, e no entanto nova a cada instante, que teria permitido à medicina não desaparecer inteiramente com cada uma de suas especulações, mas conservar, tomar pouco a pouco a figura de uma verdade que seria definitiva sem ser por isso acabada, desenvolver-se, em suma, sob os episódios ruidosos de sua história, em uma historicidade contínua. No invariante da clínica, a medicina teria ligado a verdade e o tempo.

Daí todas essas narrativas mais ou menos míticas em que foi reunida, no final do século XVIII e no começo do XIX, a história da medicina. É na clínica, se dizia, que a medicina havia encontrado sua possibilidade de origem. Na aurora da humanidade, antes de toda crença vã, antes de todo sistema, a medicina residia em uma relação imediata do sofrimento com aquilo que o alivia. Essa relação era de instinto e de sensibilidade, mais do que de experiência; era estabelecida pelo indivíduo para consigo mesmo antes de ser tomada em uma rede social. "A sensibilidade do doente lhe ensina que tal ou tal posição o alivia ou o atormenta."[1] É essa relação, estabelecida sem a mediação do saber, que é constatada pelo homem são; e essa observação não constitui uma opção por um conhecimento futuro; nem mesmo é tomada de consciência; realiza-se imediata e cegamente: "Uma voz secreta nos diz: contemple a natureza";[2] multiplicada por si mesma, transmitida de uns aos outros, ela se torna uma forma geral de consciência de que cada indivíduo é ao mesmo tempo sujeito e objeto: "Todo mundo, indistintamente, praticava essa medicina... as experiências que cada um fazia eram comunicadas a outras pessoas... e esses conhecimentos passavam de pai para filho."[3] Antes de ser um saber, a clínica era uma relação universal da humanidade consigo mesma: idade de felicidade absoluta para a medicina. E a decadência começou quando foram inaugurados a escrita e o segredo, isto é, a repartição desse saber

---

1. Cantin, *Projet de réforme adressé à l'Assemblée Nationale*, Paris, 1790, p. 8.
2. *Ibidem*.
3. Coakley Lettson, *Histoire de l'origine de la médecine*, trad. fr., Paris, 1787, p. 7.

A Velhice da Clínica **59**

com um grupo privilegiado, e a dissociação da relação imediata, sem obstáculos ou limites, entre Olhar e Palavra: o que já se soube só era, a partir de então, comunicado aos outros e transferido para a prática depois de ter passado pelo esoterismo do saber.[4]

Durante muito tempo, sem dúvida, a experiência médica continuou aberta e soube encontrar, entre o saber e o ver, um equilíbrio que a protegesse do erro: "Nos tempos passados, a arte da medicina era ensinada na presença de seu objeto e os jovens aprendiam a ciência médica no leito do doente"; estes, muitas vezes, eram alojados no próprio domicílio do médico, e acompanhavam os professores, dia e noite, na visita a seus clientes.[5] A última testemunha e o representante mais ambíguo desse equilíbrio foi Hipócrates: a medicina grega do século V nada mais seria do que a codificação dessa clínica universal e imediata; formaria sua primeira consciência total e, neste sentido, seria tão "simples e pura"[6] quanto esta experiência primeira; mas, na medida em que ela a organiza em um corpo sistemático, a fim de "facilitar" e "abreviar seu estudo", nova dimensão é introduzida na experiência médica: a de um saber que se pode dizer literalmente cego, porque não tem olhar. Esse conhecimento que não vê está na origem de todas as ilusões; uma medicina dominada pela metafísica torna-se possível: "Depois que Hipócrates reduziu a medicina a sistema, a observação foi abandonada e a filosofia nela se introduziu."[7]

Foi essa ocultação que permitiu a longa história dos sistemas, com "a multiplicidade das diferentes seitas opostas e contraditórias".[8] História que por isso mesmo se anula, só conservando do tempo sua marca destruidora. Mas, sob esta que destrói, vela uma outra história, mais fiel ao tempo porque mais próxima de sua verdade originária. Nesta imperceptivelmente se recolhe a vida surda da clínica. Sob as "teorias

---

4. *Ibidem*, p. 9-10.
5. P. Moscati, *De l'emploi des systèmes dans la médecine pratique*, trad. fr., Estrasburgo, ano VII, p. 13.
6. P.-A.-O. Mahon, *Histoire de la médecine clinique*, Paris, ano XII, p. 323.
7. Moscati, *loc. cit.*, p. 4-5.
8. *Ibidem*, p. 26.

60 O Nascimento da Clínica | Michel Foucault

especulativas",[9] ela continua mantendo a prática médica em contato com o mundo percebido e abrindo-a à paisagem imediata da verdade: "Sempre existiram médicos que depois de terem, com a ajuda da análise tão natural ao espírito humano, deduzido do aspecto do doente todos os dados necessários sobre sua idiossincrasia, contentaram-se em estudar os sintomas..."[10] Imóvel, mas sempre próxima das coisas, a clínica dá à medicina seu verdadeiro movimento histórico; ela apaga os sistemas, enquanto a experiência que os desmente acumula sua verdade. Assim, trama-se uma continuidade fecunda que assegura à patologia "a uniformidade ininterrupta dessa ciência nos diferentes séculos".[11] Contra os sistemas, que pertenciam ao tempo negativo, a clínica é o tempo positivo do saber. Não se deve, portanto, inventá-la, mas redescobri-la: já estava presente nas primeiras formas da medicina, constituindo toda a sua plenitude; basta, portanto, negar o que a nega, destruir o que nada significa em relação a ela, isto é, "o prestígio" dos sistemas, e deixá-la finalmente "gozar de todos os seus direitos".[12] A medicina estará, então, no mesmo nível que sua verdade.

* * *

Essa narrativa ideal, tão frequente no final do século XVIII, deve ser compreendida tomando-se como referência a recente criação das instituições e dos métodos clínicos: dá-lhes um estatuto ao mesmo tempo universal e histórico. Valoriza-os como restituição de uma verdade eterna, em um desenvolvimento histórico contínuo, em que os únicos acontecimentos foram de ordem negativa: esquecimento, ilusão, ocultação. De fato, tal maneira de reescrever a história evitava uma história muito mais complexa. Mascarava-a, reduzindo o método clínico a qualquer estudo de caso, conforme o velho uso da pala-

---

9. Dezeimeris, *Dictionnaire historique de la médecine*, Paris, 1828, T. I, artigo "Clinique", p. 830-837.

10. J.-B. Regnault, *Considérations sur l'État de la médecine*, Paris, 1819, p. 10.

11. P.-A.-O. Mahon, *Histoire de la médecine clinique*, Paris, ano XII, p. 324.

12. *Ibidem*, p. 323.

A Velhice da Clínica **61**

vra; e autorizava assim todas as simplificações ulteriores que deveriam fazer da clínica e que fazem dela ainda em nossos dias um puro e simples exame do indivíduo.

Para compreender o sentido e a estrutura da experiência clínica é preciso, em primeiro lugar, refazer a história das instituições em que se manifestou seu esforço de organização. Até os últimos anos do século XVIII, essa história, tomada como sucessão cronológica, é muito limitada.

Em 1658, François de La Boe abre uma escola clínica no hospital de Leiden: publica suas observações com o título *Collegium Nosocomium*.[13] Boerhaave será o mais ilustre de seus sucessores; é possível, entretanto, que tenha existido, em Pádua, desde fins do século XVI, uma cadeira de clínica. Em todo caso, foi de Leiden, com Boerhaave e seus alunos, que partiu, no século XVIII, o movimento de criação, por toda a Europa, de cadeiras ou de institutos clínicos. São discípulos de Boerhaave que, em 1720, reformam a Universidade de Edimburgo e criam uma clínica segundo o modelo de Leiden; ela é imitada em Londres, Oxford, Cambridge e Dublin.[14] Em 1733, pede-se a Van Swieten um plano para o estabelecimento de uma clínica no hospital de Viena: seu titular é também um aluno de Boerhaave, de Haen, a quem sucedem Stoll e depois Hildenbrand;[15] o exemplo é seguido em Göttingen, onde ensinam sucessivamente Brendel, Vogel, Baldinger e J.-P. Franck;[16] em Pádua, alguns leitos do hospital são reservados à clínica, tendo Knips como professor; Tissot, encarregado de organizar uma clínica em Pávia, fixa seu plano em sua aula inaugural de 26 de novembro de 1781;[17] em torno de 1770, Lacassaigne, Bourru, Guilbert e Colombier desejaram organizar, em caráter privado e a suas expensas, uma casa de saúde de 12 leitos, reservada às doenças agudas; os médicos visitadores ao mesmo tempo nela ensinariam a prática;[18] o projeto, porém, fra-

---

13. Leiden, 1667.

14. J. Aikin, *Observations sur les hôpitaux*, trad. fr., Paris, 1777, p. 94-95.

15. A. Storck, *Instituta Facultatis medicae Vivobonensis*, Viena, 1775.

16. Dezeimeris, *Dictionnaire historique de médecine*, Paris, 1828, T. I, p. 830-837, artigo "Clinique".

17. Tissot, *Essai sur les études de médecine*, Lausanne, 1785, p. 118.

18. Colombier, *Code de Justice militaire*, II, p. 146-147.

cassou. A faculdade, o corpo dos médicos em geral tinham bastante interesse em que se mantivesse o antigo estado de coisas, em que um ensino prático era dado na cidade, de modo individual e oneroso, pelos mais notáveis consultores. Foi nos hospitais militares que se organizou primeiramente o ensino clínico; o regulamento para os hospitais estabelecidos em 1775 reza, em seu art. XIII, que cada ano de estudo deve compreender um "curso de prática e de clínica das principais doenças que reinam entre as tropas nos exércitos e guarnições".[19] E Cabanis cita, como exemplo, a clínica do hospital da Marinha, em Brest, fundada por Dubreil sob os auspícios do marechal de Castries.[20] Assinale-se, enfim, a criação, em 1787, de uma clínica de partos em Copenhague.[21]

Esta parece ser a sequência dos fatos. Para compreender o sentido e circunscrever os problemas que ela coloca, é preciso, primeiramente, retomar algumas constatações, que deveriam diminuir sua importância. O exame dos casos, sua exposição detalhada, sua relação com uma explicação possível é uma tradição muito antiga na experiência médica; a organização da clínica não é, portanto, correlata à descoberta do fato individual na medicina; as inúmeras compilações de casos, redigidas a partir do Renascimento, bastam para prová-lo. Por outro lado, a necessidade de um ensino por meio da prática também era amplamente reconhecida: a visita aos hospitais pelos aprendizes de médico era uma prática aceita; e ocorria que entre eles alguns completassem sua formação em um hospital em que viviam e exerciam a profissão sob a direção de um médico.[22] Nessas condições, que novidade e importância poderiam apresentar esses estabelecimentos clínicos a que o século XVIII, sobretudo em seu final, dava tanta importância?

---

19. Règlement pour les hôpitaux militaires de Strasburg, Metz et Lille, fait sur ordre du roi par P. Haudesierck, 1775, citado por Boulin, *Mémoires pour servir à l'histoire de la médecine*, Paris, 1776, t. II, p. 73-80,

20. Cabanis, *Observations sur les hôpitaux*, Paris, 1790, p. 31.

21. J.-B. Demangeon, *Tableau historique d'un triple établissement réuni en un seul hospice à Copenhague*, Paris, ano VII.

22. Tal era o caso, na França, por exemplo, do Hospital Geral; durante o século XVIII um aprendiz de cirurgião vivia na Salpêtrière, seguia o cirurgião em suas visitas e prestava ele próprio alguns cuidados rudimentares.

A Velhice da Clínica   **63**

Em que essa protoclínica podia ao mesmo tempo se distinguir de uma prática espontânea, que formava um só corpo com a medicina, e da clínica, tal como se organizará mais tarde em um corpo complexo e coerente em que se reúnem uma forma de experiência, um método de análise e um tipo de ensino? É possível lhe designar uma estrutura específica que, sem dúvida, seria própria da experiência médica do século XVIII, de que é contemporânea?

1. Essa protoclínica é mais do que um estudo sucessivo e coletivo de casos; deve reunir e tornar sensível o corpo organizado da nosologia. A clínica nem será, portanto, aberta a todos, como pode ser a prática cotidiana de um médico, nem *especializada*, como no século XIX: nem é o domínio fechado daquilo que se escolheu para estudar, nem o campo estatístico aberto do que se está voltado a receber; ela se fecha sobre a totalidade didática de uma experiência ideal. Não tem obrigação de mostrar os casos, seus pontos dramáticos e seus acentos individuais, mas de manifestar em um percurso completo o círculo das doenças. A clínica de Edimburgo foi durante muito tempo um modelo do gênero; é constituída de tal modo que nela se encontram reunidos "os casos que parecem mais próprios para instruir".[23] Antes de ser o encontro do doente com o médico, de uma verdade a decifrar com uma ignorância, e para poder sê-lo, *a clínica deve formar, constitucionalmente, um campo nosológico inteiramente estruturado.*

2. Seu modo de inserção no hospital é particular. Não é sua expressão direta, visto que um princípio de escolha serve entre os dois de limite seletivo. Essa seleção não é simplesmente quantitativa, se bem que o número ideal dos leitos de uma clínica não deve, segundo Tissot, exceder a 30;[24] não é apenas qualitativa, se bem que de preferência se fixe em tal ou tal caso de alto valor instrutivo. Selecionando, ela altera em sua própria natureza o modo de manifestação da doença e sua relação com o doente; no hospital se encontram indivíduos que são indiferentemente portadores de uma doença qual-

---

23. Aikin, *Observations sur les hôpitaux*, trad. fr., Paris, 1777, p. 94-95.

24. Tissot, Mémoire pour la construction d'un hôpital clinique, *in Essai sur les études médicales*, Lausanne, 1785.

64 O Nascimento da Clínica | Michel Foucault

quer; o papel do médico de hospital é descobrir a doença no doente; e essa interioridade da doença faz com que ela esteja frequentemente escondida no doente, oculta como um criptograma. Na clínica, inversamente, se encontram doenças cujo portador é indiferente: o que está presente é a doença no corpo que lhe é próprio, que não é o do doente, mas o de sua verdade. São as "diferentes doenças que servem de texto":[25] o doente é apenas aquilo por intermédio de que o texto é apresentado à leitura e, às vezes, complicado e confundido. No hospital, o doente é *sujeito* de sua doença, o que significa que ele constitui um *caso*; na clínica, onde se trata apenas de *exemplo*, o doente é o acidente de sua doença, o objeto transitório de que ela se apropriou.

3. A clínica não é um instrumento para descobrir uma verdade ainda desconhecida; é uma determinada maneira de dispor a verdade já adquirida e de apresentá-la para que ela se desvele sistematicamente. A clínica é uma espécie de teatro nosológico de que o aluno desconhece, de início, o desfecho. Tissot prescreve que se faça com que ele a procure durante muito tempo. Aconselha que se confie cada doente da clínica a dois estudantes; são eles, e apenas eles, que o examinarão "com decência, com doçura e com esta bondade que é tão consoladora para estes pobres desafortunados".[26] Começarão por interrogá-lo sobre sua pátria e as constituições reinantes, sobre sua profissão e suas doenças anteriores; a maneira como a atual começou e os remédios tomados. Farão a investigação de suas funções vitais (respiração, pulso, temperatura), de suas funções naturais (sede, apetite, excreções) e de suas funções animais (sentidos, faculdades, sono, dor). Deverão também lhe "apalpar o baixo ventre para constatar o estado de suas vísceras".[27]Mas o que procuram, assim, e que princípio hermenêutico deve guiar o seu exame? Quais são as relações estabelecidas entre os fenômenos constatados, os antecedentes conhecidos, os distúrbios e os *deficits* observados? Nada mais do que aquilo que permite pronunciar um nome, o da doença. Uma vez designada, serão facilmente deduzidos suas

---

25. Cabanis, *Observations sur les hôpitaux*, p. 30.
26. Tissot, *loc. cit.*, p. 120.
27. *Ibidem*, p. 121-123.

A VELHICE DA CLÍNICA **65**

causas, o prognóstico e as indicações, "perguntando-se: O que falta ao doente? O que se deve então mudar?"[28] Em relação aos métodos posteriores de exame, o recomendado por Tissot não é menos meticuloso, excetuando-se alguns detalhes. A diferença entre esse inquérito e o "exame clínico" reside em que nisto não se faz o inventário de um organismo doente; assinalam-se os elementos que permitirão encontrar uma chave ideal – chave que desempenha quatro funções, pois é um modo de designação, um princípio de coerência, uma lei de evolução e um corpo de preceitos. Isto é, o olhar que percorre um corpo que sofre só atinge a verdade que ele procura passando pelo dogmático do *nome*, em que se recolhe uma dupla verdade: uma, oculta, mas já presente, da doença; outra, claramente dedutível, do fim e dos meios. Não é, portanto, o próprio olhar que tem poder de análise e de síntese; mas a verdade de um saber discursivo que vem se acrescentar de fora e como uma recompensa ao olhar vigilante do estudante. Neste método clínico em que a espessura do percebido oculta apenas a imperiosa e lacônica verdade que nomeia, trata-se não de um *exame*, mas de uma *decifração*.

4. Compreende-se, nessas condições, que a clínica só tenha tido uma única direção: a que vai, de cima para baixo, do saber constituído à ignorância. No século XVIII, só há clínica pedagógica, e sob forma ainda restrita, visto que não se admite que o médico possa a cada instante ler, por esse método, a verdade que a natureza depositou no mal. A clínica só diz respeito a essa instrução, no sentido estrito, que é dada pelo professor a seus alunos. Não é em si mesma uma experiência, mas o resultado, para uso dos outros, de uma experiência anterior. "O professor indica a seus alunos a ordem em que os objetos devem ser observados para serem mais bem vistos e gravados na memória; ele lhes abrevia o trabalho; os faz aproveitar sua experiência."[29] De maneira alguma a clínica *descobrirá* pelo olhar; duplicará apenas a arte de *demonstrar, mostrando*. Foi assim que Desault compreendeu as lições de clínica cirúrgica que ministrava a partir de 1781 no Hôtel-Dieu: "Sob os olhares de seus auditores, ele fazia trazer os

---

28. *Ibidem*, p. 124.
29. Cabanis, *Observations sur les hôpitaux*, Paris, 1790, p. 30.

66 O Nascimento da Clínica | Michel Foucault

doentes mais gravemente afetados, classificava sua doença, analisava suas características, traçava a conduta a seguir, praticava as operações necessárias, explicava seus procedimentos e seus motivos, informava diariamente as mudanças ocorridas e apresentava, em seguida, o estado das partes depois da cura... ou demonstrava, sobre o corpo privado de vida, as alterações que tornaram a arte inútil."[30]

5. O exemplo de Desault mostra, entretanto, que essa palavra, por didática que fosse em sua essência, aceitava, apesar de tudo, o julgamento e o risco do acontecimento. No século XVIII, a clínica não é uma estrutura da experiência médica, mas é experiência, ao menos no sentido de que é prova: prova de um saber que o tempo deve confirmar, prova de prescrições a que o resultado dará ou não razão, e isso diante do júri espontâneo que os estudantes constituem; há como que uma luta, diante de testemunhas, com a doença que tem sua palavra a dizer e que, malgrado a palavra dogmática que pôde designá-la, tem sua própria linguagem. De tal modo que a lição dada pelo mestre pode voltar-se contra ele e proferir, acima de sua linguagem vã, um ensinamento que é o da própria natureza. Cabanis explica deste modo a lição da má lição: se o professor se engana, "seus erros são logo revelados pela natureza... cuja linguagem é impossível abafar ou alterar. Muitas vezes mesmo, eles se tornam mais úteis do que seus sucessos e tornam mais ineficazes imagens que, sem isso, só teriam, talvez, deixado sobre eles impressões passageiras".[31] É, portanto, quando a designação magistral fracassa, e o tempo a tornou irrisória, que o movimento da natureza é reconhecido por si mesmo: a linguagem do saber se cala, e as pessoas olham. A probidade dessa prova clínica era grande, pois se ligava a seu próprio risco por uma espécie de contrato cotidianamente renovado. Na clínica de Edimburgo, os estudantes anotavam o diagnóstico, o estado do doente a cada visita e os medicamentos tomados durante o dia.[32] Tissot, que também recomenda que se faça um diário, acrescenta em um relatório ao conde Firmian, em que descreve a clínica ideal, que se de-

---

30. M.-A. Petit, Eloge de Desault, *in Médecine du coeur*, p. 108.
31. Cabanis, *Observations sur les hôpitaux*, p. 30.
32. J. Aikin, *Observations sur les hôpitaux*, trad. fr., 1777, p. 95.

A Velhice da Clínica **67**

veria fazer anualmente sua publicação.[33] Finalmente, a dissecção, em caso de óbito, deve permitir uma última confirmação.[34] Assim, a palavra sábia e sintética que designa dá acesso a um campo de eventualidades observadas para formar uma crônica das constatações.

Vê-se, portanto, que a instituição clínica, tal como estava estabelecida ou projetada, era ainda por demais derivada das formas já constituídas do saber para ter uma dinâmica própria e acarretar, apenas por sua própria força, uma transformação geral do conhecimento médico. Ela não pode por si mesma descobrir novos objetos, formar novos conceitos, nem dispor de outro modo o olhar médico. Ela conduz e organiza uma determinada forma do discurso médico; não inventa um novo conjunto de discursos e de práticas.

* * *

No século XVIII, a clínica é, portanto, uma figura muito mais complexa do que um puro e simples conhecimento de casos. E, no entanto, ela não desempenhou papel específico no movimento do conhecimento científico; forma uma estrutura marginal que se articula com o campo hospitalar sem ter a mesma configuração que ele; visa à aprendizagem de uma prática que ela resume mais do que analisa; agrupa toda a experiência em torno dos jogos de um desvelamento verbal que nada mais é do que sua simples forma de transmissão, teatralmente retardada.

Ora, em alguns anos, os últimos do século, a clínica vai ser bruscamente reestruturada: separada do contexto teórico em que nascera, vai receber um campo de aplicação não mais limitado àquele em que se *diz* um *saber*, mas coextensivo àquele em que nasce, se experimenta e se realiza: ela fará corpo com a *totalidade* da experiência médica. Para isso, entretanto, ainda será preciso que seja armada de novos poderes, separada da linguagem a partir de que era proferida como lição e libertada por um movimento de descoberta.

---

33. Tissot, Mémoire pour la construction d'un hôpital clinique, *in Essai sur les études médicales.*
34. Cf. Tissot, *ibidem,* e M.-A. Petit, Eloge de Desault, *op. cit.*

Capítulo V

A LIÇÃO DOS HOSPITAIS

No artigo "Abus" do *Dictionnaire de médecine*, Vicq d'Azyr confere à organização de um ensino no meio hospitalar valor de solução universal para os problemas da formação médica; esta é, segundo ele, a principal reforma a realizar: "As doenças e a morte oferecem grandes lições nos hospitais. Tira-se proveito delas? Escreve-se a história dos males que afetam tantas vítimas? Ensina-se neles a arte de observar e tratar as doenças? Estabeleceram-se nos hospitais cadeiras de medicina clínica?"[1] Em pouco tempo, porém, essa reforma da pedagogia vai tomar um significado infinitamente mais amplo; reconhecer-se-á nela a faculdade de reorganizar todo o conhecimento médico e de instaurar, no saber da doença, formas de experiência desconhecidas ou esquecidas, porém mais fundamentais e decisivas: a clínica, e apenas a clínica, poderá "renovar para os modernos os templos de Apolo e Esculápio".[2] Modo de ensinar e *dizer*, que se tornou maneira de aprender e de *ver*.

No final do século XVIII, a pedagogia como sistema das normas de formação se articulava diretamente com a teoria da representação e do encadeamento das ideias. A infância, a ju-

---

1. Vicq d'Azyr, *Oeuvres*, Paris, 1805, T. V, p. 64.
2. Demangeon, *Du moyen de perfectionner la médecine*, p. 29.

A LIÇÃO DOS HOSPITAIS   **69**

ventude das coisas e dos homens estavam carregadas de um poder ambíguo: dizer o nascimento da verdade; mas também colocar à prova a verdade tardia dos homens, retificá-la, aproximá-la de sua nudez. A criança se torna o senhor imediato do adulto, na medida em que a verdadeira formação se identifica com a própria gênese do verdadeiro. Incansavelmente, em cada criança, as coisas repetem sua juventude, o mundo retoma contato com sua forma natal: ele nunca é adulto para quem o olha pela primeira vez. Quando abandonar seus velhos parentescos, o olho poderá se abrir no nível das coisas e das idades; e, de todos os sentidos e saberes, ele terá a habilidade de poder ser o mais inábil, repetindo agilmente sua longínqua ignorância. A orelha tem suas preferências; a mão, seus traços e suas dobras; o olho, que tem parentesco com a luz, suporta apenas seu presente. O que permite ao homem reconciliar-se com a infância e alcançar o permanente nascimento da verdade é essa ingenuidade clara, distante e aberta do olhar. Daí as duas grandes experiências míticas em que a filosofia do século XVIII desejou fundar seu começo: o espectador estrangeiro em um país desconhecido e o cego de nascença conduzido à luz. Mas Pestalozzi e os *Bildungsromane* também se inscrevem no grande tema do Olhar-Infância. O discurso do mundo passa por olhos abertos, e abertos a cada instante como que pela primeira vez.

* * *

Apenas chegada a reação termidoriana, o pessimismo de Cabanis e de Cantin parece confirmado: o "banditismo" previsto[3] se instala por toda parte. Desde o começo da guerra, mas sobretudo a partir do recrutamento em massa do outono de 1793, muitos médicos partiram para o Exército como voluntários ou convocados; os empíricos têm "plena liberdade de ação".[4] Uma petição endereçada, em 26 de brumário, ano II, à Convenção e redigida por um certo Caron, da seção Poissonnière, denunciava os médicos formados pela faculdade como vulgares "charlatães", contra quem o povo desejava ser

---

3. Cantin, *Projet de réforme adressé à l'Assemblée,* Paris, 1790, p. 13.
4. Lioult, *Les charlatans dévoilés,* Paris, ano VIII, prefácio não paginado.

70 O Nascimento da Clínica | Michel Foucault

defendido.[5] Bem depressa, porém, esse temor muda de configuração e o perigo é percebido do lado dos charlatães que não são médicos: "O público é vítima de uma multidão de indivíduos pouco instruídos que, por sua autoridade, se erigem em mestres da arte, distribuem remédios ao acaso e comprometem a existência de vários milhares de cidadãos."[6] Os desastres dessa medicina em estado selvagem são tantos, em um departamento como o de Eure, que o Diretório, alertado, os submete à Assembleia dos Quinhentos[7] e, por duas vezes, em 13 de messidor, ano IV, e 24 de nivoso, ano VI, o governo pede ao Poder Legislativo que limite essa perigosa liberdade: "Cidadãos representantes, a pátria faz ouvir seus gritos maternos e o Diretório executivo é seu órgão. É exatamente sobre tal matéria que existe urgência: o atraso de um dia é talvez uma sentença de morte para muitos cidadãos."[8] Os médicos improvisados ou os empíricos engalanados são tanto mais temíveis quanto a hospitalização dos doentes pobres se torna cada vez mais difícil. A nacionalização dos bens hospitalares chegou, às vezes, até a confiscação do dinheiro líquido, e muitos ecônomos (em Tolouse, em Dijon) foram obrigados a despedir pura e simplesmente os pensionistas que não podiam mais manter. Os feridos ou doentes militares ocupam numerosos estabelecimentos, e as municipalidades, que não precisam mais encontrar recursos para seus hospitais, se felicitam por isso: em Poitiers, em 15 de julho de 1793, são despedidos os 200 doentes do Hôtel-Dieu para dar lugar aos feridos militares, a quem o Exército paga pensão.[9] Essa desospitalização da doença, que os fatos impõem em uma convergência singular com os grandes sonhos revolucionários, longe de restituir as essências patológicas a uma verdade de natureza, que por isso mesmo as reduziria, multiplica seus estragos e deixa a população sem proteção nem socorro.

---

5. A. N. 17, A 1146, d. 4, citado por A. Soboul, *Les Sans-Culottes parisiens en l'an II*, Paris, 1958, p. 494, nº 127.

6. Mensagem do Diretório ao Conselho dos Quinhentos de 24 de nivoso, ano VI, citada por Baraillon em seu relatório de 6 de germinal, ano VI.

7. 22 de brumário e 4 de frimário, ano V.

8. Mensagem de 24 de nivoso, ano VI.

9. P. Rambaud, *L'assistance publique à Poitiers jusqu'à l'an V*, T. II, p. 200.

A LIÇÃO DOS HOSPITAIS **71**

Numerosos oficiais de saúde, liberados do Exército, vêm, sem dúvida, se instalar como médicos na cidade, ou no campo, no final do período termidoriano ou no começo do Diretório. Mas essa nova implantação médica não é homogênea.

Muitos oficiais de saúde têm uma formação e uma experiência bastante insuficientes. No ano II, o Comitê de Saúde Pública pediu ao Comitê de Instrução Pública que preparasse um projeto de decreto definindo a maneira de "formar sem demora oficiais de saúde para a necessidade dos Exércitos da República";[10] mas como a urgência tinha sido muito grande, aceitaram-se todos os voluntários, formou-se no próprio local o pessoal indispensável e, com exceção dos oficiais de saúde de primeira classe, que possuíam uma formação prévia, todos os outros só conheciam da medicina o que aprendiam pouco a pouco, graças a uma experiência transmitida apressadamente. No Exército, já tinha sido possível denunciar muitos de seus erros.[11] Exercendo em meio à população civil, e sem controle hierárquico, esses médicos faziam estragos muito piores: cita-se um oficial de saúde, na Creuse, que matava seus doentes purgando-os com arsênico.[12] Por toda parte pedem-se instâncias de controle e uma nova legislação: "Quantos ignorantes assassinos não inundariam a França, se autorizassem os médicos, cirurgiões e farmacêuticos de segunda e terceira classes... a praticar suas profissões respectivas sem um novo exame; ... é sobretudo nesta sociedade homicida que sempre se encontram os charlatães mais acreditados, mais perigosos, aqueles que a lei deve mais particularmente vigiar."[13]

Contra esse estado de coisas, organismos de proteção nascem espontaneamente. Uns, muito precários, são de origem popular. Se algumas seções parisienses, as mais moderadas, continuam fiéis ao axioma da Montanha – "Não mais indigen-

---

10. Guillaume, *Procès-verbaux du Comité d'Instruction publique de la Convention*, T. IV, p. 878-879.

11. Baraillon, *Rapport au Conseil des Cinq-Cents*, 6 de germinal, ano VI, p. 6, sobre o escândalo das amputações.

12. *Ibidem*.

13. *Opinion de Porcher ou Conseil des Anciens*, sessão de 16 de vendemiário, ano VI, p. 14-15.

tes, não mais hospitais" – e continuam a pedir a distribuição de socorros individuais em proveito dos doentes que serão tratados em domicílio,[14] outras, entre as mais pobres, são obrigadas, diante da penúria da subsistência e da dificuldade de receber cuidados, a reclamar a criação de hospitais, em que os doentes indigentes seriam recebidos, alimentados e tratados; deseja-se retornar ao princípio dos hospícios para os pobres;[15] casas foram efetivamente criadas, fora, evidentemente, de toda iniciativa governamental, com fundos reunidos pelas sociedades e assembleias populares.[16] Depois de termidor, ao contrário, é de cima que parte o movimento. As classes esclarecidas, os círculos intelectuais, voltando ao poder ou a ele finalmente acedendo, desejam restituir ao saber os privilégios que são suscetíveis de proteger tanto a ordem social quanto as existências individuais. Em várias grandes cidades, as administrações "aterradas pelos males de que eram testemunhas" e "aflitas com o silêncio da lei" não esperam as decisões do Poder Legislativo: decidem estabelecer por si mesmas um controle sobre os que pretendem exercer a medicina; criam comissões, formadas por médicos do Antigo Regime, que devem julgar os títulos, o saber e a experiência dos recém-formados.[17] Ainda há mais: certas faculdades abolidas continuam a funcionar numa semiclandestinidade: os antigos professores reúnem os que desejam se instruir e se fazem acompanhar por eles em suas visitas; se estão encarregados de um serviço no hospital, é ao leito dos doentes que realizarão seu ensino e que poderão julgar a aptidão de seus alunos. Acontece mesmo que, ao término desses estudos puramente privados, tanto para sancioná-los quanto para melhor estabelecer as distâncias, uma espécie de diploma oficioso seja entregue, atestando que o estudante tornou-se um verdadeiro médico. É o que

---

14. Para a seção dos Lombardos, cf. Soboul, *loc. cit.*, p. 495.

15. Mensagem da seção do Homem Armado, dos Inválidos e de Lepeletier à Convenção, *ibidem*.

16. Hospício para as mulheres grávidas estabelecido pela Seção do Contrato Social.

17. E. Pastoret, *Rapport fait au nom de la Commission d'Instruction publique sur un mode provisoire d'examen pour les officiers de santé*, 16 de termidor, ano V, p. 2.

A LIÇÃO DOS HOSPITAIS   73

acontece em certas províncias particularmente moderadas, em Caen ou em Douai.

Montpellier oferece um exemplo, bastante raro sem dúvida, de encontro dessas diversas formas de reação: vê-se aparecer, ao mesmo tempo, a necessidade de formar médicos para o Exército, a utilização das competências médicas consagradas pelo Antigo Regime, a intervenção das assembleias populares e da administração e o esboço espontâneo de uma experiência clínica. Baumes, antigo professor da universidade, foi designado, tanto por causa de sua experiência quanto por suas opiniões republicanas, para exercer a medicina no hospital militar de Saint-Eloi. Devia, por essa razão, fazer uma escolha entre os candidatos às funções de oficiais de saúde; mas, como nenhum ensino estava organizado, os alunos de medicina intervieram junto à sociedade popular e esta, por uma petição, obteve da administração do distrito a criação de um ensino clínico no Hospital Saint-Eloi, atribuído a Baumes. No ano seguinte, em 1794, Baumes publica o resultado de suas observações e de seu ensino: "Método de curar as doenças segundo seu aparecimento durante o ano medicinal."[18]

Esse exemplo é, sem dúvida, privilegiado, mas nem por isso menos significativo. Pelo encontro e entrecruzamento de pressões e exigências vindas de classes sociais, de estruturas institucionais, de problemas técnicos ou científicos muito diferentes uns dos outros, uma experiência está em vias de se formar. Aparentemente, ela nada mais faz do que colocar em dia, como única via de salvação possível, a tradição clínica que o século XVIII havia elaborado. De fato, já é de outra coisa que se trata. Nesse movimento autônomo e na quase clandestinidade que o suscitou e protege, esse retorno à clínica é de fato a primeira organização de um campo médico simultaneamente misto e fundamental: misto, porque a experiência hospitalar em sua prática cotidiana nele encontra a forma geral de uma pedagogia; mas também é fundamental, pois, diferentemente da clínica do século XVIII, não se trata do posterior encontro entre uma experiência já formada e uma ignorância a infor-

---

18. A. Girbal, *Essai sur l'esprit de la clinique médicale de Montpellier*, Montpellier, 1858, p. 7-11.

74 O Nascimento da Clínica | Michel Foucault

mar; trata-se de uma nova disposição dos objetos do saber: um domínio no qual a verdade se ensina por si mesma e da mesma maneira ao olhar do observador experimentado e do aprendiz ainda ingênuo; tanto para um quanto para o outro, só existe uma linguagem: o hospital, onde a série dos doentes examinados é, em si mesma, escola. A dupla abolição das velhas estruturas hospitalares e da universidade permitia, assim, a comunicação imediata do ensino com o campo concreto da experiência; e ainda mais: ela apagava o discurso dogmático como momento essencial da transmissão da verdade; a redução ao silêncio da palavra universitária, a supressão da *cátedra*, permitiu que se estabelecesse, sob a velha linguagem e à sombra de uma prática um pouco cega e desordenada pelas circunstâncias, um discurso cujas regras eram inteiramente novas: ele devia se ordenar em função de um olhar que não se contenta mais em constatar, mas que descobre. Nesse recurso apressado à clínica, uma outra clínica nascia: aquela que, dentro em pouco, seria a do século XIX.

Não há razão para espanto se, bruscamente, no final da Convenção, o tema de uma medicina inteiramente organizada em torno da clínica ultrapassa o de uma medicina, dominante até 1793, restituída à liberdade. Não se trata, para dizer a verdade, nem de uma reação (se bem que as consequências sociais tenham sido geralmente "reacionárias"), nem de um progresso (se bem que a medicina, como prática e como ciência, dele se tenha, por mais de uma razão, beneficiado); trata-se da reestruturação, em um contexto histórico preciso, do tema da "medicina em liberdade": em um domínio liberto, a necessidade do verdadeiro que se impõe ao olhar vai definir as estruturas institucionais e científicas que lhe são próprias. Não é apenas por oportunismo político mas, sem dúvida, também por obscura fidelidade a coerências que nenhuma sinuosidade nos acontecimentos pode atenuar que o mesmo Fourcroy se manifestava, no ano II, contra todo projeto de reconstruir "as góticas universidades e as aristocráticas academias"[19] e desejava, no ano III, que a supressão provisória das

---

19. Fourcroy, *Rapport et projet de décret sur l'enseignement libre des sciences et des arts*, ano II, p. 2.

A Lição dos Hospitais **75**

faculdades permitisse "sua reforma e sua melhoria";[20] não era preciso que "o empirismo homicida e a ambiciosa ignorância estendessem por toda parte armadilhas para a dor crédula";[21] o que havia faltado até então, "a prática mesmo da arte, a observação ao leito dos doentes" deveria se tornar a parte essencial da nova medicina.

* * *

Termidor e o Diretório tomaram a clínica como tema principal da reorganização institucional da medicina: era para eles um meio de pôr fim à perigosa experiência de uma liberdade total, um modo, no entanto, de lhe dar sentido positivo, como também uma via para restaurar, conforme o desejo de alguns, algumas estruturas do Antigo Regime.

1. As medidas de 14 de frimário, ano III

Fourcroy havia sido encarregado de apresentar à Convenção um relatório sobre o estabelecimento de uma Escola de Saúde em Paris. As justificativas que ele fornece são dignas de atenção, tanto mais que serão quase inteiramente retomadas nos considerandos do decreto efetivamente votado, mesmo que este se afaste mais uma vez da letra e do espírito do projeto. Trata-se, antes de tudo, de criar, à base do modelo da Escola Central dos Trabalhos Públicos, uma escola única para toda a França, em que se formarão os oficiais de saúde necessários aos hospitais e, sobretudo, aos hospitais militares: 600 médicos não acabam de ser mortos nos Exércitos em menos de 18 meses? Além dessa razão de urgência e da necessidade de pôr fim aos danos dos charlatães, é preciso responder a algumas objeções capitais contra esta medida que pode restaurar as antigas corporações e seus privilégios: a medicina é uma ciência prática cuja verdade e sucesso interessam ao conjunto da nação; criando uma escola, não se favorece um punhado de indivíduos, permite-se que, por intermediários qua-

---

20. Fourcroy, *Rapport à la Convention au nom des Comités de Salut public et d'Instruction publique*, 7 de frimário, ano III, p. 3.
21. *Ibidem*, p. 3.

76 O Nascimento da Clínica | Michel Foucault

lificados, o povo possa sentir os benefícios da verdade: "É vivificar", diz o relator não sem dificuldade de estilo e de pensamento, "vários canais que fazem circular a industriosa atividade das artes e das ciências em todas as ramificações do corpo social".[22] Ora, o que garante à medicina, assim entendida, ser um saber útil a todos os cidadãos é sua relação imediata com a natureza: em vez de ser, como a antiga faculdade, o lugar de um saber esotérico e livresco, a nova escola será o "Templo da natureza"; nela não se aprenderá absolutamente o que acreditavam saber os mestres de outrora, mas esta forma de verdade aberta a todos, que manifesta o exercício cotidiano: "a prática, a manipulação se unirão aos preceitos teóricos. Os alunos serão exercitados nas experiências químicas, nas dissecções anatômicas, nas operações cirúrgicas, nos aparelhos. Ler pouco, ver muito e fazer muito", se exercitar na própria prática, ao leito dos doentes: eis o que ensinará, em vez das vãs fisiologias, a verdadeira "arte de curar".[23]

A clínica se torna, portanto, um momento essencial da coerência científica, mas também da utilidade social e da pureza política da nova organização médica. Ela é sua verdade na liberdade garantida. Fourcroy propõe que em três hospitais (o *Hospice de l'Humanité*, o *Hospice de l'Unité* e o *Hôpital de l'École*) o ensino clínico seja assegurado por professores suficientemente remunerados, para poderem a ele se consagrar inteiramente.[24] O público será amplamente admitido na nova escola de saúde; espera-se, assim, que todos os que praticam sem terem formação suficiente virão espontaneamente completar sua experiência. De todo modo, serão escolhidos em cada distrito alunos que tenham "boa conduta, costumes puros, amor à República e ódio aos tiranos, cultura bem cuidada e, sobretudo, conhecimento de algumas ciências que servem de preliminar para a arte de curar"; eles serão enviados à Escola Central de Medicina para que se tornem, depois de três anos, oficiais de saúde.[25]

---

22. *Rapport de Fourcroy à la Convention, au nom des Comités de Salut public et d'Instruction publique*, 7 de frimário, ano III, p. 6.
23. *Ibidem*, p. 9.
24. *Ibidem*, p. 10.
25. *Ibidem*, p. 12-13.

A LIÇÃO DOS HOSPITAIS 77

Para a província, Fourcroy só havia previsto escolas especiais. Os deputados do Midi se opõem e exigem que Montpellier também tenha uma escola central. Por fim, Ehrman faz o mesmo pedido para Estrasburgo, de tal modo que o decreto de 14 de frimário, ano III, assinala a criação de três escolas de medicina. Foram previstos três anos de ensino. Em Paris, a "classe dos principiantes" estuda no primeiro semestre anatomia, fisiologia e química médica; no segundo, matéria médica, botânica e física: durante todo este ano, os alunos deverão frequentar os hospitais "para adquirir o hábito de ver os doentes e a maneira geral de tratá-los".[26] Na "classe dos iniciados" estuda-se, primeiramente, anatomia, fisiologia, química, farmácia e medicina operatória; em seguida, matéria médica e patologia interna e externa; durante este segundo ano, os estudantes poderão "ser empregados no serviço dos doentes" nos hospitais. Finalmente, durante o último ano, os cursos precedentes são retomados e, aproveitando a experiência hospitalar já adquirida, iniciam-se as clínicas propriamente ditas. Os alunos se revezam em três hospitais, ficando quatro meses em cada um. A clínica compreende duas partes: "No leito de cada doente o professor deter-se-á o tempo necessário para interrogá-lo de modo satisfatório, para examiná-lo convenientemente; fará os alunos observarem os signos diagnósticos e os sintomas importantes da doença"; em seguida, o professor retomará no anfiteatro a história geral das doenças observadas nas salas do hospital: indicará as causas "conhecidas, prováveis e ocultas", enunciará o prognóstico e dará as indicações "vitais", "curativas" ou "paliativas".[27]

O que caracteriza essa reforma é que a reequilibração da medicina em torno da clínica é correlato a um ensino teórico ampliado. No momento em que se define uma experiência prática feita a partir do próprio doente, insiste-se na necessidade de ligar o saber particular a um sistema geral de conhecimentos. Os dois primeiros princípios em que a nova Escola de Paris comenta os decretos de 14 de frimário postulam que ela

---

26. *Plan général de l'enseignement dans l'École de Santé de Paris*, Paris, ano III, p. 11.
27. *Ibidem*, p. 39.

fará "conhecer a economia animal da estrutura elementar do corpo inanimado até os fenômenos mais compostos do organismo e da vida"; e se esforçará por mostrar em que relações os corpos vivos se encontram com todos aqueles de que a natureza se compõe.[28] Por outro lado, essa ampliação colocará a medicina em contato com uma série de problemas e imperativos práticos: trazendo à luz a solidariedade do ser humano com as condições materiais de existência, mostrará como "se pode conservar por muito tempo uma existência tão livre de males quanto é permitido aos homens esperar"; e manifestará "o ponto de contato pelo qual a arte de curar entra na ordem civil".[29] A medicina clínica não é, portanto, uma medicina fechada no primeiro grau do empirismo e que procura reduzir todos os seus conhecimentos, toda a sua pedagogia, por um ceticismo metódico, à constatação única do visível. Nesse primeiro momento, a medicina só se define como clínica ao se definir como saber múltiplo da natureza e conhecimento do homem em sociedade.

2. Reformas e discussões nos anos V e VI

As medidas tomadas em 14 de frimário estavam longe de resolver todos os problemas colocados. Abrindo as Escolas de Saúde ao público, esperava-se atrair os oficiais de saúde insuficientemente formados e fazer desaparecer, como efeito da livre concorrência, os empíricos e outros médicos improvisados. Nada disso ocorreu: o número muito pequeno de escolas, a ausência de exames, salvo para os alunos bolsistas, impediram que se constituísse um corpo de médicos qualificados: por quatro vezes, em 13 de messidor, ano IV, em 22 de brumário e 4 de frimário, ano V, e em 24 de nivoso, ano VI, o Diretório foi obrigado a lembrar às Assembleias os estragos devidos ao livre exercício da medicina, à má formação dos práticos e à ausência de uma legislação eficaz. Era preciso, portanto, encontrar ao mesmo tempo um sistema de controle para os mé-

---

28. *Ibidem*, p. 1.
29. *Ibidem*, p. 1-2.

A LIÇÃO DOS HOSPITAIS **79**

dicos instalados desde a Revolução e ampliar o recrutamento, o rigor e a influência das novas Escolas.

Por outro lado, o ensino dado pelas Escolas se prestava à crítica. O programa, em sua extrema amplitude, era presunçoso, tanto mais que os estudos só duravam, como no Antigo Regime, três anos: "Por exigir demais, não se chega a nada."[30] Não havia quase nenhuma unidade entre os diferentes cursos: assim, na Escola de Paris, aprendia-se, por um lado, uma medicina clínica dos sintomas e dos signos, enquanto Doublet, em patologia interna, ensinava a medicina das espécies mais tradicional (as causas mais gerais, em seguida "os fenômenos gerais, a natureza e o caráter de cada classe de doenças e de suas principais divisões"; repetia "o mesmo exame sobre os gêneros e as espécies").[31] Quanto à clínica, ela sem dúvida não tinha o valor de formação que dela se esperava: excesso de estudantes, excesso de doentes; "circula-se rapidamente por uma sala, dizem-se duas palavras ao término desta corrida, sai-se precipitadamente: é a isto que se chama ensino da clínica interna. Nos grandes hospitais, veem-se muitos doentes, mas muito poucas doenças".[32]

Finalmente, sendo porta-voz de todas essas queixas, tornando-se incansáveis agentes de sua difusão, a fim de exigir com mais força a reconstituição de uma profissão médica definida pelas competências e protegidas pelas leis, as sociedades médicas que haviam desaparecido com a universidade, em agosto de 1792, voltavam a se constituir pouco depois da lei de 14 de frimário. Primeiramente, a *Sociedade de Saúde*, fundada em 2 de germinal, ano IV, com Desgenettes, Lafisse, Bertrand Pelletier e Leveillé; em seus princípios, deseja ser apenas um órgão liberal e neutro de informação: comunicação rápida das observações e das experiências, saber ampliado a todos os que se ocupam da arte de curar; uma espécie de grande clínica no nível da nação, em resumo, em que se tratava apenas de

---

30. Baraillon, *Rapports au Conseil des Cinq-Cents*, 6 de germinal, ano VI, p. 2.
31. *Plan général de l'enseignement dans l'École de Santé de Paris*, ano III, p. 31.
32. *Opinion de J.-Fr. Baraillon*, sessão da Assembleia dos Quinhentos, 17 de germinal, ano VI, p. 4.

80 O Nascimento da Clínica | Michel Foucault

observar e praticar; "a medicina" – diz o primeiro prospecto da sociedade – "é fundamentada em preceitos a que só a experiência pode servir de base. Para recolhê-los, é necessário o concurso dos observadores. Vários ramos da medicina definham desde a destruição das companhias eruditas. Mas eles vão crescer e novamente reflorescer à sombra de um governo constituído, que só pode ver com satisfação se formarem sociedades livres de observadores-práticos".[33] É nesse espírito que a sociedade, convencida "de que o isolamento das pessoas... é inteiramente prejudicial aos interesses da humanidade",[34] publica um *Recueil périodique*, logo seguido de outro consagrado à literatura médica estrangeira. Muito cedo, porém, esse cuidado com a informação universal manifestou qual era sem dúvida sua preocupação verdadeira: reagrupar os médicos cuja competência fora validada por estudos ordinários e lutar para que novamente se definam limites ao livre exercício da medicina: "Que não seja permitido apagar da história a lembrança desses momentos desastrosos, em que uma mão ímpia e bárbara quebrou na França os altares consagrados ao culto da medicina! Esses corpos, cuja antiga celebridade atestava os amplos triunfos, desapareceram."[35] Com essa significação mais seletiva do que informativa, o movimento se estende à província: fundam-se sociedades em Lyon, Bruxelas, Nancy, Bordeaux e Grenoble. No mesmo ano, em 5 de messidor, outra sociedade realiza sua sessão inaugural em Paris, com Alibert, Bichat, Bretonneau, Cabanis, Desgenettes, Dupuytren, Fourcroy, Larrey e Pinel. Ela representa ainda melhor do que a Sociedade de Saúde as opções da nova medicina: é preciso fechar as portas do templo aos que nele entraram sem merecer, aproveitando "que, ao primeiro sinal da Revolução, o santuário da medicina, como o templo de Janus, tivesse sido aberto a duas pessoas que batiam e a multidão só tivesse de se precipitar";[36] mas é preciso também reformar o método de ensino que se aplica nas escolas do ano

---

33. Prospecto que acompanhava a primeira entrega do *Recueil périodique de la Société de Santé de Paris.*

34. *Recueil périodique*, I, p. 3.

35. *Recueil périodique*, II, p. 234.

36. *Mémoires de la Société médicale d'émulation*, T. I, ano V, p. II.

A LIÇÃO DOS HOSPITAIS 81

III: formação apressada e compósita que não coloca o médico em posse de um método seguro de observação e diagnóstico; deseja-se, portanto, "substituir a marcha filosófica e racional do método pela marcha irregular e atordoada da irreflexão".[37] Diante da opinião pública, fora do Diretório e das Assembleias, mas não sem seu assentimento, ao menos tácito, e com o apoio constante dos representantes da burguesia esclarecida e dos ideólogos próximos do governo,[38] essas sociedades vão realizar uma campanha incessante. E, nesse movimento, a ideia clínica vai adquirir uma significação bastante diferente da que introduzem os legisladores do ano III.

O art. 356 da Constituição do Diretório assinala que "a lei vigia as profissões que interessam à saúde dos cidadãos"; é em nome desse artigo, que parecia prometer controle, limites e garantias, que todas as polêmicas vão ser conduzidas. Não é possível entrar nos detalhes. Digamos apenas que o essencial do debate se centrava na questão de saber se seria necessário primeiro reorganizar o ensino e em seguida estabelecer as condições de exercício da medicina, ou, pelo contrário, depurar em primeiro lugar o corpo médico, definir as normas da prática, e, em seguida, fixar o curso dos estudos indispensáveis. A divisão política entre as duas teses era clara; os menos afastados da tradição da Convenção, como Daunou, Prieur de la Côte-d'Or, desejavam reintegrar os oficiais de saúde e todos os franco-atiradores da medicina graças a um ensino amplamente aberto; os outros, em torno de Cabanis e de Pastoret, desejavam apressar a reconstituição de um corpo médico fechado. No início do Diretório, são os primeiros que têm maior audiência.

O primeiro plano de reforma foi redigido por Daunou, um dos autores da Constituição do ano III, e que, na Convenção, tivera simpatias girondinas. Ele não deseja modificar substancialmente os decretos de frimário, mas ver estabelecidos, além disso, "cursos complementares de medicina" em 23 hospitais de província:[39] neles, os práticos poderão aperfeiçoar

---

37. *Ibidem*, p. IV.
38. A partir do mês de março de 1798, Cabanis faz parte da Assembleia dos Quinhentos, em nome do Instituto.
39. P.-C.-F. Daunou, *Rapport à l'Assemblée des Cinq-Cents sur l'organisation des écoles spéciales*, 25 de floreal, ano V, p. 26.

82   O Nascimento da Clínica | Michel Foucault

seus conhecimentos, e será então possível às autoridades locais exigirem provas de competência para o exercício da medicina: "Não restabelecereis as confrarias, mas exigireis provas de capacidade; poder-se-á chegar a ser médico sem ter frequentado escola alguma, mas pedireis uma caução solene dos conhecimentos de todos os candidatos: conciliareis assim os direitos da liberdade pessoal com os da segurança pública."[40] Aqui, mais claramente ainda do que antes, a clínica aparece como a solução concreta do problema da formação dos médicos e da definição da competência médica.

O Projeto Daunou, em sua timidez reformadora e em sua fidelidade aos princípios do ano III, foi unanimemente criticado: "verdadeira organização do homicídio", diz Baraillon.[41] Algumas semanas mais tarde, a Comissão de Instrução Pública apresenta outro relatório, desta vez de Calès. Ele é de espírito inteiramente diferente: para fazer com que se aceite a reconstituição, implícita em seu projeto, de um corpo profissional de médicos, ele se levanta contra a distinção que reserva aos médicos para as cidades, sendo os cirurgiões "tudo o que faz falta ao campo", e os boticários aqueles a quem são confiadas as crianças.[42] É preciso que, nas cinco escolas que serão estabelecidas em Paris, Montpellier, Nancy, Bruxelas e Angers, os cursos sejam comuns aos médicos, cirurgiões e boticários. Os estudos serão sancionados por seis exames a que os alunos se apresentarão quando bem lhes aprouver (bastarão três para serem cirurgiões). Finalmente, um júri de salubridade, nomeado em cada departamento entre os médicos e os farmacêuticos, "será consultado sobre todos os objetos relativos à arte de curar e à salubridade pública".[43] Sob o pretexto de um ensino mais racional, dado em faculdades mais numerosas e distribuído de maneira uniforme a todos os que se ocupam da saúde pública, o Projeto Calès tem como fim essencial o restabelecimento de um corpo de médicos qualificados por um sistema de estudos e de exames normalizados.

---

40. *Ibidem.*
41. Baraillon, *Rapport au Conseil des Anciens*, 6 de germinal, ano VI, p. 2.
42. *Rapport de J.-M. Calès sur les Écoles spéciales de Santé*, 12 de prairial, ano V, p. 11.
43. *Ibidem*, arts. 43-46.

A LIÇÃO DOS HOSPITAIS **83**

Por sua vez, o Projeto Calès, apoiado por médicos como Baraillon e Vitet, é violentamente atacado, de fora, pela Escola de Montpellier, que se declara satisfeita com as medidas tomadas pela Convenção, e, na própria Assembleia, por todos os que continuam fiéis ao espírito do ano III. As coisas vão se arrastando. Aproveitando a interrupção da contrarrevolução realizada pelo 18 de frutidor, Prieur de la Côte-d'Or, antigo membro do Comite de Saúde Pública, obtém a apresentação do Projeto Calès perante a Comissão de Instrução Pública. Censura o lugar insignificante que nele recebe a clínica e o retorno da pedagogia das antigas faculdades: "não basta que o aluno ouça e leia, é preciso que veja, toque e, sobretudo, se exercite no fazer e adquira o hábito".[44] Com essa argumentação, Prieur conseguia uma dupla vantagem tática: validava, assim, no nível científico, a experiência adquirida por aqueles que se tinham mais ou menos improvisado como médicos desde 1792; e, por outro lado, ressaltando o quanto esse ensino clínico é custoso, sugere que só se mantenha Escola em Paris, em vez de multiplicar o número e sacrificar sua qualidade. É voltar pura e simplesmente ao projeto de Fourcroy em sua primeira formulação.

Mas, entrementes, e mesmo às vesperas do golpe que iria, denunciando nele um dos chefes do complô realista, forçá-lo a exilar-se, Pastoret fizera admitir pelos Quinhentos um decreto que dizia respeito ao exercício da medicina. Junto às três Escolas de Saúde, um júri, composto de dois médicos, dois cirurgiões e um farmacêutico, é encarregado de controlar todos os que desejassem exercer por sua própria conta; além disso, "todos os que exercem atualmente a arte de curar sem terem sido legalmente recebidos nas formas prescritas pelas leis antigas deverão se apresentar no prazo de três meses".[45] Toda a implantação médica dos cinco últimos anos é, portanto, submetida a revisão, e isto por júris formados na antiga escola; os médicos vão novamente poder controlar seu próprio recruta-

---

44. *Motion d'ordre de C. A. Prieur relative au projet sur les Écoles de Santé* (sessão dos Quinhentos de 12 de brumário, ano V, p. 4).

45. *Rapport fait par Pastoret sur un mode provisoire d'examen pour les officiers de Santé*, 16 de termidor, ano V, p. 5.

mento; eles se reconstituem como corpo capaz de definir os critérios de sua competência.

O princípio foi aceito, mas o pequeno número de Escolas de Saúde torna sua aplicação difícil; pedindo que elas sejam reduzidas ainda mais, Prieur pensa que tornará impossível a aplicação do Decreto Pastoret. De qualquer maneira, este permaneceu letra morta, e apenas quatro meses se passaram desde sua votação, e o Diretório foi novamente obrigado a chamar a atenção dos legisladores para os perigos que uma medicina não controlada causava aos cidadãos: "Que uma lei positiva obrigue a longos estudos e ao exame de um júri severo quem for pretendente a uma das profissões da arte de curar; que a ciência e o hábito sejam honrados, mas que a imperícia e a imprudência sejam contidas; que penas públicas assustem a cupidez e reprimam crimes que têm semelhança com o assassinato."[46] Em 17 de ventoso, ano VI, Vitet retoma diante dos Quinhentos as grandes linhas do Projeto Calès: cinco escolas de medicina; em cada departamento um conselho de saúde que se ocupe das epidemias "e dos meios de conservar a saúde dos habitantes, e que participe da eleição dos professores; uma série de quatro exames, que tenham lugar em uma data fixa." A única inovação real é a criação de uma prova de clínica: "O candidato médico exporá, junto ao leito do doente, o caráter da espécie de doença e seu tratamento." Encontram-se assim reunidos, pela primeira vez, em um quadro institucional único, os critérios do saber teórico e os de uma prática que só pode estar ligada à experiência e ao hábito. O projeto de Vitet não permite a integração ou a assimilação progressiva à medicina oficial desse exercício de franco-atiradores praticado desde 1792; mas reconhece teoricamente, e no ciclo dos estudos normais, o valor de uma prática adquirida nos hospitais. Não é a medicina empírica que é reconhecida, mas o valor, na medicina, da experiência como tal.

O Plano Calès parecera excessivamente rigoroso no ano V; o de Vitet, apoiado, por sua vez, por Calès e Baraillon, suscita a mesma oposição. Vê-se claramente que nenhuma reforma

---

46. Mensagem do Diretório à Assembleia dos Quinhentos, 24 de nivoso, ano VI.

A LIÇÃO DOS HOSPITAIS **85**

do ensino será possível enquanto não for resolvido o problema a que ela serve de anteparo: o do exercício da medicina. Tendo sido devolvido o Projeto Calès, Baraillon propõe aos Quinhentos uma resolução que traduz com clareza o que fora seu sentido implícito: ninguém poderá exercer a arte de curar se não tiver um título das novas escolas, ou das antigas faculdades.[47] No Conselho dos Anciãos, Porcher sustenta a mesma tese.[48] Este é o impasse político e conceitual em que se encontra o problema; todas essas discussões ao menos permitiram trazer à luz o que estava realmente em questão: não o número ou o programa das Escolas de Saúde, mas o próprio sentido da profissão médica e o caráter privilegiado da experiência que a define.

3. A intervenção de Cabanis e a reorganização do ano XI

Cabanis apresenta seu relatório sobre a polícia médica cronologicamente entre o projeto de Baraillon e a discussão de vendemiário aos Anciãos, em 4 de messidor, ano VI. De fato, esse texto já pertence a outra época; marca o momento em que a Ideologia vai tomar parte ativa e muitas vezes determinante na reestruturação política e social. O texto de Cabanis sobre a polícia médica está desse modo mais próximo, por seu espírito, das reformas do Consulado do que das polêmicas que lhe são contemporâneas. Se ele tenta definir as condições de uma solução prática, procura sobretudo formular, em suas linhas gerais, uma teoria da profissão médica.

Imediatamente, e no nível da prática, Cabanis liquida dois problemas: o dos oficiais de saúde e o dos exames.

Os oficiais superiores podem ser admitidos no exercício da medicina sem novas formalidades; os outros, em compensação, deverão prestar um exame a eles especialmente destinado que se limitará "aos conhecimentos fundamentais da arte e particularmente ao que diz respeito à sua prática".

---

47. Baraillon, *Rapport à l'Assemblée des Cinq-Cents sur la partie de la police qui tient à la médecine*, 6 de germinal, ano VI.
48. Porcher, *Opinion sur le mode provisoire d'examen pour les officiers de Santé*, Assembleia dos Anciãos, 16 de vendemiário, ano VI.

86 O Nascimento da Clínica | Michel Foucault

Quanto aos estudos médicos ordinários, deverão ser sancionados por um exame composto de uma prova escrita, uma oral e "exercícios de anatomia, medicina operatória e medicina clínica, tanto interna quanto externa". Uma vez postulados os critérios de competência, poder-se-á fazer a seleção daqueles a quem se confiará sem perigo a vida dos cidadãos; a medicina se tornará então uma profissão fechada: "Toda pessoa que exerça a medicina sem haver feito os exames das escolas, ou sem ter passado perante júris especiais, será condenada a uma multa e à prisão, em caso de reincidência."[49]

O essencial do texto diz respeito ao que é, em sua natureza, a profissão médica. O problema era de lhe assinalar um domínio fechado e a ela reservado, sem reencontrar as estruturas corporativas do Antigo Regime, nem recair nas formas de controle estatal, que poderiam lembrar o período da Convenção.

Cabanis distingue na indústria, tomada no sentido amplo do termo, duas categorias de objetos. Alguns são de tal natureza que os próprios consumidores são juízes de sua utilidade: a consciência pública basta para determinar seu valor; este, fixado pela opinião, é exterior ao objeto: não tem segredo, erro ou mistificação possíveis, na medida em que reside em um consenso. A ideia de fixar um valor por decreto tem tão pouco sentido quanto desejar impor-lhe, de fora, uma verdade; o verdadeiro valor só pode ser o livre valor: "Em um estado social bem regulado, a liberdade de indústria não deve encontrar obstáculos; deve ser total, ilimitada; e como o desenvolvimento de uma indústria só pode tornar-se útil a quem a cultiva na medida em que o for para o público, segue-se que o interesse geral está aqui verdadeiramente confundido com o interesse particular."

Existem, porém, indústrias cujos objeto e valor não dependem de uma avaliação coletiva: seja porque esses objetos estão entre os que servem para fixar o valor mercantil dos outros (como os metais preciosos), seja porque se trata do indivíduo humano, a respeito de quem todo erro se torna funesto.

---

49. Cabanis, *Rapport du Conseil des Cinq-Cents sur un mode provisoire de police médicale*, 4 de messidor, ano VI, p. 12-18.

A LIÇÃO DOS HOSPITAIS 87

Assim, o valor de um objeto de indústria não pode ser fixado pelo consenso quando é um critério mercantil ou quando diz respeito, em sua existência, a um membro do consenso. Nos dois casos, o objeto da indústria tem um valor intrínseco que não é imediatamente visível: está, portanto, sujeito ao erro e à fraude; é necessário, consequentemente, avaliá-lo. Como, porém, dar ao público competente um instrumento de medida que implicaria, precisamente, a competência? É preciso que ele delegue ao Estado um controle, não sobre cada um dos objetos produzidos (o que seria contrário aos princípios da liberdade econômica), mas sobre o próprio produtor: é preciso verificar sua capacidade, seu valor moral e, às vezes, "o valor real e a qualidade dos objetos que fornece".

É necessário, portanto, fiscalizar os médicos como os ourives, homens de indústria secundária que não produzem riqueza, mas tratam o que mede ou produz a riqueza: "Eis por que sobretudo os médicos, cirurgiões e farmacêuticos devem ser todos igualmente examinados a respeito de seu saber, suas capacidades e seus hábitos morais... Isto não significa atrapalhar a indústria nem atentar contra a liberdade do indivíduo."[50]

A proposta de Cabanis não foi aceita; indicava, no entanto, em suas linhas fundamentais, a solução que iria ser adotada, ditando para a medicina o estatuto de profissão liberal e protegida que conservou até o século XX. A lei de 19 de ventoso, ano XI, sobre o exercício da medicina, está de acordo com os temas de Cabanis e, de maneira mais geral, com o dos Ideólogos. Prevê uma hierarquia de dois níveis no corpo médico: os doutores em medicina e em cirurgia, recebidos em uma das seis escolas; e os oficiais de saúde, que institucionalizam de modo definitivo os que Cabanis desejava reintegrar provisoriamente. Depois de quatro exames (anatomia e fisiologia; patologia e nosografia; matéria médica; higiene e medicina legal), os doutores farão uma prova de clínica interna ou externa, caso desejem ser médicos ou cirurgiões. Os oficiais de saúde, que administrarão "os cuidados mais comuns", só estudarão durante três anos nas escolas; e isso ainda não é indispensável; será suficiente atestarem cinco anos de prática nos hospi-

---

50. *Ibidem*, p. 6-7.

88 O Nascimento da Clínica | Michel Foucault

tais civis e militares, ou seis anos como aluno e ajudante privado de um doutor. Serão examinados por um júri de departamento. Toda pessoa, fora dessas duas categorias, que se imiscuir no exercício da medicina incorrerá em penas que irão da multa à prisão.

Todo esse movimento de ideias, projetos e medidas, que vai do ano VI ao ano IX, tem uma significação decisiva.

1. Para definir o caráter fechado de profissão médica, chega-se a não seguir o velho modelo corporativo, e a evitar, por outro lado, o controle sobre os próprios atos médicos que repugna ao liberalismo econômico. O princípio da escolha e seu controle são estabelecidos à base da noção de competência, isto é, sobre um conjunto de virtualidades que caracterizam a própria pessoa do médico: saber, experiência, como também a "probidade reconhecida" de que fala Cabanis.[51] O ato médico valerá o que vale quem o realiza; seu valor intrínseco está em função da qualidade, socialmente reconhecida, do produtor. Assim, no interior de um liberalismo econômico manifestamente inspirado em Adam Smith, define-se uma profissão ao mesmo tempo "liberal" e fechada.

2. Neste mundo das aptidões, introduziu-se no entanto uma diferença de níveis: por um lado, "os doutores"; por outro, "os oficiais de saúde". A velha diferença entre médicos e cirurgiões, entre o interno e o externo, o que se sabe e o que se vê, é encoberta e tornada secundária por esta nova distinção. Não se trata mais de uma diferença no objeto, ou no modo como ele se manifesta, mas de uma diferença de níveis na experiência do sujeito que conhece. Entre médicos e cirurgiões já existia, sem dúvida, uma hierarquia que estava entranhada nas instituições: mas se ela derivava de uma diferença primeira no domínio objetivo de sua atividade, é agora deslocada para o índice qualitativo dessa atividade.

3. Essa distinção tem um correlato objetivo: os oficiais de saúde deverão cuidar do "povo industrioso e ativo".[52] Admi-

---

51. Cabanis, *ibidem*.
52. Citado segundo referência de J.-C.-F. Caron, *Réflexions sur l'exercice de la médecine*, Paris, ano XII.

A LIÇÃO DOS HOSPITAIS **89**

tia-se, no século XVIII, que as pessoas do povo, e sobretudo do campo, tendo uma vida mais simples, mais moral e mais sã, eram sobretudo afetadas por doenças externas, que exigiam o cirurgião. A partir do ano XI, a distinção torna-se sobretudo social: para cuidar do povo, afetado muitas vezes por "acidentes primitivos", e por "simples indisposições", não é necessário ser "sábio e profundo na teoria"; o oficial de saúde, com sua experiência, bastará. "A história da arte, como a dos homens, prova que a natureza das coisas, como a ordem das sociedades civilizadas, exige imperiosamente essa distinção."[53] Conforme a ordem ideal do liberalismo econômico, a pirâmide das qualidades corresponde à superposição das camadas sociais.

4. Em que se baseia a distinção entre os que praticam a arte de curar? O essencial da formação de um oficial de saúde são os anos de *prática*, cujo número pode chegar até seis; o médico completa o ensino teórico que recebeu com uma experiência *clínica*: é esta diferença entre prática e clínica que constitui, sem dúvida, a parte mais nova da legislação do ano XI. A prática exigida do oficial de saúde é um *empirismo controlado*: saber fazer depois de ter visto; a experiência é integrada no nível da percepção, da memória e da repetição, isto é, no nível do exemplo. Na clínica, trata-se de uma estrutura muito mais sutil e complexa, em que a integração da experiência se faz em um olhar que é, ao mesmo tempo, saber; é toda uma nova codificação do campo de objetos que intervém. *Abrir-se-á* a prática aos oficiais de saúde, mas *reservar-se-á* aos médicos a iniciação à clínica.

* * *

Essa nova definição da clínica estava vinculada a uma reorganização do domínio hospitalar.

Termidor e o Diretório, em seu início, retornam aos princípios liberais da Assembleia Legislativa; Delecloy, em 11 de termidor, ano III, ataca o decreto de nacionalização dos bens hospitalares, que deixa a assistência unicamente a cargo do Estado, enquanto seria preciso colocá-la "sob a salvaguarda

---

53. Fourcroy, *Discours prononcé au corps législatif le 19 ventôse an XI*, p. 3.

90 O Nascimento da Clínica | Michel Foucault

da comiseração geral e sob a tutela das pessoas de posses".[54]
De pluvioso a germinal, ano IV, o governo envia às administrações locais uma série de circulares que retomam, no essencial, as críticas morais e econômicas dirigidas, pouco antes da Revolução ou em seu começo, contra o princípio da hospitalização (custo elevado de uma doença tratada no hospital, hábito de preguiça que aí se adquire, dificuldade financeira e miséria moral de uma família privada do pai ou da mãe); deseja-se que se multipliquem os socorros em domicílio.[55] Foi-se o tempo, no entanto, em que se acreditava em sua validade universal e em que se sonhava com uma sociedade sem hospícios nem hospitais: a miséria é generalizada – havia mais de 60 mil indigentes em Paris no ano II[56] e seu número não para de crescer; temem-se demais os movimentos populares, desconfia-se muito do uso político que poderia ser feito dos socorros distribuídos, para deixar repousar sobre eles todo o sistema de assistência. É preciso encontrar, para a manutenção dos hospitais, como também para os privilégios da medicina, uma estrutura compatível com os princípios do liberalismo e a necessidade da proteção social, entendida de modo ambíguo como a proteção da pobreza pela riqueza e a proteção dos ricos contra os pobres.

Uma das últimas medidas da Convenção termidoriana foi suspender, em 2 de brumário, ano IV, a execução da lei de nacionalização dos bens hospitalares. À base de um novo relatório de Delecloy, em 12 de vendemiário, ano IV, a lei de 23 de messidor, ano II, é definitivamente revogada: os bens vendidos deverão ser substituídos por bens nacionais, e com isso o governo se encontra livre de qualquer obrigação; os hospitais reencontram sua personalidade civil: sua organização e sua gestão são confiadas às administrações municipais, que deverão designar uma comissão executiva de cinco membros. Essa comunalização dos hospitais libertava o Estado do dever de assistência e deixava às pequenas coletividades o encargo de

---

54. Citado por Imbert, *Le droit hospitalier sous la Révolution et l'Empire*, p. 93, nº 94.

55. *Ibidem*, p. 104, nº 3.

56. Cf. Soboul, *Les Sans-Culottes parisiens en l'an II*, Paris, 1958.

A Lição dos Hospitais **91**

sentir-se solidárias dos pobres: cada comuna se tornava responsável por sua miséria e pelo modo como dela se protegia. O sistema de obrigações e de compensação entre os pobres e os ricos não passava mais pela lei do Estado, mas por uma espécie de contrato variável no espaço e revogável no tempo que, situado no nível das municipalidades, era basicamente da ordem do livre consentimento.

Um contrato do mesmo tipo, mais oculto e estranho, se estabelece silenciosamente na mesma época entre o hospital, em que se tratam os pobres, e a clínica, em que se formam os médicos. Nesses últimos anos da Revolução retoma-se, também neste caso, algumas vezes palavra por palavra, o que havia sido formulado no período imediatamente precedente. O problema moral mais importante que a ideia clínica suscitava era: com que direito se podia transformar em objeto de observação clínica um doente que a pobreza obrigava a vir pedir assistência no hospital? Ele requisitava uma ajuda de que era sujeito absoluto, na medida em que esta havia sido concebida para ele, e ele é agora requisitado para um olhar, de que é o objeto, e objeto relativo, pois o que nele se decifra é destinado a melhor conhecer os outros. Ainda há mais: a clínica, observando, pesquisa; e aquilo que concede à novidade a expõe ao risco: um médico particular, observa Aikin,[57] deve cuidar de sua reputação; seu caminho será sempre, se não o da certeza, ao menos o da segurança; "no hospital ele está ao abrigo de semelhante entrave e seu gênio pode se exercer de maneira nova". Não será alterar em sua essência a assistência hospitalar colocar o princípio: "Os doentes de hospital são, sob vários aspectos, os sujeitos mais apropriados para um curso experimental"?[58]

Não existe nisso, sendo bem entendido o equilíbrio das coisas, nenhuma injúria aos direitos naturais do sofrimento, nem aos que a sociedade deve à miséria. O domínio hospitalar é ambíguo: teoricamente livre, e aberto à indiferença da experimentação pelo caráter não contratual do laço que une o médico a seu doente, ele está sobrecarregado de obrigações e de

---

57. J. Aikin, *Observations sur les hôpitaux*, trad. fr., Paris, 1777, p. 104.
58. *Ibidem*, p. 103.

limites morais, em virtude do contrato surdo – mas decisivo – que liga o homem em geral à miséria em sua forma universal. Se no hospital o médico não faz, por respeito, experiências teóricas, é porque faz, ao entrar, uma experiência moral decisiva que circunscreve sua prática ilimitada por um sistema fechado do dever. "É penetrando nos asilos, onde languescem juntas a miséria e a doença, que ele sentirá as emoções dolorosas, a comiseração ativa, o desejo ardente de levar o alívio e o consolo, o prazer íntimo que nasce do sucesso e que o espetáculo da felicidade espalhada aumenta. É aí que ele aprenderá a ser religioso, humano, compassivo."[59]

Mas olhar para saber, mostrar para ensinar não é violência muda, tanto mais abusiva que se cala, sobre um corpo de sofrimento que pede para ser minorado e não manifestado? Pode a dor ser espetáculo? Pode e mesmo deve, pela força de um direito sutil que reside no fato de que ninguém está só, e o pobre menos do que os outros, que só pode receber assistência pela mediação do rico. Visto que a doença só tem possibilidade de encontrar a cura se os outros intervêm com seu saber, seus recursos e sua piedade, pois só existe doente curado em sociedade, é justo que o mal de uns seja transformado em experiência para os outros; e que a dor receba assim o poder de se manifestar: "O homem que sofre não deixa de ser cidadão... A história dos sofrimentos a que ele está reduzido é necessária a seus semelhantes porque lhes ensina quais os males que os ameaçam." Recusando-se a se oferecer como objeto de instrução, o doente "se tornaria ingrato, pois teria usufruído das vantagens que resultam da sociabilidade, sem pagar o tributo do reconhecimento".[60] E, reciprocamente, delineia-se para o rico a utilidade de ajudar os pobres hospitalizados: pagando para tratá-los, pagará de fato, inclusive, para que se conheçam melhor as doenças que podem também afetá-lo; o que é benevolência com respeito ao pobre se transforma em conhecimento aplicável ao rico: "Os dons benéficos vão

---

59. Menuret, *Essai sur les moyens de former de bons médecins*, Paris, 1791, p. 56-57.
60. Chambon de Montaux, *Moyen de rendre les hôpitaux plus utiles à la nation*, Paris, 1787, p. 171-172.

A LIÇÃO DOS HOSPITAIS **93**

mitigar os males do pobre, de que resultam luzes para a conservação do rico. Sim, ricos beneficentes, homens generosos, esse doente que se deita no leito que para ele preparastes experimenta presentemente a doença de que não tardareis em ser atacados; ele se curará ou perecerá; mas em um ou outro caso, sua sorte pode esclarecer vosso médico e vos salvar a vida."[61]

Eis, portanto, os termos do contrato que realizam riqueza e pobreza na organização da experiência clínica. O hospital aí encontra, em regime de liberdade econômica, a possibilidade de interessar o rico; a clínica constitui a inversão progressiva da outra parte contratante; ela é, por parte do pobre, o *interesse* pago pela capitalização hospitalar consentida pelo rico, e que é necessário compreender em seu excesso, desde que se trata de uma idenização que é do tipo do *interesse objetivo* para a ciência e do *interesse vital* para o rico. O hospital torna-se rentável para a iniciativa privada a partir do momento em que o sofrimento que nele vem procurar alívio é transformado em espetáculo. Ajudar acaba por pagar, graças às virtudes do olhar clínico.

Esses temas, tão característicos do pensamento pré-revolucionário e que foram então várias vezes formulados, readquirem sentido no liberalismo do Diretório, e recebem nesse momento aplicação imediata. Explicando, no ano VII, como funciona a clínica de partos de Copenhague, Demangeon argumenta, contra todas as objeções de pudor ou discrição, que nela só se recebem "mulheres não casadas, ou que se anunciam como tal. Parece que não se poderia imaginar nada melhor, pois é a classe das mulheres cujos sentimentos de pudor são reputados como os menos delicados".[62] Assim, essa classe moralmente desarmada, e socialmente tão perigosa, poderá servir para maior utilidade das famílias honradas; a moral encontrará sua recompensa no que a escarnece, pois as mulheres, "não estando em condições de exercer a beneficência...

---

61. Du Laurens, *Moyens de rendre les hôpitaux utiles et de perfectionner la médecine*, Paris, 1787, p. 12.

62. J.-B. Demangeon, *Tableau historique d'un triple établissement réuni en un seul hospice à Copenhague*, Paris, ano VII, p. 34-35.

contribuem pelo menos para formar bons médicos e pagam a seus benfeitores com usura".[63]

O olhar do médico é de uma parcimônia bastante rigorosa nas trocas contábeis de um mundo liberal...

---

63. *Ibidem*, p. 35-36.

Capítulo VI

SIGNOS E CASOS

Eis, fora de toda medida, a extensão do domínio clínico. "Desvendar o princípio e a causa de uma doença em meio à confusão e à obscuridade dos sintomas; conhecer sua natureza, suas formas, suas complicações; distinguir, no primeiro golpe de vista, todas as suas características e diferenças; separar, por uma análise rápida e delicada, tudo o que lhe é estranho; prever os acontecimentos vantajosos e nocivos que devem sobrevir durante o curso de sua duração; governar os momentos favoráveis que a natureza suscite para operar a solução; avaliar as forças da vida e a atividade dos órgãos; aumentar ou diminuir, de acordo com a necessidade, sua energia; determinar com precisão quando é preciso agir e quando convém esperar; decidir-se com segurança entre vários métodos de tratamento que oferecem vantagens e inconvenientes; escolher aquele cuja aplicação parece permitir mais rapidez, mais concordância, mais certeza no sucesso; aproveitar a experiência; perceber as ocasiões; combinar todas as possibilidades, calcular todos os casos; tornar-se senhor dos doentes e de suas afecções; aliviar suas penas; acalmar suas inquietudes; advinhar suas necessidades; suportar seus caprichos; atuar sobre seu caráter e dirigir sua vontade, não como um tirano cruel que reina sobre escravos, mas como um pai terno que vela pelo destino de seus filhos."[1]

Esse texto solene e prolixo torna-se compreensível se o confrontarmos com este outro, cujo laconismo lhe pode, paradoxalmente, ser superposto: "É preciso, tanto quanto ela autoriza, tornar a ciência ocular."[2] Tantos poderes – desde o lento esclarecimento das obscuridades, a leitura sempre prudente do essencial, o cálculo do tempo e das possibilidades, até o domínio do coração e o confisco dos prestígios paternos – são formas pelas quais se instaura a soberania do olhar. Olho que sabe e que decide, olho que rege.

A clínica, sem dúvida, não é a primeira tentativa de ordenar uma ciência pelo exercício e decisões do olhar. A história natural, desde a segunda metade do século XVII, se propusera analisar e classificar os seres naturais segundo suas características visíveis. Todo o "tesouro" de saber que a Antiguidade e a Idade Média haviam acumulado – que dizia respeito às virtudes das plantas, aos poderes dos animais, às correspondências e simpatias secretas –, tudo isso, a partir de Ray, ficou à margem do saber dos naturalistas. Restava conhecer, em compensação, as "estruturas", isto é, as formas, as disposições espaciais, o número e a dimensão dos elementos: a história natural se dava como tarefa assinalá-los, transcrevê-los no discurso, conservá-los, confrontá-los e combiná-los para, por um lado, determinar as vizinhanças, os parentescos dos seres vivos (portanto, a unidade da criação) e, por outro, reconhecer rapidamente qualquer indivíduo (e, portanto, seu lugar singular na criação).

A clínica pede ao olhar tanto quanto a história natural. Tanto e até certo ponto a mesma coisa: ver, isolar traços, reconhecer os que são idênticos e os que são diferentes, reagrupá-los, classificá-los por espécies ou famílias. O modelo naturalista, a que a medicina em parte se submetera no sécu-

---

1. C.-L. Dumas, *Eloge de Henri Fouquet*, Montpellier, 1807, *apud* A. Girbal, *Essai sur l'esprit de la clinique médicale de Montpellier*, Montpellier, 1858, p. 18.
2. M.-A. Petit, *Discours sur la manière d'exercer la bienfaisance dans les hôpitaux*, 3 de nov. de 1797, *Essai sur la médecine du coeur*, p. 103.

lo XVIII, continua ativo. O velho sonho de Boissier de Sauvages – ser o Lineu das doenças – não foi ainda inteiramente esquecido no século XIX: os médicos continuarão por muito tempo a herborizar no campo do patológico. Mas o olhar médico, além disso, se organiza de modo novo. Primeiramente, não é mais o olhar de qualquer observador, mas o de um médico apoiado e justificado por uma instituição, o de um médico que tem poder de decisão e intervenção. Em seguida, é um olhar que não está ligado pela rede estreita da estrutura (forma, disposição, número, grandeza), mas que pode e deve apreender as cores, as variações, as ínfimas anomalias, mantendo-se sempre à espreita do desviante. Finalmente, é um olhar que não se contenta em constatar o que evidentemente se dá a ver; deve permitir delinear as possibilidades e os riscos; é calculador.

Seria inexato, sem dúvida, ver na medicina clínica do final do século XVIII um simples retorno à pureza de um olhar há muito carregado de falsos conhecimentos. Também não se trata simplesmente de um deslocamento desse olhar ou de uma mais sutil aplicação de suas capacidades. Novos objetos vão se dar ao saber médico, ao mesmo tempo e na medida em que o sujeito cognoscente se reorganiza, se modifica e se põe a funcionar de uma forma nova. Não foi, portanto, a concepção da doença que mudou primeiramente, e em seguida a maneira de reconhecê-la; nem tampouco o sistema de sinais foi modificado e, em seguida, a teoria; mas todo o conjunto e, mais profundamente, a relação da doença com esse olhar a que ela se oferece e que, ao mesmo tempo, ela constitui. Nesse nível, não há separação a fazer entre teoria e experiência, ou entre métodos e resultados; é preciso ler as estruturas profundas da visibilidade em que o campo e o olhar estão ligados um ao outro por *códigos de saber*; nós os estudaremos neste capítulo, sob suas duas formas principais: a estrutura linguística do signo e a aleatória do caso.

* * *

Na tradição médica do século XVIII, a doença se apresenta ao observador segundo *sintomas* e *signos*. Uns e outros se distinguem por seu valor semântico e por sua morfologia. O sintoma – daí seu lugar de destaque – é a forma como se apresenta a doença: de tudo o que é visível, ele é o que está mais próximo do essencial; e da inacessível natureza da doença, ele é a transcrição primeira. Tosse, febre, dor lateral e dificuldade de respirar não são a própria pleurisia – esta jamais se oferece aos sentidos, "só se desvelando pelo raciocínio" –, mas formam o "sintoma essencial", visto que permitem designar um estado patológico (por oposição à saúde), uma essência mórbida (diferente, por exemplo, da pneumonia) e uma causa próxima (um derrame de serosidade).[3] Os sintomas deixam *transparecer* a figura invariável, um pouco em recato, visível e invisível, da doença.

O signo anuncia: prognostica o que vai se passar; faz a anamnese do que se passou; diagnostica o que ocorre atualmente. Entre ele e a doença reina uma distância que ele não transpõe sem confirmá-la, na medida em que ele se dá de viés e muitas vezes de surpresa. Não faz conhecer; quando muito pode-se esboçar, a partir dele, um reconhecimento. Um reconhecimento que, às cegas, avança nas dimensões do oculto: o pulso trai a força invisível e o ritmo da circulação; ou, ainda, o signo desvela o tempo como o azulado das unhas que anuncia infalivelmente a morte, ou as crises do quarto dia que, nas febres intestinais, prometem a cura. Por meio do invisível, o signo indica o mais longínquo, o que está por baixo, o mais tardio. Trata-se nele do término, da vida e da morte, do tempo, e não dessa verdade imóvel, dada e oculta que os sintomas restituem em sua transparência de fenômenos.

Assim, o século XVIII transcrevia a dupla realidade, natural e dramática, da doença e fundava a verdade de um conhecimento e a possibilidade de uma prática. Estrutura feliz e tranquila, em que se equilibram o sistema Natureza-Doença, com as formas visíveis enraizando-se no invisível, e o sistema Tempo-Resultado, que antecipa o invisível graças a uma demarcação visível.

Esses dois sistemas existem por si mesmos; sua diferença é um fato natural pelo qual a percepção médica se ordena, mas que ela não constitui.

---

3. Cf. Zimmermann, *Traité de l'expérience*, trad. fr., Paris, 1774, T. I, p. 197-198.

Signos e Casos **99**

A formação do método clínico está ligada à emergência do olhar do médico no campo dos signos e dos sintomas. O reconhecimento de seus direitos constituintes acarreta o desaparecimento de sua distinção absoluta e o postulado de que doravante o significante (signo e sintoma) será inteiramente transparente ao significado que aparece, sem ocultação ou resíduo, em sua própria realidade, e de que o ser do significado – o coração da doença – se esgotará inteiramente na sintaxe inteligível do significante.

1. Os sintomas constituem uma camada primária indissoluvelmente significante e significada

Não existe essência patológica além dos sintomas: tudo na doença é fenômeno dela mesma. Os sintomas desempenham desse modo o papel ingênuo, primeiro de natureza: "Sua coleção forma o que se chama doença."[4] Nada mais são do que uma verdade inteiramente exposta ao olhar; seu liame e seu estatuto não remetem a essência alguma, mas indicam uma totalidade natural que tem apenas princípios de composição e formas mais ou menos regulares de duração: "Uma doença é um todo, visto que se podem assinalar seus elementos; tem um objetivo, pois se podem calcular seus resultados; é, portanto, um todo localizado nos limites da invasão e da terminação."[5] O sintoma é assim destituído de seu papel de indicador soberano, sendo apenas o fenômeno de uma lei de aparição; está no nível da natureza.

Não inteiramente, no entanto: alguma coisa, no imediato do sintoma, significa o patológico, pelo qual ele se opõe a um fenômeno que diz respeito pura e simplesmente à vida orgânica: "Entendemos por fenômeno toda mudança notável do corpo sadio ou doente; daí a divisão entre os que pertencem à saúde e os que designam a doença: estes últimos se confundem facilmente com os sintomas ou aparências sensíveis da

---

4. J.-L.-V. Broussonnet, *Tableau élémentaire de la séméiotique*, Montpellier, ano VI, p. 60.

5. Audibert-Caille, *Mémoire sur l'utilité de l'analogie en médecine*, Montpellier, 1814, p. 42.

doença."[6] Por essa simples oposição às formas da saúde, o sintoma abandona sua passividade de fenômeno natural e se torna significante da doença, isto é, dele mesmo tomado em sua totalidade, visto que a doença nada mais é do que a coleção dos sintomas. Singular ambiguidade, pois em sua função significante o sintoma remete tanto ao vínculo dos fenômenos entre si, ao que constitui sua totalidade e a forma de sua coexistência, quanto à diferença absoluta que separa a saúde da doença; significa, portanto, por uma tautologia, a totalidade do que ele é e, por sua emergência, a exclusão do que não é. Indissociavelmente, ele é, em sua existência de puro fenômeno, a única natureza da doença, e a doença constitui sua única natureza de fenômeno específico. Quando é significante em relação a si próprio, ele é, portanto, duplamente significado: por ele próprio e pela doença, que, ao caracterizá-lo, o opõe aos fenômenos não patológicos; mas, tomado como significado (por ele mesmo ou pela doença), só pode receber seu sentido de um ato mais antigo e que não pertence à sua esfera: de um ato que o totaliza e isola, quer dizer, de um ato que, previamente, o transformou em signo.

Essa complexidade na estrutura do sintoma se encontra em toda a filosofia do signo natural; o pensamento clínico nada mais faz do que transpor, no vocabulário mais lacônico e frequentemente mais confuso da prática, uma configuração conceitual de que Condillac apresenta, em toda a extensão, a forma discursiva. No equilíbrio geral do pensamento clínico, o sintoma desempenha quase o mesmo papel que a linguagem de ação: como esta, ele está inserido no movimento geral de uma natureza; e sua força de manifestação é tão primitiva, tão naturalmente dada quanto "o instinto" que funda essa forma inicial de linguagem;[7] ele é a doença em estado manifesto, como a linguagem de ação é a própria impressão, na vivacidade que a prolonga, a mantém e a transforma em uma forma exterior que tem a mesma realidade que sua verdade interior. Mas é conceitualmente impossível que essa linguagem ime-

---

6. J.-L.-V. Broussonnet, *loc. cit.*, p. 59.

7. Condillac, Essai sur l'origine des connaissances humaines, *Oeuvres complètes*, ano VI, T. I, p. 262.

SIGNOS E CASOS **101**

diata adquira sentido para o olhar de um outro se não intervém um ato vindo de outro lugar: ato cujas regras são dadas logo de entrada por Condillac, ao conferir aos dois sujeitos sem palavra, imaginados em sua imediata motricidade, a consciência;[8] e de que lhe ocultou a natureza singular e soberana, inserindo-o nos movimentos comunicativos e simultâneos do instinto.[9] Quando coloca a linguagem de ação na origem da palavra, Condillac nela introduz secretamente, despojando-a de toda figura concreta (sintaxe, palavras e mesmo sons), a estrutura linguística inerente a cada um dos atos de um sujeito que fala. Era-lhe, a partir de então, possível liberar a linguagem pura e simples, na medida em que previamente havia postulado sua possibilidade. Dá-se o mesmo com a clínica, no tocante às relações entre esta linguagem de ação que é o sintoma e a estrutura explicitamente linguística do signo.

2. *É a intervenção de uma consciência que transforma o sintoma em signo*

Signos e sintomas são e dizem a mesma coisa: com a única diferença que o signo *diz* a mesma coisa que *é* precisamente o sintoma. Em sua realidade material, o signo se identifica com o próprio sintoma; este é o suporte morfológico indispensável do signo. Portanto, "não há signo sem sintoma".[10] O que faz, porém, com que o signo seja signo não pertence ao sintoma, mas a uma atividade que vem de fora. Assim, de direito "todo sintoma é signo", "mas todo signo não é sintoma"[11] no sentido em que a totalidade dos sintomas nunca chegará a esgotar a realidade do signo. Como se faz essa operação que transforma o sintoma em elemento significante e que significa precisamente a doença como verdade imediata do sintoma?

Por uma operação que torna visível a totalidade do campo da experiência em cada um de seus momentos e dissipa todas as suas estruturas de opacidade:

---

8. Condillac, *ibidem*, p. 260.
9. Condillac, *ibidem*, p. 262-263.
10. A.-J. Landré-Beauvais, *Séméiotique*, Paris, 1813, p. 4.
11. *Ibidem*.

102 O Nascimento da Clínica | Michel Foucault

- operação que totaliza, comparando organismos: tumor, rubor, calor, dor, palpitações, impressão de tensão tornam-se signos de fleimão porque se compara uma mão à outra, um indivíduo a outro;[12]

- operação que rememora o funcionamento normal: um sopro frio em um indivíduo é sinal do desaparecimento do calor animal e, com isso, de um "debilitamento radical das forças vitais e de sua destruição próxima";[13]

- operação que registra as frequências da simultaneidade ou da sucessão: "Que relação existe entre a língua pesada, o tremor do lábio inferior e a disposição ao vômito? Ignora-se, mas a observação mostrou muitas vezes os dois primeiros fenômenos acompanhados desse estado e isso basta para que no futuro eles se tornem signos";[14]

- operação, finalmente, que, além das primeiras aparências, escruta o corpo e descobre na autópsia um invisível visível: assim, o exame dos cadáveres mostrou que, nos casos de peripneumonia com expectoração, a dor bruscamente interrompida e o pulso tornando-se pouco a pouco insensível são signos de uma "hepatização" do pulmão.

O sintoma se torna, portanto, signo sob um olhar sensível à diferença, à simultaneidade ou à sucessão, e à frequência. Operação espontaneamente diferencial, votada à totalidade e à memória, como também calculadora; ato que, consequentemente, reúne, em um só movimento, o elemento e a ligação dos elementos entre si. O que significa que, no fundo, ele não é mais do que a Análise de Condillac posta em prática na percepção médica. Não se trata simplesmente, nos dois casos, de "compor e decompor nossas ideias para fazer diferentes comparações e descobrir, por esse meio, as relações que têm entre si, e as novas ideias que podem produzir"?[15] A Análise e o olhar clínico têm também o traço comum de compor e decom-

---

12. Favart, *Essai sur l'entendement médical*, Paris, 1822, p. 8-9.

13. J. Landré-Beauvais, *loc. cit.*, p. 5.

14. *Ibidem*, p. 6.

15. Condillac, *Essai sur l'origine des connaissances humaines*, p. 109.

SIGNOS E CASOS **103**

por apenas para revelar uma ordenação que é a própria ordem natural; seu artifício é de só operar no ato de restituição do originário: "Essa análise é o verdadeiro segredo das descobertas porque nos faz remontar à origem das coisas."[16] Para a clínica, essa origem é a ordem natural dos sintomas, a forma de sua sucessão ou de sua determinação recíproca. Entre signo e sintoma há uma diferença decisiva que só adquire seu valor na base de uma identidade essencial: o signo é o próprio sintoma, mas em sua verdade de origem. Finalmente, no horizonte da experiência clínica se delineia a possibilidade de uma leitura exaustiva, sem obscuridade ou resíduo: para um médico cujos conhecimentos seriam levados "ao mais alto grau de perfeição, todos os sintomas poderiam se tornar signos",[17] todas as manifestações patológicas falariam uma linguagem clara e ordenada. Assim, estar-se-ia finalmente no mesmo nível que a forma serena e realizada do conhecimento científico de que fala Condillac e que é "língua benfeita".

3. O ser da doença é inteiramente enunciável em sua verdade

"Os signos externos provenientes do estado do pulso, do calor, da respiração, das funções do entendimento, da alteração dos traços do rosto, das afecções nervosas ou espasmódicas, da lesão dos apetites naturais formam por suas diversas combinações quadros separados, mais ou menos distintos ou fortemente pronunciados... A doença deve ser considerada como um todo indivisível, desde seu início até seu término, um conjunto regular de sintomas característicos e uma sucessão de períodos."[18] Não se trata mais de dar *com o que* reconhecer a doença, mas de restituir, no nível das palavras, uma história que recobre seu ser total. À presença exaustiva da doença em seus sintomas corresponde a transparência sem obstáculos do ser patológico à sintaxe de uma linguagem des-

---

16. Condillac, *ibidem*.
17. Demorcy-Delettre, *Essai sur l'analyse appliquée au perpectionnement de la médecine*, Paris, 1810, p. 102.
18. Ph. Pinel, *La médecine clinique*, 3ª ed., Paris, 1815, Introdução, p. VII.

104 O Nascimento da Clínica | Michel Foucault

critiva: isomorfismo fundamental da estrutura da doença e da forma verbal que a circunscreve. O ato descritivo é, de pleno direito, uma apreensão do ser e, inversamente, o ser não se mostra nas manifestações sintomáticas, *portanto* essenciais, sem se oferecer ao domínio de uma linguagem que é a própria palavra das coisas. Na medicina das espécies, a natureza da doença e sua descrição não podiam corresponder sem um momento intermediário que era, com suas duas dimensões, o "quadro"; na clínica, *ser visto* e *ser falado* se comunicam de imediato na verdade manifesta da doença, de que é precisamente todo *o ser*. Só existe doença no elemento visível e, consequentemente, enunciável.

A clínica utiliza a relação, fundamental em Condillac, do ato perceptivo com o elemento da linguagem. A descrição do clínico, como a Análise do filósofo, profere o que é dado pela relação natural entre a operação de consciência e o signo. E, nessa retomada, se enuncia a ordem dos encadeamentos naturais; a sintaxe da linguagem, longe de perverter as necessidades lógicas do tempo, as restitui em sua articulação mais originária: "Analisar nada mais é do que observar em uma ordem sucessiva as qualidades de um objeto, a fim de lhes dar no espírito a ordem simultânea em que elas existem... Ora, qual é essa ordem? A natureza a indica por si mesma; é aquela na qual ela apresenta os objetos."[19] A ordem da verdade é a mesma da linguagem, pois as duas restituem em sua forma necessária e enunciável, isto é, *discursiva*, o tempo. A *história* das doenças, a que Sauvages dava um sentido obscuramente espacial, toma agora uma dimensão cronológica. O *curso* do tempo ocupa na estrutura desse novo saber o papel desempenhado na medicina classificatória pelo espaço plano do quadro nosológico.

A oposição entre a natureza e o tempo, entre o que se manifesta e o que anuncia, desapareceu; desapareceu também a divisão entre a essência da doença, seus sintomas e seus signos; e, finalmente, o jogo e a distância pelos quais a doença se manifestava, mas como que recuada, e se traía, mas no lon-

---

19. Condillac, *apud* Ph. Pinel, *Nosographie philosophique*, Paris, ano VI, Introdução, p. XI.

gínquo e na incerteza. A doença escapou da estrutura móvel do visível que a torna invisível e do invisível que a faz ver para se dissipar na multiplicidade visível dos sintomas que significam, sem resíduo, seu sentido. O campo médico não conhecerá mais essas espécies mudas, dadas e retiradas; abrir-se-á sobre alguma coisa que sempre fala uma linguagem solidária, em sua existência e seu sentido, do olhar que a decifra – linguagem indissociavelmente lida e que lê.

Isomorfa à Ideologia, a experiência clínica lhe oferece um domínio imediato de aplicação. Não que, seguindo a suposta trilha de Condillac, a medicina tenha retornado a um respeito finalmente empírico da coisa percebida; mas que na Clínica, como na Análise, a armadura do real é delineada segundo o modelo da linguagem. O olhar do clínico e a reflexão do filósofo detêm poderes análogos, porque ambos pressupõem uma idêntica estrutura de objetividade: em que a totalidade do ser se esgota em manifestações que são seu significante-significado; em que o visível e o manifesto se unem em uma identidade pelo menos virtual; em que o percebido e o perceptível podem ser integralmente restituídos em uma linguagem cuja forma rigorosa enuncia sua origem. Percepção discursiva e refletida do médico e reflexão discursiva do filósofo sobre a percepção vêm se unir em uma exata superposição, visto que *o mundo é para eles o análogo da linguagem.*

✻ ✻ ✻

A medicina, conhecimento incerto: velho tema a que o século XVIII era singularmente sensível. Nele reencontrava, acentuada ainda pela história recente, a oposição tradicional entre a arte médica e o conhecimento das coisas inertes: "A ciência do homem se ocupa de um objeto muito complicado, abarca uma multidão de fatos bastante variados, opera sobre elementos demasiado sutis e numerosos para sempre dar às imensas combinações de que é suscetível a uniformidade, a evidência e a certeza que caracterizam as ciências físicas e matemáticas."[20] Incerteza que era signo de complexidade para

---

20. C.-L. Dumas, *Discours sur les progrès futurs de la science de l'homme,* Montpellier, ano XII, p. 27-28.

o objeto e de imperfeição para a ciência; nenhum fundamento objetivo era dado ao caráter conjuntural da medicina, além da relação dessa extrema exiguidade com esse excesso de riqueza.

Desse defeito, o século XVIII, em seus últimos anos, faz um elemento positivo de conhecimento. Na época de Laplace, sob sua influência ou no interior de um movimento de pensamento do mesmo tipo, a medicina descobre que a incerteza pode ser tratada analiticamente como a soma de graus de certezas isoláveis e suscetíveis de um cálculo rigoroso. Assim, esse conceito confuso e negativo, que adquiria sentido a partir de uma oposição tradicional ao conhecimento matemático, vai poder se transformar em um conceito positivo, aberto à penetração de uma técnica própria para o cálculo.

Essa mudança conceitual foi decisiva: abriu para a investigação um domínio em que cada fato constatado, isolado e em seguida confrontado com um conjunto pôde tomar lugar em uma série de acontecimentos cuja convergência ou divergência eram em princípio mensuráveis. Fazia de cada elemento percebido um *acontecimento registrado* e da evolução incerta em que ele se encontra colocado uma *série aleatória*. Dava ao campo clínico uma nova estrutura, em que o indivíduo posto em questão é menos a pessoa doente do que o fato patológico indefinidamente reprodutível em todos os doentes igualmente afetados; em que a pluralidade das constatações não é mais simplesmente contradição ou confirmação, mas convergência progressiva e teoricamente indefinida; em que, finalmente, o tempo não é elemento de imprevisibilidade, que pode mascarar e que é preciso dominar por um saber antecipador, mas uma dimensão a integrar, visto que traz em seu próprio curso os elementos da série como graus de certeza. Com a importação do saber probabilístico, a medicina renovava inteiramente os *valores perceptivos* de seu domínio: o espaço onde devia se exercer a atenção do médico tornava-se um espaço ilimitado, constituído por elementos isoláveis, cuja forma de solidariedade era da ordem da série. A dialética simples da espécie patológica e do indivíduo doente, de um espaço fechado e de um tempo incerto, é, em princípio, desfeita. A medicina não tem mais que ver o verdadeiro essencial sob a individualidade sensível; está diante da tarefa de perceber, e infinitamente, os acontecimentos de um domínio aberto. A clínica é isso.

Mas, nessa época, esse esquema não foi radicalizado, refletido, ou mesmo estabelecido de modo absolutamente coerente. Mais do que uma estrutura de conjunto, trata-se de temas estruturais que se justapõem sem terem encontrado seu fundamento. Enquanto para a configuração precedente (signo-linguagem) a coerência era real, se bem que muitas vezes à meia-luz, agora a probabilidade é incessantemente invocada como forma de explicação ou de justificação, mas o grau de coerência que atinge é fraco. A razão não está na teoria matemática das probabilidades, mas nas condições que podiam torná-la aplicável: o recenseamento dos fatos fisiológicos ou patológicos, como o de uma população ou de uma série de acontecimentos astronômicos, não era tecnicamente possível em uma época em que o campo hospitalar continuava ainda a tal ponto à margem da experiência médica que aparecia muitas vezes como sua caricatura ou espelho deformante. Um controle conceitual da probabilidade em medicina implicava a validação de um domínio hospitalar que, por sua vez, só podia ser reconhecido como espaço de experiência por um pensamento já probabilístico. Daí o caráter imperfeito, precário e parcial do cálculo das certezas, e o fato de que procurou um fundamento confuso, oposto a seu sentido tecnológico intrínseco. Foi assim que Cabanis tentou justificar os instrumentos, ainda em formação, da clínica com a ajuda de um conceito cujo nível técnico e teórico pertencia a uma sedimentação bem mais antiga. Ele só havia abandonado o antigo conceito de incerteza para reativar o não mais bem adaptado da imprecisa e livre profusão da natureza. Esta "nada conduz a uma exata precisão: parece ter desejado se reservar uma certa latitude, a fim de deixar aos movimentos que imprime a liberdade regular que não lhes permite jamais sair da ordem, mas que os torna mais variados e lhes dá mais graça".[21] Mas a parte importante e decisiva do texto está na nota que o acompanha: "Essa latitude corresponde exatamente àquela que a arte pode se dar na prática, ou melhor, ela fornece sua medida." A imprecisão que Cabanis presta aos movimentos da natureza nada mais é do que um vazio deixado para que nele venha se

---

21. Cabanis, *Du degré de certitude de la médecine*, 3ª ed., Paris, 1819, p. 125.

alojar e se fundar a armadura técnica de uma percepção dos *casos*. Eis seus principais momentos.

1. *A complexidade de combinação* – A nosografia do século XVIII implicava uma configuração da experiência que, por mais confusos e complicados que fossem os fenômenos em sua apresentação concreta, diziam respeito, mais ou menos diretamente, a essências cuja generalidade crescente garantia uma complexidade decrescente: a classe era mais simples do que a espécie, que o era sempre mais do que a doença presente em um indivíduo com todos os seus fenômenos e cada uma de suas modificações. No final do século XVIII, e em uma definição da experiência do mesmo tipo que a de Condillac, a simplicidade não se encontra na generalidade essencial, mas no nível básico do dado, no pequeno número de elementos indefinidamente repetidos. Não é a classe das febres que, graças à fraca compreensão de seu conceito, é princípio de inteligibilidade, mas o pequeno número de elementos indispensáveis para constituir uma febre em todos os casos concretos em que ela se apresenta. A variedade combinatória das formas simples constitui a diversidade empírica: "A cada novo caso, acreditar-se-ia que são fatos novos; mas são apenas outras combinações e outras nuanças: no estado patológico só existe um pequeno número de fatos principais, todos os outros resultam de sua mistura e de seus diferentes graus de intensidade. A ordem em que aparecem, sua importância, suas diferentes relações bastam para dar origem a todas as variedades de doenças."[22] Consequentemente, a complexidade dos casos individuais não deve mais ser atribuída a essas incontroláveis modificações que perturbam as verdades essenciais e obrigam a decifrá-las apenas em um ato de reconhecimento que negligencia e abstrai; pode ser apreendida e reconhecida por si mesma, em uma fidelidade sem resíduo a tudo o que ela apresenta, se a analisarmos segundo os princípios de uma combinação; isto é, se definirmos o conjunto dos elementos que a compõem e a forma dessa composição. Conhecer será, portanto, restituir o movimento pelo qual a natureza associa. E é nesse sentido que o conhecimento da vida e a própria vida

---

22. *Ibidem*, p. 86-87.

obedecem às mesmas leis de gênese – enquanto, no pensamento classificatório, essa coincidência só podia existir uma só vez e no entendimento divino; o progresso do conhecimento tem agora a mesma origem e se encontra ligado ao mesmo dever empírico que a progressão da vida: "A natureza quis que a fonte de nossos conhecimentos fosse a mesma que a da vida; é preciso receber impressões para viver; é preciso receber impressões para conhecer";[23] e, nos dois casos, a lei de desenvolvimento é a lei de combinações desses elementos.

2. *O princípio da analogia* – O estudo combinatório dos elementos desvela formas análogas de coexistência ou de sucessão que permitem identificar sintomas e doenças. A medicina das espécies e das classes usava-os igualmente na decifração dos fenômenos patológicos: reconhecia-se a semelhança das perturbações de um caso a outro, do mesmo modo que, de uma planta a outra, o aspecto de seus órgãos de reprodução. Mas essas analogias só diziam respeito a dados morfológicos inertes: tratava-se de formas percebidas cujas linhas gerais podiam ser superpostas, de um "estado inativo e constante dos corpos, estado estranho à natureza atual da função".[24] As analogias sobre as quais se apoia o olhar clínico para reconhecer, em diferentes doentes, signos e sintomas são de outra ordem; "consistem nas relações que existem primeiramente entre as partes constituintes de uma única doença, e em seguida entre uma doença conhecida e uma doença a conhecer".[25] Assim compreendida, a analogia não é mais uma semelhança de parentesco mais ou menos próxima e que desaparece à medida que nos afastamos da identidade essencial; é um isomorfismo de relações entre elementos; diz respeito a um sistema de relações e de ações recíprocas, a um funcionamento ou uma disfunção. Assim, a dificuldade de respiração é um fenômeno que se encontra de forma muito pouco diferente na tísica, na asma, nas doenças do coração, na pleurisia e no escorbuto: ater-se porém a essa semelhança

---

23. *Ibidem*, p. 76-77.
24. Audibert-Caille, *Mémoire sur l'utilité de l'analogie en médecine*, Montpellier, 1814, p. 13.
25. *Ibidem*, p. 30.

110 O Nascimento da Clínica | Michel Foucault

seria ilusório e perigoso; a analogia fecunda, e que designa a identidade de um sintoma, é uma relação com outras funções ou outras perturbações: a fraqueza muscular (que se encontra na hidropisia), a lividez da tez (semelhante à das obstruções); as manchas sobre o corpo (como na varíola) e a inchação das gengivas (idêntica à provocada pela acumulação do tártaro) formam uma constelação em que a coexistência dos elementos designa uma interação funcional própria do escorbuto.[26] A *analogia* dessas relações permitirá *identificar* uma doença em uma série de doentes.

Mas ainda há mais: no interior de uma mesma doença e em um só doente, o princípio de analogia pode permitir circunscrever em seu conjunto a singularidade da doença. Os médicos do século XVIII tinham usado e abusado, depois do conceito de simpatia, da noção de "complicação" que permitia sempre encontrar uma essência patológica, visto que se podia subtrair da sintomática manifesta o que, em contradição com a verdade essencial, era designado como interferência. Assim, uma febre gástrica (febre, cefalalgia, sede, sensibilidade no epigastro) estava de acordo com sua essência quando era acompanhada de prostração, de dejeções involuntárias, de um pulso pequeno e intermitente, de incômodo de deglutição: é que está então "complicada" como uma febre adinâmica.[27] Um uso rigoroso da analogia devia permitir evitar essa arbitrariedade nas divisões e agrupamentos. De um sintoma a outro, em um mesmo conjunto patológico, pode-se encontrar analogia em suas relações com "as causas externas ou internas que a produzem".[28] É o caso da peripneumonia biliosa, que muitos nosógrafos consideravam uma doença complicada: se se percebe a homologia de relação que existe entre a "gastricidade" (acarretando sintomas digestivos e dores epigástricas) e a irritação dos órgãos pulmonares que provoca a inflamação e todas as perturbações respiratórias, setores sintomatológicos diferentes, que parecem dizer respeito a essências mórbidas distintas, permitem no entanto conferir à

---

26. C.-A. Brulley, *De l'art de conjecturer en médecine*, Paris, 1801, p. 85-87.
27. Ph. Pinel, *Médecine clinique*, p. 78.
28. Audibert-Caille, *loc. cit.*, p. 31.

SIGNOS E CASOS **111**

doença sua identidade: a de uma *figura complexa* na coerência de uma unidade e não de uma *realidade mista* feita de essências cruzadas.

3. *A percepção das frequências* – O conhecimento médico só terá certeza na proporção do número de casos em que seu exame tenha sido feito: essa certeza "será total se a extrairmos de uma massa de probabilidade suficiente"; mas se não é absolutamente "a dedução rigorosa" de casos bastante numerosos, o saber "permanece na ordem das conjecturas e das verossimilhanças; nada mais é do que a expressão simples de observações particulares".[29] A certeza médica se constitui não a partir da *individualidade completamente observada*, mas de uma *multiplicidade inteiramente percorrida de fatos individuais.*

Por sua multiplicidade, a série se torna portadora de um índice de convergência. A hemoptise era colocada por Sauvages na classe das hemorragias, e a tísica, na das febres: repartição conforme a estrutura dos fenômenos, e que nenhuma conjunção sintomática podia colocar em questão. Mas se o conjunto tísica-hemoptise (apesar das dissociações segundo os casos, as circunstâncias e os momentos) atinge, na série total, certa densidade quantitativa, sua dependência se tornará, além de todo encontro ou de toda lacuna e fora inclusive do aspecto aparente dos fenômenos, relação essencial: "É no estudo dos fenômenos mais frequentes, na meditação da ordem de suas relaçoes e de sua sucessão regular, que se encontram as bases das leis gerais da natureza."[30]

As variações individuais se apagam espontaneamente por integração. Na medicina das espécies essa supressão das modificações singulares era assegurada apenas por uma operação positiva: para aceder à pureza da essência era preciso já possuí-la de antemão e por meio dela obliterar o conteúdo excessivamente rico da experiência; era preciso, por uma escolha primitiva, "distinguir o que é constante do que nela se encontra de variável, e o essencial do que é apenas puramente

---

29. C.-L. Dumas, *Discours sur les progrès futurs de la science de l'homme*, Montpellier, ano XII, p. 28.
30. F.-J. Double, *Séméiologie générale*, Paris, 1811, T. I, p. 33.

112 O Nascimento da Clínica | Michel Foucault

acidental".[31] Na experiência clínica, as variações não são afastadas, elas se repartem por si mesmas; se anulam na configuração geral, porque se integram no domínio da probabilidade; por mais "inesperadas" e "extraordinárias" que sejam, elas nunca saem dos limites; o anormal é ainda uma forma de regularidade: "O estudo dos monstros ou das monstruosidades da espécie humana nos dá ideia dos recursos fecundos da natureza e dos desvios a que ela pode se entregar."[32]

É preciso, então, abandonar a ideia de um espectador ideal e transcendente de cujo gênio ou paciência os observadores reais poderiam, mais ou menos, aproximar-se. O único observador normativo é a totalidade dos observadores: seus erros de perspectivas individuais se repartem em um conjunto que tem seus próprios poderes de indicação. E mesmo suas divergências fazem aparecer, nesse núcleo em que apesar de tudo se cruzam, o perfil de irrecusáveis identidades: "Vários observadores jamais veem o mesmo fato de maneira idêntica, a menos que a natureza lhes tenha realmente apresentado da mesma maneira."

Na sombra, e sob um vocabulário aproximado, circulam noções em que se podem reconhecer o cálculo de erro, o desvio, os limites, o valor da média. Todas elas indicam que a visibilidade do campo médico adquire uma estrutura estatística e que a medicina se dá como campo perceptivo não mais um jardim de espécies, mas um domínio de acontecimentos. Nada, porém, está ainda formalizado. E, curiosamente, é no esforço para pensar um cálculo das probabilidades médicas que o fracasso vai se delinear e as razões do fracasso vão aparecer.

Fracasso que não se deve, em seu princípio, a uma ignorância, ou a um uso excessivamente superficial do instrumento matemático,[33] mas à organização do campo.

---

31. Zimmermann, *Traité de l'expérience*, T. I, p. 146.
32. F.-J. Double, *Séméiologie génerale*, T. I, p. 33.
33. Brulley, por exemplo, conhecia bem os textos de Bernoulli, de Condorcet, S'Gravesandy, *Essai sur l'art de conjecturer en médecine*, Paris, ano X, p. 35-37.

4. *O cálculo dos graus de certeza* – "Se algum dia se descobrir, no cálculo das probabilidades, um método que possa convenientemente se adaptar aos objetos complicados, às ideias abstratas, aos elementos variáveis da medicina e da fisiologia, dentro em pouco nela se produzirá o mais alto grau de certeza que as ciências podem alcançar."[34] Trata-se de um cálculo que, desde o início, tem valor no interior do domínio das ideias, sendo ao mesmo tempo princípio de sua análise em elementos constituintes e método de indução a partir das frequências; ele se dá, de maneira ambígua, como decomposição lógica e aritmética da aproximação. É que, com efeito, a medicina do final do século XVIII nunca soube se ela se dirigia a uma série de fatos cujas leis de aparecimento e de convergência deviam ser determinadas unicamente pelo estudo das repetições, ou se se dirigia a um conjunto de signos, de sintomas e de manifestações cuja coerência devia ser procurada em uma estrutura natural. Ela hesitou incessantemente entre uma *patologia dos fenômenos* e uma *patologia dos casos*. Por isso, o cálculo dos graus de probabilidade foi logo confundido com a análise dos elementos sintomáticos: de maneira bastante estranha, é o signo, como elemento de uma constelação, que se encontra afetado, por uma espécie de direito de natureza, por um coeficiente de probabilidade. Ora, o que lhe dava valor de signo não era uma aritmética dos casos, mas sua ligação com um conjunto de fenômenos. Sob uma aparência matemática, valiava-se a estabilidade de uma figura. O termo "grau de certeza", extraído dos matemáticos, designava, por uma aritmética grosseira, o caráter mais ou menos necessário de uma implicação.

Um exemplo simples permitirá flagrar essa confusão fundamental. Brulley lembra o princípio formulado na *Ars conjectandi* de Jacques Bernouilli de que toda certeza pode ser "considerada como um todo divisível em tantas probabilidades quantas se quiser".[35] A certeza da gravidez em uma mulher pode se dividir em oito graus: o desaparecimento das regras; as náuseas e os vômitos no primeiro mês; no segundo,

---

34. C.-L. Dumas, *loc. cit.*, p. 29.
35. C.-A. Brulley, *loc. cit.*, p. 26-27.

114 O Nascimento da Clínica | Michel Foucault

o aumento do volume da matriz; aumento mais considerável ainda no terceiro mês; em seguida, o aparecimento da matriz acima dos ossos do púbis; o sexto grau é a saliência de toda a região hipogástrica, no quinto mês; o sétimo é o movimento espontâneo do feto, que golpeia a superfície interna da matriz; finalmente, o oitavo grau de certeza é constituído, no começo do último mês, pelos movimentos de agitação e de desloca-mento.[36] Cada um dos signos traz, portanto, consigo um oita-vo de certeza: a sucessão dos quatro primeiros constitui uma semicerteza, "que forma a dúvida propriamente dita e pode ser considerada como uma espécie de equilíbrio"; além, começa a verossimilhança.[37] Essa aritmética da implicação vale para as indicações curativas, como para os signos diagnósticos. Um doente que consultara Brulley desejava ser operado de cálcu-lo; a favor da intervenção, duas "probabilidades favoráveis": o bom estado da vesícula e o pequeno volume do cálculo; mas, contra elas, quatro probabilidades desfavoráveis: "o doente é sexagenário; é do sexo masculino; tem um temperamento bilioso; está afetado por uma doença de pele". O indivíduo não quis entender essa aritmética simples: não sobreviveu à ope-ração.

Deseja-se ponderar, por uma aritmética dos casos, um pertencimento de estrutura lógica; supõe-se que, entre o fenô-meno e o que ele significa, o vínculo é o mesmo que entre o acontecimento e a série de que ele faz parte. Essa confusão só é possível por causa das virtudes ambíguas da noção de análi-se, que os médicos a todo momento reivindicam: "Sem a análi-se, este fio emblemático de Dédalo, não poderíamos, muitas vezes por caminhos tortuosos, abordar o asilo da verdade."[38] Ora, essa análise é definida segundo o *modelo epistemológico* das matemáticas e segundo a *estrutura instrumental* da ideo-logia. Como instrumento, serve para definir, em seu conjunto complexo, o sistema das implicações: "Por esse método, de-compõe-se, disseca-se um assunto, uma ideia composta; exa-minam-se separadamente as partes, umas após as outras; em

---

36. *Ibidem*, p. 27-30.
37. *Ibidem*, p. 31-32.
38. Roucher-Deratte, *Leçons sur l'art d'observer*, Paris, 1807, p. 53.

SIGNOS E CASOS **115**

primeiro lugar, as mais essenciais, em seguida, aquelas que o são menos, com suas diversas relações; eleva-se à ideia mais simples"; mas, segundo o modelo matemático, essa análise devia servir para determinar uma incógnita: "Examina-se o modo de composição, a maneira como esta foi efetuada e passa-se, assim, do conhecido ao desconhecido pelo uso da indução."[39]

* * *

Selle dizia que a clínica nada mais era do "que o próprio exercício da medicina junto ao leito dos doentes", e que, deste modo, ela se identificava com "a medicina prática propriamente dita".[40] Muito mais do que uma retomada do velho empirismo médico, a clínica é a vida concreta, uma das aplicações primeiras da Análise. Tanto mais que, ao experimentar sua oposição aos sistemas e às teorias, ela reconhece seu imediato parentesco com a filosofia: "Por que separar a ciência dos médicos da dos filósofos? Por que distinguir dois estudos que se confundem por uma origem e um destino comuns?"[41] A clínica abre um campo que se tornou "visível" pela introdução no domínio patológico de estruturas gramaticais e probabilísticas. Estas podem ser historicamente datadas na medida em que são contemporâneas de Condillac e de seus sucessores. Com elas, a percepção médica se liberta do jogo da essência e dos sintomas, como também do, não menos ambíguo, da espécie e dos indivíduos: desaparece a figura que fazia girar o visível e o invisível segundo o princípio de que o doente ao mesmo tempo oculta e mostra a especificidade de sua doença. Abre-se para o olhar um domínio de clara visibilidade.

Mas esse domínio e o que, fundamentalmente, o torna visível não têm duplo sentido? Não repousam sobre figuras que se sobrepõem e reciprocamente se esquivam? O modelo gramatical, aclimatado na análise dos signos, permanece implícito e envolvido sem formalização no fundo do movimento conceitual: trata-se de uma *transferência das formas de inteli-*

---

39. *Ibidem*, p. 53.
40. Selle, *Introduction à l'étude de la nature*, trad. fr., Paris, ano III, p. 229.
41. C.-L. Dumas, *loc. cit.*, p. 21.

gibilidade. O modelo matemático está sempre explícito e invocado; está presente como princípio de coerência de um processo conceitual que se realizou fora dele: trata-se da *contribuição dos temas de formalização.* Mas essa ambiguidade fundamental não é como tal experimentada. E o olhar que se põe sobre esse domínio aparentemente liberto pareceu, durante algum tempo, um olhar feliz.

Capítulo VII

VER, SABER

"Hipócrates só se ateve à observação, desprezando todos os sistemas. Somente seguindo seus passos a medicina pode ser aperfeiçoada."[1] Mas os privilégios que a clínica acaba de reconhecer na observação são muito mais numerosos e de natureza inteiramente diversa dos prestígios que lhe concedia a tradição. São ao mesmo tempo os privilégios de um olhar puro, anterior a toda intervenção, fiel ao imediato, que ele retoma sem modificar, e os de um olhar equipado com toda uma armadura lógica que exorciza desde o início a ingenuidade de um empirismo não preparado. É necessário descrever agora o exercício concreto de tal percepção.

O olhar que observa se abstém de intervir: é mudo e sem gesto. A observação nada modifica; não existe para ela nada oculto no que se dá. O correlato da observação nunca é o invisível, mas sempre o imediatamente visível, uma vez afastados os obstáculos que as teorias suscitam à razão, e a imaginação, aos sentidos. Na temática do clínico, a pureza do olhar está ligada a certo silêncio que permite escutar. Os discursos loquazes dos sistemas devem se interromper: "Toda teoria se cala

---

1. Clifton, *État de la médecine ancienne et moderne*, prefácio do tradutor, não paginado, Paris, 1742.

ou se esvanece sempre no leito do doente";[2] e devem ser reduzidos igualmente os propósitos da imaginação, que antecipam acerca do que se percebe, descobrem relações ilusórias e fazem falar o que é inacessível para os sentidos. "Como é raro este observador perfeito que sabe esperar, no silêncio da imaginação, na calma do espírito e antes de formar seu juízo, o relato de um sentido atualmente em exercício!"[3] O olhar se realizará em sua verdade própria e terá acesso à verdade das coisas, se se coloca em silêncio sobre elas; se tudo se cala em torno do que vê. O olhar clínico tem esta paradoxal propriedade de *ouvir uma linguagem* no momento em que *percebe um espetáculo*. Na clínica, o que se manifesta é originariamente o que fala. A oposição entre clínica e experimentação recobre exatamente a diferença entre a linguagem que se ouve e, consequentemente, que se reconhece, e a questão que se põe, quer dizer, que se impõe; "o observador lê a natureza, aquele que faz a experiência a interroga".[4] Desse modo, observação e experiência se opõem sem se excluir: é natural que a primeira conduza à segunda, mas com a condição de que esta só interrogue no vocabulário e no interior da linguagem que lhe foi proposta pelas coisas observadas; suas questões só podem ser fundadas se são respostas a uma questão sem pergunta, a uma resposta absoluta que não implica nenhuma linguagem anterior porque é, no sentido estrito, a primeira palavra. Esse privilégio de insuperável origem é o que Double traduzia em termos de causalidade: "É necessário não confundir a observação com a experiência; esta é o resultado ou o efeito; aquela, o meio ou a causa; a observação conduz naturalmente à experiência."[5] O olhar que observa só manifesta suas virtudes em um duplo silêncio: o relativo, das teorias, das imaginações e de tudo o que constitui obstáculo ao imediato sensível; e o absoluto, de toda linguagem que seria anterior ao visível. Na densidade desse duplo silêncio, as coisas vistas podem ser

---

2. Corvisart, Prefácio à tradução de Auenbrugger, *Nouvelle méthode pour reconnaître les maladies internes de la poitrine*, Paris, 1808, p. VII.

3. *Ibidem*, p. VIII.

4. Roucher-Deratte, *Leçons sur l'art d'observer*, Paris, 1807, p. 14.

5. Double, *Séméiologie générale*, T. I, p. 80.

finalmente ouvidas, e ouvidas apenas pelo fato de que são vistas.

É então que esse olhar que se detém à beira de toda intervenção possível, de toda decisão experimental, esse olhar que não modifica, mostra que sua reserva está ligada à solidez de sua armadura. Não lhe basta, para ser o que deve ser, exercer sua prudência ou seu ceticismo; o imediato sobre o qual se abre só enuncia a verdade se é ao mesmo tempo a origem, quer dizer, ponto de partida, princípio e lei de composição; e o olhar deve restituir como verdade o que foi produzido segundo uma gênese: em outros termos, deve reproduzir nas operações que lhe são próprias o que foi dado no movimento mesmo da composição. Nisso, justamente, é "analítico". A observação é a lógica no nível dos conteúdos perceptivos, e a arte de observar "seria uma lógica para os sentidos que ensinaria mais particularmente suas operações e seus usos. Em uma palavra, seria a arte de estar em relação com as circunstâncias que interessam, receber as impressões dos objetos como nos são oferecidas, e delas tirar as induções que são suas justas consequências. A lógica é a base da arte de observar, mas essa arte poderia ser vista como uma das artes da Lógica, cujo objeto seria mais dependente dos sentidos".[6]

Pode-se, portanto, em uma primeira aproximação, definir esse olhar clínico como um ato perceptivo subentendido por uma lógica das operações; é analítico, porque reconstitui a gênese da composição; mas está isento de toda intervenção, na medida em que essa gênese nada mais é do que a sintaxe da linguagem que fala as próprias coisas em um silêncio originário. O olhar da observação e as coisas que ele percebe se comunicam por um mesmo Logos, que é, em um caso, gênese dos conjuntos e, no outro, lógica das operações.

* * *

A observação clínica supõe a organização de dois domínios conjugados: os domínios hospitalar e pedagógico.

---

6. Senebier, *Essai sur l'art d'observer et de faire des expériences*, 2ª ed., Paris, 1802, T. I, p. 6.

120 O Nascimento da Clínica | Michel Foucault

O domínio hospitalar é aquele em que o fato patológico aparece em sua singularidade de acontecimento e na série que o cerca. Ainda há pouco, a família formava o lugar natural, em que a verdade aflorava sem alteração; agora, nela se descobriu um duplo poder de ilusão: a doença corre o risco de aí ser mascarada por cuidados, um regime, uma tática que a perturbam; e está tomada na singularidade das condições físicas que a tornam incomparáveis às outras. Desde o momento em que o conhecimento médico se define em termos de frequência, não é de um meio natural que se precisa, mas de um domínio neutro, quer dizer, homogêneo em todas as suas partes, para que seja possível uma comparação, e aberto sem princípio de seleção ou de exclusão a toda forma de acontecimento patológico. É necessário que nele tudo seja possível e possível do mesmo modo. "Que fonte de instrução, duas enfermarias com 100 a 150 doentes cada uma!... Que espetáculo variado de febre ou de flegmasias malignas ou benignas, ora muito desenvolvidas nas constituições fortes, ora fracamente pronunciadas e como que latentes, e com todas as formas e todas as modificações que podem oferecer a idade, a maneira de viver, as estações e as afecções morais mais ou menos enérgicas!"[7] Quanto à velha objeção de que o hospital provoca modificações que são ao mesmo tempo perturbações patológicas e perturbações da ordenação das formas patológicas, esta não é nem retirada nem negligenciada: mas, "em todo rigor, anulada, visto que as modificações em questão valem de modo uniforme para todos os acontecimentos; é possível, portanto, isolá-las pela análise e tratá-las separadamente; é colocando à parte as modificações devidas às localidades, às estações, à natureza do tratamento "que se pode alcançar, na clínica dos hospitais e no exercício geral da medicina, um grau de previsão e de certeza de que ela é ainda suscetível".[8] A clínica não é, portanto, essa paisagem mítica em que as doenças aparecem em si mesmas e absolutamente desveladas; ela permite a integração, na experiência, da modificação hospitalar, sob forma constante. O que a medicina das espécies chamava de *nature-*

---

7. Ph. Pinel, *Médecine clinique*, Paris, 1815, Introd., p. II.
8. *Ibidem*, p. I.

VER, SABER **121**

za mostra ser apenas a descontinuidade das condições heterogêneas e artificiais; quanto às doenças "artificiais" do hospital, estas autorizam uma redução ao homogêneo do campo dos acontecimentos patológicos; sem dúvida, o domínio hospitalar não é pura transparência à verdade; mas a refração que lhe é própria permite, por sua constância, a análise da verdade.

Pelo jogo indefinido das modificações e das repetições, a clínica hospitalar permite, portanto, colocar de lado o extrínseco. Ora, esse mesmo jogo torna possível a soma do essencial no conhecimento: as variações efetivamente se anulam, e o efeito de repetição dos fenômenos constantes delineia espontaneamente as conjunções fundamentais. A verdade, indicando-se ela própria sob forma repetitiva, indica o caminho que permite adquiri-la. Ela se dá a conhecer dando-se a reconhecer. "O aluno... não pode se familiarizar demais com a visão repetida das alterações de todo gênero, de que sua prática particular poderá, em seguida, lhe oferecer o quadro."[9] A gênese da manifestação da verdade é também a gênese do conhecimento da verdade. Não existe, portanto, diferença de natureza entre a clínica como ciência e a clínica como pedagogia. Forma-se, assim, um grupo, constituído pelo professor e seus alunos, em que o ato de reconhecer e o esforço de conhecer se realizam em um único movimento. A experiência médica, em sua estrutura e em seus dois aspectos de manifestação e de aquisição, tem agora um sujeito coletivo; não é mais dividida entre o que sabe e o que ignora; é feita solidariamente por aquele que descobre e aqueles diante dos quais se descobre. O enunciado é o mesmo; a doença fala a mesma linguagem a uns e a outros.

Estrutura *coletiva* do sujeito da experiência médica; caráter de *coleção* do campo hospitalar: a clínica se situa no encontro de dois conjuntos; a experiência que a define percorre a superfície de seu confronto e de seu recíproco limite. Adquire aí sua inesgotável riqueza, mas também sua figura suficiente e fechada. É o recorte do domínio infinito dos acontecimentos pelo entrecruzamento do olhar e das questões combinadas. Na clínica de Edimburgo, a observação clínica consistia em

---

9. Maygrier, *Guide de l'étudiant en médecine*, Paris, 1818, p. 94-95.

122 O Nascimento da Clínica | Michel Foucault

quatro séries de questões; a primeira, sobre a idade, o sexo, o temperamento e a profissão do doente; a segunda, sobre os sintomas que este sentia; a terceira dizia respeito à origem e ao desenvolvimento da doença; a quarta, por fim, se fixava nas causas longínquas e nos acidentes anteriores.[10]

Outro método – e este era utilizado em Montpellier – consistia em um exame geral de todas as modificações visíveis do organismo: "primeiro, as alterações que apresentam as qualidades do corpo em geral; segundo, as que se observam nas matérias excretadas; terceiro, por fim, as que são denotadas pelo exercício das funções".[11] A estas duas formas de investigação Pinel dirige a mesma crítica: são ilimitadas. À primeira, objeta: "No meio dessa profusão de questões... como apreender os caracteres essenciais e específicos da doença?" E, à segunda, de maneira simétrica: "Que enumeração imensa de sintomas...! Não será nos lançar em um novo caos?"[12] As questões a colocar são inúmeras; as coisas a ver são infinitas. Se ele está apenas aberto às tarefas da linguagem ou às exigências do olhar, o domínio clínico não tem fim e, consequentemente, organização. Só tem limite, forma e sentido se a interrogação e o exame se articulam um sobre o outro, definindo, no nível de um código que lhes é comum, o "lugar de encontro" do médico com o doente. A clínica, em sua forma inicial, procura determinar esse lugar por três meios:

1. *A alternância dos momentos falados e dos momentos percebidos em uma observação* – No esquema do inquérito ideal, delineado por Pinel, o índice geral do primeiro momento é visual: observa-se o estado atual em suas manifestações. Mas, no interior desse exame, o questionário já assegura o lugar da linguagem: anotam-se os sintomas que atingem de imediato os sentidos do observador, mas, depois, logo se interroga o doente sobre as dores que sente, por fim – forma mista do percebido e do falado, da questão e da observação – constata-se o estado das grandes funções fisiológicas conhecidas. O segundo momento está colocado sob o signo da linguagem e

---

10. Ph. Pinel, *Médecine clinique*, p. 4.
11. *Ibidem*, p. 3.
12. *Ibidem*, p. 5 e 3.

também do tempo, da rememoração, dos desenvolvimentos e das incidências sucessivas. Trata-se de dizer primeiramente o que foi, em dado momento, perceptível (lembrar as formas da invasão, as sequências dos sintomas, o aparecimento de seus caracteres atuais e as medicações já aplicadas); em seguida, é necessário interrogar o doente ou os que o cercam sobre seus hábitos, sua profissão, sua vida passada. O terceiro momento da observação é de novo um momento percebido; dá-se conta, dia após dia, do progresso da doença, sob quatro rubricas: evolução dos sintomas, aparecimento eventual de novos fenômenos, estado das secreções, efeito dos medicamentos empregados. Por fim, último tempo, reservado à palavra: prescrição do regime para a convalescência.[13] Em caso de óbito, a maioria dos clínicos – mas Pinel com menos boa vontade do que os outros, e veremos por que – reservava ao olhar a última e a mais decisiva instância: a anatomia do corpo. Nessa pulsação regular da palavra e do olhar, a doença pouco a pouco pronuncia sua verdade; verdade que ela dá a ver e a ouvir, e cujo texto, que no entanto só tem um *sentido*, não pode ser restituído, em sua totalidade indubitável, a não ser por dois *sentidos*: o que olha e o que escuta. É por isso que o questionário sem o exame ou o exame sem a interrogação estavam consagrados a uma tarefa infinita: a nenhum deles cabe preencher as lacunas que dependem apenas do outro.

2. *O esforço para definir uma forma estatutária de correlação entre o olhar e a linguagem* – O problema teórico e prático que se colocou aos clínicos foi saber se seria possível fazer entrar em uma representação espacialmente legível e conceitualmente coerente o que, na doença, depende de uma sintomatologia visível e de uma análise verbal. Esse problema se manifestou em uma dificuldade técnica bastante reveladora das exigências do pensamento clínico: o *quadro*. É possível integrar em um quadro, quer dizer, em uma estrutura ao mesmo tempo legível e visível, espacial e verbal, o que é percebido na superfície do corpo pelo olho clínico, e o que é ouvido, por este mesmo clínico, da linguagem essencial da doença? A tentativa mais ingênua é, sem dúvida, a de Fordyce: em abscissa,

---

13. Ph. Pinel, *ibidem*, p. 57.

124 O Nascimento da Clínica | Michel Foucault

assinalava todas as anotações referentes ao clima, às estações, às doenças reinantes, ao temperamento do doente, à idiossincrasia, aos seus hábitos, à sua idade e aos acidentes antecedentes; em ordenada, indicava os sintomas segundo o órgão ou a função que os manifestava (pulso, pele, temperatura, músculos, olhos, língua, boca, respiração, estômago, intestino, urina).[14] É claro que essa distinção funcional entre o visível e o enunciável e, em seguida, sua correlação no mito de uma geometria analítica não podiam ter nenhuma eficácia no trabalho do pensamento clínico; semelhante esforço é apenas significativo dos dados do problema e dos termos que se tratava de correlacionar. Os quadros traçados por Pinel são aparentemente mais simples: sua estrutura conceitual é de fato mais sutil. O que está disposto em ordenada são, como em Fordyce, os elementos sintomáticos que a doença oferece à percepção; mas, em abscissa, ele indica os valores significativos que esses sintomas podem tomar: assim, em uma febre aguda, uma sensibilidade dolorosa no epigástrio, uma enxaqueca, uma sede violenta devem ser atribuídas a uma sintomatologia gástrica; em compensação, a prostração, a tensão abdominal têm um sentido adinâmico; por último, a dor nos membros, a língua árida, a respiração frequente, um paroxismo se produzindo sobretudo à noite são signos ao mesmo tempo de gastricidade e de adinamismo.[15] Cada segmento visível adquire assim um valor significativo e o quadro tem, no conhecimento clínico, uma função de análise. Mas é evidente que a estrutura analítica não é dada nem revelada pelo próprio quadro; era anterior a ele, e a correlação entre cada sintoma e seu valor sintomatológico foi fixada, de uma vez por todas, em um *a priori* essencial; sob sua função aparentemente analítica, o quadro só tem como papel repartir o visível no interior de uma configuração conceitual já dada. O trabalho não é, portanto, de correlacionamento, mas de pura e simples redistribuição do que estava dado por uma extensão perceptível em um espaço conceitual previamente definido. Não faz conhecer; permite, quando muito, reconhecer.

---

14. Fordyce, *Essai d'un nouveau plan d'observations médicales*, trad. fr., Paris, 1811.
15. Ph. Pinel, *Médecine clinique*, p. 78.

VER, SABER **125**

3. *O ideal de uma descrição exaustiva* – O aspecto arbitrário ou tautológico desses quadros conduz o pensamento clínico a uma outra forma de correlação entre o visível e o enunciável; é a correlação contínua de uma descrição inteiramente, quer dizer, duplamente fiel: com relação a seu objeto, esta não deve, com efeito, ter lacunas; e não deve permitir desvio algum na linguagem em que ela o transcreve. O *rigor* descrito será a resultante de uma *precisão* no enunciado e de uma *regularidade* na denominação: o que é, segundo Pinel, "o método seguido atualmente em todas as outras partes da história natural".[16] Assim, a linguagem se encontra encarregada de dupla função: por seu valor de exatidão, estabelece uma correlação entre cada setor do visível e um elemento enunciável que lhe corresponde o mais possível; mas esse elemento enunciável, no interior de seu papel de descrição, põe em ação uma função denominadora que, por sua articulação com um vocabulário constante e fixo, autoriza a comparação, a generalização e a colocação no interior de um conjunto. Graças a essa dupla função, o trabalho de descrição assegura uma "sábia reserva para se elevar a visões gerais, sem dar realidade a termos abstratos", e uma "distribuição simples, regular e fundada invariavelmente sobre relações de estruturas ou de funções orgânicas das partes".[17]

É nesta passagem, exaustiva e sem resíduo, da *totalidade do visível* à *estrutura de conjunto do enunciável* que se realiza finalmente essa análise significativa do percebido, que a arquitetura ingenuamente geométrica do quadro não chegava a assegurar. É a descrição, ou melhor, o labor implícito da linguagem na descrição, que autoriza a transformação do sintoma em signo, a passagem do doente à doença, o acesso do individual ao conceitual. E é aí que se estabelece, pelas virtudes espontâneas da descrição, o vínculo entre o campo aleatório dos acontecimentos patológicos e o domínio pedagógico no qual estes formulam a ordem de sua verdade. Descrever é seguir a ordenação das manifestações, mas é seguir também a sequência inteligível de sua gênese; é ver e saber ao mesmo

---

16. Ph. Pinel, *Nosographie philosophique*, Introd., p. III.
17. *Ibidem*, p. III-IV.

126 O Nascimento da Clínica | Michel Foucault

tempo, porque dizendo o que se vê o integramos espontaneamente ao saber; é também ensinar a ver, na medida em que é dar a chave de uma linguagem que domina o visível. A língua benfeita, na qual Condillac e seus sucessores viam o ideal do conhecimento científico, não deve portanto ser procurada, como fizeram, com excessiva pressa, certos médicos,[18] do lado de uma língua dos cálculos; mas, do lado dessa *língua medida*, que é, ao mesmo tempo, a medida das coisas que ela descreve e da linguagem na qual as descreve. É necessário, portanto, substituir o sonho de uma estrutura aritmética da linguagem médica pela pesquisa de determinada medida interna, feita de fidelidade e de firmeza, de abertura primeira e absoluta sobre as coisas e de rigor no uso refletido dos valores semânticos. "A arte de descrever os fatos é a suprema arte em medicina: tudo empalidece diante dela."[19]

Acima de todos esses esforços do pensamento clínico para definir seus métodos e suas normas científicas plana o grande mito de um puro Olhar, que seria pura Linguagem: olho que falaria. Abarcaria a totalidade do campo hospitalar, acolhendo e recolhendo cada um dos acontecimentos singulares que nele se produzem; e à medida que visse, que visse mais e melhor, se faria palavra que enuncia e ensina; a verdade que os acontecimentos, por suas repetições e suas convergências, delineariam sob seu olhar seria, por este olhar e em sua ordem, reservada sob forma de ensino àqueles que não sabem e que ainda não viram. Esse olho que fala seria o servidor das coisas e mestre da verdade.

Compreende-se como, em torno desses temas, determinado esoterismo médico pôde se reconstituir, após o sonho revolucionário de uma ciência e uma prática absolutamente abertas: só se vê, de agora em diante, o visível, porque se conhece a Linguagem; as coisas se oferecem a quem penetrou no mundo fechado das palavras; e se essas palavras se comunicam com as coisas, é porque elas obedecem a uma regra que é intrínseca à sua gramática.

---

18. Cf. *supra*, capítulo VI.
19. Amard, *Association intellectuelle*, Paris, 1821, T. I, p. 64.

Esse novo esoterismo é diferente em sua estrutura, em seu sentido e em seu uso daquele que fazia os médicos de Molière falarem latim: tratava-se apenas, então, de não ser compreendido e de manter, no nível das receitas da linguagem, os privilégios corporativos de uma profissão; agora se procura adquirir um domínio operatório sobre as coisas, por um justo uso sintático e uma difícil familiaridade semântica com a linguagem. A descrição, na medicina clínica, não tem o sentido de colocar o oculto, ou o invisível, ao alcance daqueles que a ele não têm acesso; mas de fazer falar o que todo mundo vê sem vê-lo, e de fazer falar apenas aos iniciados na verdadeira palavra. "Sejam quais forem os preceitos dados sobre matéria tão delicada, esta continuará sempre acima do alcance da multidão."[20] Reencontramos aí, no nível das estruturas teóricas, o tema iniciático, cujo esboço já se encontra nas configurações institucionais da mesma época:[21] estamos no coração da experiência clínica, forma de *manifestação* das coisas em sua verdade, forma de *iniciação* na verdade das coisas; o que Bouillaud enunciará, como evidente banalidade, cerca de 40 anos depois: "A clínica médica pode ser considerada tanto como ciência quanto como modo de ensino da medicina."[22]

* * *

Um olhar que escuta e um olhar que fala: a experiência clínica representa um momento de equilíbrio entre a palavra e o espetáculo. Equilíbrio precário, pois repousa sobre um formidável postulado: que todo o *visível* é *enunciável* e que é *inteiramente* visível porque é integralmente *enunciável*. Mas a reversibilidade sem resíduo do visível no enunciável ficou na clínica mais como exigência e limite do que como um princípio originário. A *descritibilidade* total é um horizonte presente e recuado; sonho de um pensamento, muito mais do que estrutura conceitual de base.

Há, para isso, uma razão histórica simples: é que a lógica de Condillac, que servia de modelo epistemológico para a clí-

---

20. Amard, *Association intelectuelle*, I, p. 65.
21. Cf. *supra*, capítulo V.
22. Bouillaud, *Philosophie médicale*, Paris, 1831, p. 244.

128 O Nascimento da Clínica | Michel Foucault

nica, não permitia uma ciência em que o visível e o dizível fossem tomados em uma adequação total. A filosofia de Condillac foi pouco a pouco deslocada de uma análise da impressão originária para uma lógica operatória dos signos e, em seguida, dessa lógica para a constituição de um saber que seria ao mesmo tempo língua e cálculo: utilizada nesses três níveis e cada vez com sentidos diferentes, a noção de *elemento* assegurava, ao longo dessa reflexão, uma continuidade ambígua, mas sem estrutura lógica definida e coerente; Condillac nunca formulou uma teoria universal do elemento – quer seja esse elemento perceptivo, linguístico ou calculável; ele sempre hesitou entre duas lógicas das operações: a da gênese e a do cálculo. Daí, a dupla definição da análise: reduzir as ideias complexas "às ideias simples de que foram compostas e seguir o progresso de sua geração",[23] e procurar a verdade "por uma espécie de cálculo, quer dizer, compondo e decompondo as noções para compará-las da maneira mais favorável às descobertas que se têm em vista".[24]

Essa ambiguidade pesou sobre o método clínico, mas este se moveu segundo uma inclinação conceitual que é exatamente oposta à evolução de Condillac: inversão termo a termo do ponto de origem e do ponto de conclusão.

Ele desce novamente da exigência do cálculo ao primado da gênese, quer dizer, após ter procurado definir o postulado de adequação do visível ao enunciável por uma calculabilidade *universal* e rigorosa, lhe dá o sentido de uma *descritibilidade* total e exaustiva. A operação essencial não é mais da ordem da combinatória, mas da transcrição sintática. Deste movimento que retoma em sentido inverso toda a *démarche* de Condillac, não há melhor testemunha do que o pensamento de Cabanis, se o compararmos com a análise de Brulley. Este deseja "considerar a certeza como um todo divisível em tantas probabilidades quantas se quiser"; "uma probabilidade é, portanto, um grau, uma parte da certeza de que ela difere como a parte difere do todo";[25] a certeza médica deve, portanto, ser

---

23. Condillac, *Origine des connaissances humaines*, p. 162.
24. *Ibidem*, p. 110.
25. C.-A. Brulley, *Essai sur l'art de conjecturer en médecine*, p. 26-27.

obtida por uma combinatória das probabilidades; após ter dado suas regras, Brulley anuncia que ele não irá mais adiante, devendo um médico mais célebre trazer sobre esse assunto luzes que ele próprio teria dificuldade de fornecer.[26] Segundo toda verossimilhança, é de Cabanis que se trata. Ora, nas *Révolutions de la médecine*, a forma certa da ciência não é definida por um tipo de cálculo, mas por uma organização cujos valores são essencialmente expressivos; não se trata mais de estabelecer um cálculo para ir do provável ao certo, mas de fixar uma sintaxe para ir do elemento percebido à coerência do discurso: "A parte teórica de uma ciência deve, portanto, ser o simples enunciado do encadeamento da classificação e das relações de todos os fatos de que esta ciência se compõe; deve ser, por assim dizer, sua expressão sumária."[27] E se Cabanis dá lugar ao cálculo das probabilidades na edificação da medicina, é apenas a título de elemento, entre outros, na construção total do discurso científico. Brulley procurava se situar no nível da *Langue des calculs*; mesmo que Cabanis cite este último texto, é com o *Essai sur l'origine des connaissances* que seu pensamento se identifica epistemologicamente.

Poder-se-ia pensar – e todos os clínicos dessa geração o fizeram – que as coisas ficariam aí e que nesse nível era possível um equilíbrio sem problema entre as formas de composição do visível e as regras sintáticas do enunciável. Breve período de euforia, idade de ouro sem amanhã em que ver, dizer e ensinar a ver dizendo o que se vê se comunicavam em uma transparência imediata: a experiência era de pleno direito ciência; e o "conhecer" marchava no mesmo ritmo que o "aprender". O olhar lia soberanamente um texto, cuja clara palavra recolhia sem esforço, para restituí-la em um segundo discurso idêntico: dada pelo visível, essa palavra, sem nada mudar, fazia ver. O olhar retomava em seu exercício soberano as estruturas de visibilidade que ele próprio depositara em seu campo de percepção.

---

26. Brulley, *ibidem*.
27. Cabanis, *Coup d'oeil sur les Révolutions et la réforme de la médecine*, Paris, 1804, p. 271.

130   O Nascimento da Clínica | Michel Foucault

Mas essa forma generalizada da transparência deixa opaco o estatuto da linguagem ou, ao menos, do sistema de elementos que deve ser ao mesmo tempo seu fundamento, justificação e instrumento sutil. Tal carência, que é ao mesmo tempo a da Lógica de Condillac, abre caminho para alguns mitos epistemológicos que a mascaram, mas que encaminham a clínica por novos espaços, em que a visibilidade se torna espessa, se perturba, e em que o olhar se choca com massas obscuras, com volumes impenetráveis, com a pedra negra do corpo.

1. *O primeiro desses mitos epistemológicos diz respeito à estrutura alfabética da doença* – No final do século XVIII, o alfabeto aparece para os gramáticos como o esquema ideal da análise e a forma última da decomposição de uma língua; constituía por isso mesmo o caminho de aprendizado dessa língua. Essa imagem alfabética foi transposta sem modificação essencial na definição do olhar clínico. O menor segmento observável, aquele de que é necessário partir e além do qual não se pode remontar, é a impressão singular que se recebe de um doente, ou, antes, de um sintoma em um doente; nada significa em si mesmo; mas tomará sentido e valor, começará a falar, se entrar em composição com outros elementos: "As observações particulares isoladas são para a ciência o que as letras e as palavras são para o discurso; este só se funda com o concurso e a reunião das letras e das palavras, cujo mecanismo e valor é necessário ter estudado e meditado antes de fazer dele um bom e útil emprego; o mesmo se dá com as observações."[28] Essa estrutura alfabética da doença não garante apenas que sempre se possa remontar ao elemento insuperável: assegura também que o número desses elementos será finito e mesmo restrito. O que é diverso e aparentemente infinito não são as impressões primeiras, mas sua combinação no interior de uma única doença: da mesma forma que o pequeno número das "modificações designadas pelos gramáticos com o nome de consoantes" basta para dar "à expressão do sentimento a precisão do pensamento", de maneira idêntica, para os fenômenos patológicos, "a cada caso novo, acreditar-

---

28. F.-J. Double, *Séméiologie générale*, Paris, 1811, T. I, p. 79.

VER, SABER **131**

se-ia que são fatos novos, mas são apenas outras combinações. No estado patológico, só existe um pequeno número de fenômenos principais... A ordem na qual aparecem, sua importância, suas diferentes relações são suficientes para dar nascimento a todas as variedades de doença".[29]

2. *O olhar clínico opera sobre o ser da doença uma redução nominalista* – Compostas de letras, as doenças não têm outra realidade além da ordem de sua composição. Suas variedades remetem, em última análise, a esses poucos indivíduos simples, e tudo o que se pode construir com eles e acima deles não é nada mais do que Nome. E nome em um duplo sentido: no sentido em que usam os nominalistas quando criticam a realidade substancial dos seres abstratos e gerais; e, em outro sentido, mais próximo de uma filosofia da linguagem, desde que a forma de composição do ser da doença é de tipo linguístico. Com relação ao ser individual e concreto, a doença nada mais é do que um nome; em relação aos elementos isolados de que está constituída, tem a arquitetura rigorosa de uma designação verbal. Perguntar o que é a essência de uma doença "é como se alguém perguntasse qual é a natureza da essência de uma palavra".[30] Um homem tosse; cospe sangue; respira com dificuldade; seu pulso é rápido e forte; sua temperatura se eleva: tantas impressões imediatas, tantas letras, por assim dizer. Todas reunidas, formam uma doença, a pleurisia: "Mas o que é, portanto, uma pleurisia?... É o concurso desses acidentes que a constituem. A palavra pleurisia nada faz além de retraçá-los de maneira mais abreviada." A "pleurisia" não leva consigo mais ser do que a própria palavra; "exprime uma abstração do espírito"; mas, como a palavra, é uma estrutura bem definida, uma figura múltipla "na qual todos ou quase todos os acidentes se encontram combinados. Se falta um, ou vários, não é a pleurisia, pelo menos a verdadeira pleurisia".[31] A doença, como o nome, é privada de ser, mas, como a palavra, é dotada de uma configuração. A redução nominalista da existência libera uma verdade constante. É por isso que:

---

29. Cabanis, *Du degré de certitude*, 3ª ed., Paris, 1819, p. 86.
30. *Ibidem*, p. 66.
31. *Ibidem*, p. 66.

132 O Nascimento da Clínica | Michel Foucault

3. *O olhar clínico opera sobre os fenômenos patológicos uma redução de tipo químico* – O olhar dos nosógrafos, até o final do século XVIII, era um olhar de jardineiro; tratava-se de reconhecer, na variedade das aparências, a essência específica. No começo do século XIX, outro modelo se impõe: o da operação química, que, isolando os elementos componentes, permite definir a composição, estabelecer pontos comuns, as semelhanças e as diferenças com os outros conjuntos, e fundar assim uma classificação que não se baseia mais em tipos específicos, mas em formas de relações: "Em lugar de seguir o exemplo dos botânicos, os nosologistas não deveriam antes ter tomado como modelo os sistemas dos químico-mineralogistas, isto é, contentar-se em classificar os elementos das doenças e suas combinações mais frequentes?"[32] A noção de análise, à qual já reconhecemos, aplicada à clínica, um sentido quase linguístico e um sentido quase matemático,[33] vai agora se aproximar de uma significação química: terá por horizonte o isolamento dos corpos puros e a tabulação de suas combinações. Passou-se do tema da combinatória ao da sintaxe e, finalmente, ao da combinação.

E, por reciprocidade, o olhar do clínico se torna o equivalente funcional do fogo das combustões químicas; é por ele que a pureza essencial dos fenômenos pode se desprender: ele é o agente separador das verdades. E da mesma forma que as combustões só dizem seu segredo na vivacidade própria do fogo, e que seria vão interrogar, uma vez extinta a chama, os restos inertes de pó, o *caput mortuum*, é no ato de ver, e na viva clareza que ele difunde sobre os fenômenos, que a verdade se revela: "Não é o resto da combustão mórbida que interessa ao médico saber; é a espécie de combustão."[34] O olhar clínico é um olhar que queima as coisas até sua extrema verdade. A atenção com a qual observa e o movimento pelo qual enuncia são afinal retomados nesse ato paradoxal que consome. A realidade, cujo discurso ele lê espontaneamente para reconsti-

---

32. Demorcy-Delettre, *Essai sur l'analyse appliquée au perfonctionnement de la médecine*, p. 135.
33. Cf. *supra*, capítulo VI.
34. Amard, *Association intellectuelle*, T. II, p. 389.

VER, SABER **133**

tuí-lo, não é tão adequada a si mesma quanto se poderia supor: sua verdade se dá em uma decomposição que é muito mais do que uma leitura, visto que se trata da libertação de uma estrutura implícita. Vê-se, a partir de então, que a clínica não deve mais simplesmente ler o visível; deve descobrir segredos.

4. *A experiência clínica se identifica com uma bela sensibilidade* – O olhar médico não é o de um olho intelectual capaz de perceber, sob os fenômenos, a pureza não modificável das essências. É um olhar da sensibilidade concreta, um olhar que vai de corpo em corpo, cujo trajeto inteiro se situa no espaço da manifestação sensível. Para a clínica, toda verdade é verdade sensível; a "teoria se cala ou desvanece quase sempre no leito dos doentes, para ceder lugar à observação e à experiência; se não é sobre o relato de nossos sentidos, sobre o que se fundam a experiência e a observação? E o que seriam uma e outra sem esses guias fiéis?"[35] E se esse conhecimento, no nível do uso imediato dos sentidos, não é dado de uma só vez, se ele pode adquirir profundidade e domínio, não é por um desnível que lhe permitiria aceder a outra coisa que não ele próprio; é graças a uma soberania interior a seu próprio domínio; ele só se aprofunda no seu nível, que é o da sensorialidade pura; pois o sentido só nasce do sentido. O que é, portanto, "o golpe de vista do médico, que vence muitas vezes a mais vasta erudição e a mais sólida instrução, senão o resultado do frequente, metódico e justo exercício dos sentidos, do que derivam a facilidade na aplicação, a agilidade no relato, a segurança algumas vezes tão rápida no julgamento, que todos os atos parecem simultâneos e cujo conjunto se compreende sob o nome de tato?"[36] Assim, essa sensorialidade do saber, que implica, no entanto, a conjunção de um domínio hospitalar e um domínio pedagógico, a definição de um campo de probabilidade e de uma estrutura linguística do real, se restringe a um elogio da imediata sensibilidade.

Toda a dimensão da análise se desdobra no único nível de uma estética. Mas essa estética não define apenas a forma ori-

---

35. Corvisart, prefácio à tradução de Auenbrugger, *Nouvelle méthode pour reconnaître les maladies internes de la poitrine*, Paris, 1808, p. VII.
36. Corvisart, *ibidem*, p. X.

134 O Nascimento da Clínica | Michel Foucault

ginária de toda verdade; prescreve, ao mesmo tempo, regras de exercício; e se torna, em um segundo nível, estética no sentido em que ela prescreve as normas de uma arte. A *verdade* sensível está agora aberta, mais do que aos sentidos, a uma *bela* sensibilidade. Toda a estrutura complexa da clínica se resume e se realiza na rapidez prestigiosa de uma arte: "Em medicina, tudo ou quase tudo dependendo de um golpe de vista ou de um instinto feliz, as certezas se encontram antes nas próprias sensações do artista do que nos princípios da arte."[37] A armadura técnica do olhar médico se metamorfoseia em conselhos de prudência, de gosto, de habilidade: são necessárias "grande sagacidade", "grande atenção", "grande exatidão", "grande destreza", "grande paciência".[38]

Nesse nível, todas as regras são suspensas, ou melhor, as que constituíam a essência do *olhar* clínico são substituídas, pouco a pouco e em uma desordem aparente, pelas que vão constituir o *golpe de vista*. E elas são muito diferentes. O olhar, com efeito, implica um campo aberto e sua atividade essencial é da ordem sucessiva da leitura: registra e totaliza; reconstitui, pouco a pouco, as organizações imanentes; estende-se em um mundo que já é o mundo da linguagem, e por isso se aparenta espontaneamente com a audição e a palavra; forma como que a articulação privilegiada dos dois aspectos fundamentais do *Dizer* (o que é dito e o que se diz). O golpe de vista não sobrevoa um campo: atinge um ponto, que tem o privilégio de ser o ponto central ou decisivo; o olhar é indefinidamente modulado, o golpe de vista vai direto: escolhe, e a linha que traça sem interrupção opera, em um instante, a divisão do essencial; vai, portanto, além do que vê; as formas imediatas do sensível não o enganam porque sabe atravessá-las; ele é por essência desmistificador. Se atinge algo, em sua retidão violenta, é para quebrar, levantar, retirar a aparência. Não se embaraça com todos os abusos da linguagem. O golpe de vista é mudo como um dedo apontado, e que denuncia. O golpe de vista é da ordem não verbal do *contato*, contato puramente ideal, sem dúvida, porém mais *ferino*, no fundo, porque atra-

---

37. Cabanis, *Du degré de certitude*, 3ª ed., 1819, p. 126.
38. Roucher-Deratte, *Leçons sur l'art d'observer*, Paris, 1807, p. 87-99.

vessa melhor e vai mais longe sob as coisas. O olho clínico descobre um parentesco com um novo sentido que lhe prescreve sua norma e sua estrutura epistemológica; não é mais o ouvido atento para uma linguagem; é o índice que apalpa as profundezas. Daí a metáfora do *tato*, pela qual continuamente os médicos vão definir o que é seu golpe de vista.[39]

E, nessa nova imagem que dá de si mesma, a experiência clínica se arma para explorar um novo espaço: o espaço tangível do corpo, que é ao mesmo tempo essa massa opaca em que se ocultam segredos, invisíveis lesões e o próprio mistério das origens. E a medicina dos sintomas, pouco a pouco, entrará em regressão, para se dissipar, diante da medicina dos órgãos, do foco e das causas, diante de uma clínica inteiramente ordenada pela anatomia patológica. É a idade de Bichat.

---

39. Corvisart, texto citado *supra*, p. 133.

Capítulo VIII

ABRAM ALGUNS CADÁVERES

Muito cedo, os historiadores vincularam o novo espírito médico à descoberta da anatomia patológica; ela parecia defini-lo no essencial, fundá-lo e recobri-lo, formar tanto sua mais viva expressão quanto sua mais profunda razão; os métodos da análise, o exame clínico e até a reorganização das escolas e dos hospitais pareciam dela receber sua significação. "Está começando, na França, uma época inteiramente nova para a medicina...; a análise aplicada ao estudo dos fenômenos fisiológicos, um gosto esclarecido pelos escritos da Antiguidade, a união da medicina com a cirurgia, a organização das escolas clínicas operaram essa espantosa revolução caracterizada pelos progressos da anatomia patológica."[1] Esta recebia o curioso privilégio de, no último momento do saber, conferir os primeiros princípios de sua positividade.

Por que essa inversão cronológica? Por que o tempo teria depositado no final do percurso o que estava contido no começo, abrindo o caminho e já o justificando? Durante 150 anos, repetiu-se a mesma explicação: a medicina só pôde ter acesso ao que a fundava cientificamente contornando, com lentidão e

---

1. P. Rayer, *Sommaire d'une histoire abrégée de l'anatomie pathologique*, Paris, 1818, Introd., p. V.

ABRAM ALGUNS CADÁVERES 137

prudência, um obstáculo maior, aquele que a religião, a moral e obtusos preconceitos opunham à abertura dos cadáveres. A anatomia patológica viveu em penumbra, nos limites do proibido, e graças à coragem dos saberes clandestinos que suportaram a maldição; só se dissecava ao amparo de duvidosos crespúsculos, no grande medo dos mortos: "no fim do dia, quando a noite se aproximava", Valsalva "penetrava furtivamente nos cemitérios para estudar, à vontade, os progressos da vida e da destruição"; viu-se, por sua vez, Morgagni "revistar a tumba dos mortos e introduzir seu escalpelo nos cadáveres roubados do caixão".[2] Em seguida veio o Iluminismo; a morte teve direito à clareza e tornou-se objeto e fonte de saber para o espírito filosófico: "Quando a filosofia introduziu sua luz entre os povos civilizados, foi, enfim, permitido lançar um olhar escrutador aos restos inanimados do corpo humano, e esses despojos, antes miserável presa dos vermes, tornaram-se a fonte fecunda das mais úteis verdades."[3] Bela transmutação do cadáver: um terno respeito o condenava a apodrecer no negro trabalho da destruição; na audácia do gesto que viola apenas para desvelar, o cadáver se torna o mais claro momento das figuras da verdade. O saber tece onde cresce a larva.

Essa reconstituição é historicamente falsa. Morgagni, em meados do século XVIII, não teve dificuldades em fazer autópsias; tampouco Hunter, alguns anos mais tarde; os conflitos narrados por seu biógrafo são ancdóticos e não indicam uma oposição de princípio.[4] Desde 1754, a clínica de Viena tinha uma sala de dissecção, como a de Pávia organizada por Tissot; Desault, no Hôtel-Dieu, pode livremente "demonstrar no corpo privado de vida as alterações que tornaram a arte inútil".[5] Basta lembrar o art. 25 do decreto de Marly: "Ordenamos aos magistrados e diretores dos hospitais que forneçam cadáveres aos professores para as demonstrações de anatomia e o ensi-

---

2. Rostan, *Traité élémentaire de diagnostic, de pronostic, d'indications thérapeutiques*, Paris, 1826, T. I, p. 8.

3. J.-L. Alibert, *Nosologie naturelle*, Paris, 1817, Préliminaire, I, p. LVI.

4. Cf. a história da autópsia do gigante, *in* D. Ottley, Vie de John Hunter, *in Oeuvres complètes de* J. Hunter, trad. fr., Paris, 1839, T. I, p. 126.

5. M.-A. Petit, Eloge de Desault, 1795, *in Médecine du coeur*, p. 108.

no das operações cirúrgicas."[6] Portanto, nenhuma escassez de cadáveres no século XVIII, nem sepulturas violadas ou missas negras anatômicas; está-se em pleno dia da dissecção. Por uma ilusão, frequente no século XIX, e a que Michelet impôs as dimensões do mito, a história prestou ao fim do Antigo Regime as cores da Idade Média em seus últimos anos, confundiu os problemas e debates da *Aufklärung* com os dilaceramentos do Renascimento.

Essa ilusão tem um sentido preciso na história da medicina; funciona como justificação retrospectiva: se as velhas crenças tiveram durante tanto tempo tal poder de proibição, foi porque os médicos deviam sentir, no fundo de seu apetite científico, a necessidade recalcada de abrir cadáveres. Aí está o erro e a razão silenciosa que o fez ser cometido tão frequentemente: a partir do dia em que se admitiu que as lesões explicavam os sintomas e que a anatomia patológica fundava a clínica, foi preciso convocar uma história transfigurada, em que a abertura dos cadáveres, ao menos a título de exigência científica, precedia a observação, finalmente positiva, dos doentes; a necessidade de conhecer o morto já devia existir quando aparecia a preocupação de compreender o vivo. Imaginou-se, portanto, integralmente, uma conjuração negra da dissecção, uma igreja da anatomia militante e sofredora, cujo espírito oculto teria possibilitado a clínica antes mesmo de seu aparecimento, na prática regular, autorizada e diurna da autópsia.

Mas a cronologia não é flexível: Morgagni publica *De sedibus* em 1760 e, por intermédio do *Sepulchretum* de Bonet, situa-se na grande filiação de Valsalva; Lieutaud o resume em 1767. O cadáver faz parte, sem contestação religiosa ou moral, do campo médico. Ora, Bichat e seus contemporâneos, 40 anos depois, têm a sensação de *redescobrir* a anatomia patológica além de uma zona de sombras. Um tempo de latência separa o texto de Morgagni, com a descoberta de Auenbrugger, de sua utilização por Bichat e Corvisart: 40 anos em que se formou o método clínico. É aí, e não nas velhas obsessões, que jaz o recalque: a clínica, olhar neutro sobre as manifestações,

---

6. Cf. Gilibert, *loc. cit.*, p. 100.

frequências e cronologias, preocupada em estabelecer parentesco entre os sintomas e compreender sua linguagem, era, por sua estrutura, estranha a essa investigação dos corpos mudos e atemporais; as causas ou as sedes a deixavam indiferente: história e não geografia. Anatomia e clínica não têm o mesmo espírito: por mais estranho que possa parecer, agora que a coerência anatomoclínica está estabelecida e enraizada no tempo, foi um pensamento clínico que durante 40 anos impediu a medicina de ouvir a lição de Morgagni. O conflito não é entre um saber jovem e velhas crenças, mas entre duas figuras do saber. Para que, do interior da clínica, se esboce e se imponha o apelo da anatomia patológica, será preciso uma mútua reorganização: nesta, o aparecimento de novas linhas geográficas; naquela, um novo modo de ler o tempo. No final dessa litigiosa estruturação, o conhecimento da viva e duvidosa doença poderá se ajustar à branca visibilidade dos mortos.

* * *

Para Bichat, no entanto, retomar Morgagni não significava romper com a experiência clínica que se acabava de adquirir. Ao contrário, a fidelidade ao método dos clínicos continua para ele essencial, como também o cuidado, que partilha com Pinel, de dar fundamento a uma classificação nosológica. O retorno às questões do *De sedibus* se dá, paradoxalmente, a partir de um problema de agrupamento dos sintomas e de ordenaçao das doenças.

Como o *Sepulchretum* e muitos tratados dos séculos XVII e XVIII, as cartas de Morgagni garantiam a especificação das doenças mediante uma repartição local de seus sintomas ou de seu ponto de origem; o princípio diretor da análise nosológica era a dispersão anatômica: o frenesi fazia parte, como a apoplexia, das doenças da cabeça; asma, peripneumonia e hemoptise formavam espécies próximas, por estarem localizadas no peito. O parentesco mórbido se baseava em um princípio de vizinhança orgânica: o espaço que o definia era local. A medicina das classificações e, em seguida, a clínica haviam retirado a análise patológica desse regionalismo e constituído para ela um espaço ao mesmo tempo mais complexo e mais abstrato, que dizia respeito a ordem, sucessões, coincidências e isomorfismos.

140   O Nascimento da Clínica | Michel Foucault

A descoberta principal do *Traité des membranes*, sistematizada em seguida na *Anatomie générale*, é um princípio de decifração do espaço corporal que é, ao mesmo tempo, intraorgânico, interorgânico e transorgânico. O elemento anatômico deixou de definir a forma fundamental da espacialização e de orientar, por uma relação de vizinhança, os caminhos da comunicação fisiológica ou patológica; torna-se apenas uma forma secundária de um espaço primário que o constitui por enrolamento, superposição e espessamento. Esse espaço fundamental é inteiramente definido pela finura do tecido; a *Anatomie générale* enumera 21: celular, nervoso da vida animal, nervoso da vida orgânica, arterial, venoso, dos vasos exalantes, dos absorventes, ósseo, medular, cartilaginoso, fibroso, fibrocartilaginoso, muscular animal, muscular, mucoso, seroso, sinovial, glanduloso, dermoide, epidermoide e piloso. As membranas são individualidades tissulares que, apesar de sua frequente extrema tenuidade, "só se ligam com as partes vizinhas por relações indiretas de organização";[7] um olhar global frequentemente as confunde com o órgão que elas envolvem ou definem; fez-se anatomia do coração sem distinguir o pericárdio, e do pulmão sem isolar a pleura; confundiu-se o peritônio com os órgãos gástricos.[8] Mas pode-se e deve-se fazer a análise desses volumes orgânicos em superfícies tissulares para compreender a complexidade do funcionamento e das alterações: os órgãos vazios são guarnecidos de membranas mucosas, cobertas "de um fluido que umedece sua superfície livre, e que fornecem pequenas glândulas inerentes à sua estrutura"; o pericárdio, a pleura, o peritônio, a aracnoide são membranas serosas "caracterizadas pelo fluido linfático que incessantemente as lubrifica e é separado da massa do sangue por exalação"; o periósteo, a dura-máter, as aponeuroses se formam a partir de membranas "que nenhum fluido umedece" e que "uma fibra branca, análoga aos tendões, compõe".[9]

Partindo unicamente dos tecidos, a natureza trabalha com extrema simplicidade de materiais. Eles são os elementos

---

7. X. Bichat, *Traité des membranes*, ed. de 1827, com notas de Magendie, p. 6.
8. *Ibidem*, p. 1.
9. *Ibidem*, p. 6-8.

dos órgãos, mas os atravessam, aparentam e, acima deles, constituem vastos "sistemas" em que o corpo humano encontra as formas concretas de sua unidade. Haverá tanto sistemas quanto tecidos: neles, a individualidade complexa, inesgotável, dos órgãos se dissolve e, imediatamente, se simplifica. Assim, a natureza se mostra "inteiramente uniforme em seus procedimentos, variável apenas em seus resultados, avarenta nos meios que emprega, pródiga nos efeitos que obtém, modificando de mil maneiras alguns princípios gerais".[10] Entre os tecidos e os sistemas, os órgãos aparecem como simples dobras funcionais, inteiramente relativos, em seu papel e seus distúrbios, aos elementos de que são constituídos e aos conjuntos a que pertencem. É preciso analisar sua espessura e projetá-la em duas superfícies: a superfície particular de suas membranas, e a geral, dos sistemas. E o princípio de diversificação segundo os órgãos, que orientava a anatomia de Morgagni e seus predecessores, Bichat substitui por um princípio de isomorfismo dos tecidos, fundado na "identidade simultânea da conformação exterior, da estrutura, das propriedades vitais e das funções.[11]

Duas percepções estruturalmente muito diferentes: Morgagni deseja perceber, sob a superfície corporal, as espessuras dos órgãos cujas figuras variadas especificam a doença; Bichat deseja reduzir os volumes orgânicos a grandes superfícies tissulares homogêneas, a regiões de identidade em que as modificações secundárias encontrarão seus parentescos fundamentais. Bichat impõe, no *Traité des membranes*, uma leitura diagonal do corpo, que se faz segundo camadas de semelhanças anatômicas que atravessam os órgãos, os envolvem, dividem, compõem e decompõem, analisam e, ao mesmo tempo, *ligam*. Trata-se de um modo de percepção idêntico ao que a clínica foi buscar na filosofia de Condillac: a descoberta de um elementar que é, ao mesmo tempo, um universal, e uma leitura metódica que, percorrendo as formas da decomposição, descreve as leis da composição. Bichat é estritamente um analista: a redução do *volume* orgânico ao espaço tissular

---

10. *Ibidem*, p. 2.
11. *Ibidem*, p. 5.

142 O Nascimento da Clínica | Michel Foucault

é, provavelmente, de todas as aplicações da Análise, a mais próxima de seu modelo matemático. O olho de Bichat é um olho de clínico, porque concede um absoluto privilégio epistemológico ao *olhar de superfície*.

* * *

O prestígio rapidamente adquirido pelo *Traité des membranes* se deve, paradoxalmente, ao que, no essencial, o separa de Morgagni e o situa diretamente na linha da análise clínica: análise a que confere, no entanto, maior peso de sentido.

O olhar de Bichat é de superfície não exatamente no sentido em que a experiência clínica o era. A região tissular não é mais o quadro taxonômico em que os acontecimentos patológicos oferecidos à percepção vêm se situar; é um segmento de espaço perceptível, a que os fenômenos da doença podem ser relacionados. Graças a Bichat, a superficialidade se incorpora, a partir de então, às superfícies reais das membranas. As camadas tissulares formam o correlato perceptivo desse olhar de superfície que definia a clínica. A superfície, estrutura do observador, tornou-se figura do observado, por um deslocamento realista em que o positivismo médico vai encontrar sua origem.

Daí o aspecto que a anatomia patológica tomou em seu início: o de um fundamento enfim objetivo, real e indubitável de uma descrição das doenças: "Uma nosografia fundada na afecção dos órgãos será necessariamente invariável."[12]

A análise tissular permite com efeito estabelecer, acima das repartições geográficas de Morgagni, formas patológicas gerais; através do espaço orgânico se delineiam grandes famílias de doenças, tendo os mesmos sintomas principais e o mesmo tipo de evolução. Todas as inflamações das membranas serosas se reconhecem por seu espessamento, pelo desaparecimento de sua transparência, por sua cor esbranquiçada, por suas alterações granulosas e pelas aderências que elas formam com os tecidos adjacentes. E, da mesma forma que as nosologias tradicionais começavam por uma definição das classes mais gerais, a anatomia patológica começará

---

12. *Anatomie pathologique*, Paris, 1825, p. 3.

por "uma história das alterações comuns a cada sistema", sejam quais forem o órgão ou a região afetados.[13] Será preciso, em seguida, restituir, no interior de cada sistema, o aspecto que tomam, segundo o tecido, os fenômenos patológicos. A inflamação, que tem a mesma estrutura em todas as membranas serosas, não as ataca com a mesma facilidade, nem nelas se desenvolve com a mesma velocidade: por ordem decrescente de suscetibilidade, têm-se a pleura, o peritônio, o pericárdio, a túnica vaginal e, finalmente, a aracnoide.[14] A presença de tecidos da mesma textura através do organismo permite ler, de doença em doença, semelhanças, parentescos, todo um sistema de comunicações, em suma, que está inscrito na configuração profunda do corpo. Essa configuração não local é resultante de um encaixe de generalidades concretas, de todo um sistema organizado de implicações. Tem, no fundo, a mesma estrutura lógica que o pensamento nosológico. E, além da clínica, de onde parte e que deseja fundar, Bichat reencontra não a geometria dos órgãos, mas a ordem das classificações. A anatomia patológica foi *ordinal* antes de ser *localizadora*.

Dava, no entanto, à Análise um valor novo e decisivo, mostrando, ao contrário dos clínicos, que a doença não é o objeto passivo e confuso, a que só é preciso aplicá-la, na medida em que ela já é, por si mesma, o sujeito ativo que a exerce impiedosamente sobre o organismo. Se a doença é analisável, é porque ela própria é análise; e a decomposição ideológica é apenas a repetição, na consciência do médico, da que castiga o corpo do doente. Embora Van Horne, na segunda metade do século XVII, as tenha distinguido, muitos autores, como Lieutaud, confundiam ainda a aracnoide e a pia-máter. A alteração as separa claramente; sob o efeito da inflamação, a pia-máter torna-se vermelha, mostrando ser inteiramente composta de vasos; é, então, mais dura e mais seca; a aracnoide torna-se de um branco mais denso e se cobre de uma exsudação viscosa; só ela pode contrair hidropisias.[15] Na totalidade orgânica do pulmão, a pleurisia só ataca a pleura; a peripneumonia, o

---

13. *Anatomie générale*, Paris, 1801, T. I. Prefácio, p. XCVII.
14. *Anatomie pathologique*, p. 39.
15. *Traité des membranes*, p. 213-264.

144 O Nascimento da Clínica | Michel Foucault

parênquima; as tosses catarrais, as membranas mucosas.[16] Dupuytren mostrou que o efeito das ligaduras não é homogêneo em toda a espessura do canal arterial: quando se comprimem, as túnicas médias e internas cedem e se dividem; a túnica celulosa é a única que resiste, embora seja a mais exterior, porque sua estrutura é mais compacta.[17] O princípio da homogeneidade tissular, que assegura os tipos patológicos gerais, tem como correlato um princípio de divisão real dos órgãos, sob o efeito das alterações mórbidas.

A anatomia de Bichat faz muito mais do que dar um campo de aplicação objetivo aos métodos da análise; ele a transforma em um momento essencial do processo patológico; realiza-a no interior da doença, na trama de sua história. Em certo sentido, nada está mais longe do nominalismo implícito do método clínico, em que a análise se apoiava, senão em palavras, ao menos em segmentos de percepção sempre suscetíveis de serem transcritos em uma linguagem; trata-se agora de uma análise que diz respeito a uma série de fenômenos reais, atuando de maneira a dissociar a complexidade funcional em simplicidades anatômicas; ela libera elementos que não são menos reais e concretos por terem sido isolados por *abstração*; descobre o pericárdio no coração, a aracnoide no cérebro e as mucosas no aparelho intestinal. A anatomia só pôde tornar-se patológica na medida em que o patológico anatomiza espontaneamente. A doença, autópsia na noite do corpo, dissecção no vivo.

O entusiasmo que Bichat e seus discípulos logo sentiram com a descoberta da anatomia patológica adquire, desse modo, sentido: eles não reencontravam Morgagni além de Pinel ou Cabanis; reencontravam a análise no próprio corpo; desvelavam na profundidade das coisas a ordem das superfícies; definiam para as doenças um sistema de *classes analíticas* em que o elemento da decomposição patológica era o princípio de generalização das espécies mórbidas. Passava-se de uma percepção analítica a uma percepção das análises reais. E, muito

---

16. *Anatomie pathologique*, p. 12.
17. *Apud* Lallemand, *Recherches anatomo-pathologiques sur l'encéphale*, Paris, 1820, T. I, p. 88.

naturalmente, Bichat viu em sua descoberta um acontecimento simétrico à descoberta de Lavoisier: "A química possui corpos simples que formam corpos compostos pelas diversas combinações de que são suscetíveis... Da mesma forma, a anatomia tem tecidos que..., por combinações, formam os órgãos."[18] O método da nova anatomia é, como o da clínica, a análise: mas uma análise separada de seu suporte linguístico, definindo mais a divisibilidade espacial das coisas do que a sintaxe verbal dos acontecimentos e dos fenômenos.

Daí a paradoxal reativação do pensamento classificatório, no início do século XIX. Em vez de dissipar o velho projeto nosológico, a anatomia patológica, que o superaria alguns anos depois, lhe dá novo vigor, na medida em que parece trazer-lhe sólido fundamento: a análise real por superfícies perceptíveis.

As pessoas espantam-se frequentemente com o fato de Bichat ter citado um texto de Pinel, no princípio de sua descoberta – Pinel que, até o fim da vida, permaneceria surdo às lições essenciais da anatomia patológica. Na primeira edição da *Nosographie*, Bichat tinha podido ler esta frase que foi para ele como que uma revelação: "Que importa que a aracnoide, a pleura e o peritônio se situem em diferentes regiões do corpo, se suas membranas têm uma conformidade geral de estrutura? Não sofrem lesões análogas no estado de flegmasia?"[19] Essa era, com efeito, uma das primeiras definições do princípio de analogia aplicado à patologia tissular; mas a dívida de Bichat para com Pinel é ainda maior, pois ele encontrava formulados, embora não preenchidos na *Nosographie*, os requisitos a que esse princípio de isomorfismo devia responder: uma análise, de valor classificatório, que permitisse uma ordenação geral do quadro nosológico. Na ordenação das doenças, Bichat situa, primeiramente, as "alterações comuns a cada sistema", quaisquer que sejam o órgão ou a região afetados; mas ele só concede essa forma geral às inflamações e aos cirros; as outras alterações são regionais e devem ser estudadas órgão por órgão.[20] A localização orgânica só intervém, como método

---

18. *Anatomie générale*, T. I, p. LXXIX.
19. Pinel, *Nosographie philosophique*, I, p. XXVIII.
20. *Anatomie générale*, T. I, p. XCVII-XCVIII.

146 O Nascimento da Clínica | Michel Foucault

resitual, onde a regra do insomorfismo tissular não pode atuar; Morgagni só é reutilizado por falta de uma leitura mais adequada dos fenômenos patológicos. Laënnec pensa que, com o tempo, esta melhor leitura se tornará possível: "Poder-se-á um dia provar que quase toda as formas de lesão podem existir em todas as partes do corpo humano e que só apresentam ligeiras modificações em cada uma delas."[21] O próprio Bichat não teve, talvez, bastante confiança em sua descoberta, destinada, entretanto, a "mudar a face da anatomia patológica"; concedeu, pensa Laënnec, um lugar bastante importante à geografia dos órgãos, a que é suficiente recorrer para analisar as perturbações de forma e posição (luxações, hérnias) e as perturbações da nutrição, as atrofias e hipertrofias; talvez um dia, as hipertrofias do coração e do encéfalo poderão ser consideradas da mesma família. Em compensação, Laënnec analisa, sem limites regionais, os corpos estranhos e, sobretudo, as alterações de textura que têm a mesma tipologia em todos os conjuntos tissulares: são sempre soluções de continuidade (chagas, fraturas), acúmulo ou extravasamento de líquidos naturais (tumores gordurosos ou apoplexia), inflamações como a pneumonia ou a gastrite, ou, finalmente, desenvolvimentos acidentais de tecidos que não existiam antes da doença. É o caso dos cirros e dos tubérculos.[22] Na época de Laënnec, Alibert procura estabelecer uma nomenclatura médica tendo por base o modelo dos químicos: as terminações em *ose* designam formas gerais de alteração (gastroses, leucoses, enteroses); as em *ite* designam irritações dos tecidos; as em *rea*, os derrames etc. E, nesse projeto de fixar um vocabulário meticuloso e analítico, ele confunde, sem escândalo (porque ainda era conceitualmente possível) os temas de uma nosologia de tipo botânico, os da localização à maneira de Morgagni, os da descrição clínica e os da anatomia patológica: "Sirvo-me do método dos botânicos já proposto por Sauvages... que consiste em aproximar objetos que têm afinidade e separar os que não têm analogia alguma. Para conseguir essa classificação filosófica, para lhe dar bases fixas e invariáveis,

---

21. R. Laënnec, *Dictionnaire des sciences médicales*, artigo "Anatomie pathologique", II, p. 49.
22. *Ibidem*, p. 450-452.

ABRAM ALGUNS CADÁVERES **147**

agrupei as doenças segundo os órgãos que são sua sede especial. Ver-se-á que era o único meio de encontrar as características que têm mais valor para o médico clínico."[23]

* * *

Mas como é possível ajustar a percepção anatômica à leitura dos sintomas? Como poderia um conjunto simultâneo de fenômenos espaciais fundar a coerência de uma série temporal que lhe é, por definição, inteiramente anterior? De Sauvages a Double, a própria ideia de um fundamento anatômico da patologia teve adversários, estando todos convencidos de que as lesões visíveis do cadáver não podiam designar a essência da doença, que era invisível. Como distinguir, em um conjunto complexo de lesões, a *ordem essencial* da *série dos efeitos*? As aderências do pulmão, no corpo de um pleurítico, constituem um dos fenômenos da própria doença ou uma consequência mecânica da irritação?[24] Mesma dificuldade em situar o *primitivo* e o *derivado*: em um cirro do piloro, encontram-se os elementos cirrosos no epíploo e no mesentério; onde situar o fato patológico principal? Finalmente, os signos anatômicos indicam mal a intensidade do processo mórbido: existem alterações orgânicas muito fortes que só acarretam ligeiros desarranjos na economia; mas não se poderia supor que um minúsculo tumor do cérebro pudesse acarretar a morte.[25] Relatando apenas o visível, e na forma simples, final e abstrata de sua coexistência espacial, a anatomia não pode dizer o que é encadeamento, processo e texto legível na ordem do tempo. Uma clínica dos sintomas procura o corpo vivo da doença; a anatomia só lhe oferece o cadáver.

Cadáver duplamente enganador, pois aos fenômenos que a morte interrompe acrescentam-se os que ela provoca e deposita nos órgãos em um tempo que lhe é próprio. Existem, bem entendido, os fenômenos de decomposição, difíceis de dissociar dos que pertencem ao quadro clínico da gangrena ou da

---

23. J.-L. Alibert, *Nosologie naturelle*, Paris, 1817, advertência, p. II. Cf. outras classificações fundadas na anatomia patológica em Marandel, *Essai sur les irritations*, Paris, 1807, ou em Andral.

24. F.-J. Double, *Séméiologie générale*, T. I, p. 56-57.

25. *Ibidem*, p. 64-67.

148   O Nascimento da Clínica | Michel Foucault

febre pútrida; existem, em compensação, fenômenos de recesso ou de desaparecimento: o rubor das irritações desaparece rapidamente depois da parada da circulação; essa interrupção dos movimentos naturais (pulsação do coração, derrame da linfa, respiração) determina efeitos que não são fáceis de separar dos elementos mórbidos: o ingurgitamento do cérebro e o rápido amolecimento que se segue são o efeito de uma congestão patológica ou de uma circulação interrompida pela morte? Enfim, talvez seja preciso levar em consideração o que Hunter chamou "estímulo da morte", que, sem pertencer à doença, de que entretanto depende, precipita o término da vida.[26] Em todo caso, os fenômenos de esgotamento que se produzem ao término de uma doença crônica (flacidez muscular, diminuição da sensibilidade e da condutibilidade) dizem mais respeito a uma certa relação da vida com a morte do que a uma estrutura patológica definida.

Duas séries de questões se colocam a uma anatomia patológica que quer fundar uma nosologia: uma, concernindo à articulação de um conjunto temporal de sintomas com uma coexistência espacial de tecidos; a outra, concernindo à morte e à definição rigorosa de sua relação com a vida e a doença. Em seu esforço para resolver esses problemas, a anatomia de Bichat faz todas as suas significações primitivas oscilarem.

* * *

Para contornar a primeira série de objeções, pareceu não ser preciso modificar a estrutura do olhar clínico: não basta olhar os mortos como se olham os vivos? E aplicar aos cadáveres o princípio diacrítico da observação médica: *só existe fato patológico comparado.*

Aplicando esse princípio, Bichat e seus sucessores reencontraram não somente Cabanis e Pinel, mas também Morgagni, Bonet e Valsalva. Os primeiros anatomistas sabiam que era preciso estar "habituado à dissecção dos corpos sadios" para decifrar uma doença em um cadáver: de que modo, então, distinguir uma doença intestinal das "concreções poliposas" que a morte produz ou que, às vezes, as mudanças de

---

26. J. Hunter, *Oeuvres complètes*, Paris, 1839, T. I, p. 262.

ABRAM ALGUNS CADÁVERES **149**

estação ocasionam aos sadios?[27] É preciso, também, comparar os indivíduos que morreram da mesma doença, admitindo o velho princípio que o *Sepulchretum* já formulava; as alterações encontradas em todos os corpos definem, senão a causa, ao menos a sede da doença e, talvez, sua natureza; as que diferem de uma autópsia a outra são da ordem do efeito, da simpatia ou da complicação.[28] Confrontação, enfim, entre o que se vê de um órgão alterado e o que se sabe de seu funcionamento normal: é preciso "constantemente comparar esses fenômenos sensíveis e próprios à vida sadia de cada órgão com os desregramentos que cada um deles apresenta em sua lesão".[29]

Mas o específico da experiência anatomoclínica é ter aplicado o princípio diacrítico a uma dimensão muito mais complexa e problemática: aquela em que se articulam as formas reconhecíveis da história patológica e os elementos visíveis que aparecem quando ela acaba. Corvisart sonha substituir o velho tratado de 1760 por um texto, livro primeiro e absoluto da anatomia patológica, que teria como título: *De sedibus et causis morborum per signa diagnostica investigatis et per anatomen confirmatis.*[30] E essa coerência anatomoclínica, que Corvisart percebe como uma confirmação da nosologia pela autópsia, Laënnec a define em direção inversa, uma volta da lesão aos sintomas que ela provocou: "A anatomia patológica é uma ciência que tem por objetivo o conhecimento das alterações visíveis que o estado de doença produz nos órgãos do corpo humano. A abertura dos cadáveres é o meio de adquirir esse conhecimento; mas para que ela adquira uma utilidade direta... é preciso acrescentar-lhe a observação dos sintomas ou das alterações de funções, que coincidem com cada espécie de alterações de órgãos."[31] É preciso, portanto, que o olhar

---

27. Morgagni, Recherches anatomiques, ed. da *Encyclopédie des sciences médicales*, 7ª seção, T. VII, p. 17.
28. Th. Bonet, *Sepulchretum*, Prefácio; este princípio é lembrado por Morgagni, *ibidem*, p. 18.
29. Corvisart, *Essai sur les maladies et les lésions organiques, du coeur et des gros vaisseaux*, 3ª ed., Paris, 1818, Discurso preliminar, p. XII.
30. Corvisart, *loc. cit.*, p. V.
31. Laënnec, artigo "Anatomie pathologique", *Dictionnaire des sciences médicales*, T. II, p. 47.

médico percorra um caminho que até então não lhe tinha sido aberto: via vertical, que vai da superfície sintomática à superfície tissular, via em profundidade que, do manifesto, penetra na direção do oculto, via que é preciso percorrer em ambos os sentidos e continuamente, para definir a rede das necessidades essenciais entre os dois termos. O olhar médico que, como vimos, atingia regiões de duas dimensões dos tecidos e dos sintomas deverá, para ajustá-los, se deslocar ao longo de uma terceira dimensão. Assim será definido o volume anatomoclínico.

O olhar penetra no espaço que ele estabeleceu como objetivo percorrer. A leitura clínica, em sua primeira forma, implicava um sujeito exterior e decifrador que, a partir e além do que soletrava, ordenava e definia parentescos. Na experiência anatomoclínica, o olho médico deve ver o mal se expor e dispor diante dele à medida que penetra no corpo, avança por entre seus volumes, contorna ou levanta as massas e desce em sua profundidade. A doença não é mais um feixe de características disseminadas pela superfície do corpo e ligadas entre si por concomitâncias e sucessões estatísticas observáveis; é um conjunto de formas e deformações, figuras, acidentes, elementos deslocados, destruídos ou modificados que se encadeiam uns com os outros, segundo uma geografia que se pode seguir passo a passo. Não é mais uma espécie patológica inserindo-se no corpo, onde é possível; é o próprio corpo tornando-se doente.

Em uma primeira aproximação, poder-se-ia acreditar que só se trata de uma redução da distância entre o sujeito cognoscente e o objeto de conhecimento. O médico dos séculos XVII e XVIII não permanecia "a distância" do doente? Não o olhava de longe, observando apenas as marcas superficiais e imediatamente visíveis, espreitando os fenômenos, sem contato, apalpamento ou auscultação, adivinhando o interior unicamente pelas notações externas? A mudança no saber médico, no final do século XVIII, não provém, essencialmente, do fato de que o médico se aproximou do doente, estendeu os dedos e aplicou o ouvido; que, mudando de escala, ele percebeu o que havia logo atrás da superfície visível, sendo assim, pouco a pouco, levando a "passar para o outro lado" e a descobrir a doença na profundidade secreta do corpo?

Essa é uma interpretação mínima da mudança. Mas sua discrição teórica não deve enganar. Ela traz consigo vários requisitos ou referências que permanecem muito pouco elaboradas: progresso da observação, cuidado em desenvolver e ampliar a experiência, fidelidade cada vez maior ao que os dados sensíveis podem revelar, abandono dos sistemas e teorias em proveito de um empirismo mais científico. E, por trás de tudo isso, supõe-se que o sujeito e o objeto de conhecimento permanecem o que são: sua maior proximidade e seu melhor ajustamento permitiram unicamente que o objeto revelasse com maior clareza ou detalhe seus segredos, e que o sujeito se desfizesse das ilusões que são obstáculos à verdade. Constituídos de uma vez por todas e definitivamente colocados frente a frente, eles só podem, durante alguma transformação histórica, se aproximar, reduzir a distância, abolir os obstáculos que os separam e encontrar a forma de um ajustamento recíproco.

Mas isso é, sem dúvida, projetar na história uma velha teoria do conhecimento de que se conhecem, há muito tempo, os efeitos e os malefícios. Uma análise histórica um pouco precisa revela, além desses julgamentos, um princípio de transformação inteiramente diferente: ele diz, solidariamente, respeito ao tipo de objetos a conhecer, ao esquadrinhamento que o faz aparecer, o isola e recorta os elementos pertinentes para um saber possível, à posição que o sujeito deve ocupar para de marcá-lo, às medições instrumentais que lhe permitem dele se apoderar, às modalidades de registro e memória que deve pôr em ação e às formas de conceituação que deve praticar e que o qualificam como sujeito de um conhecimento legítimo. O que se modifica, fazendo surgir a medicina anatomoclínica, não é, portanto, a simples superfície de contato entre o sujeito cognoscente e o objeto conhecido; é a disposição mais geral do saber que determina as posições recíprocas e o jogo mútuo daquele que deve conhecer e daquilo que é cognoscível. O acesso do olhar médico ao interior do corpo doente não é a continuação de um movimento de aproximação que teria se desenvolvido, mais ou menos regularmente, a partir do dia em que o olhar, que começava a ser científico, do primeiro médico se dirigiu, de longe, ao corpo do primeiro paciente; é o resultado de uma reformulação no nível do próprio saber e não no ní-

152 O Nascimento da Clínica | Michel Foucault

vel dos conhecimentos acumulados, afinados, aprofundados, ajustados.

A prova de que se trata de um acontecimento que atinge a disposição do saber é que os conhecimentos na medicina anatomoclínica não se formam do mesmo modo e segundo as mesmas regras que na pura e simples clínica. Não se trata de um mesmo jogo, um pouco mais aperfeiçoado, mas de outro. Eis algumas dessas novas regras.

A anatomoclínica substitui o método das identidades sintomáticas por uma análise que se poderia denominar em *tabuleiro* ou em *extratos*. As repetições manifestas deixam, frequentemente, misturadas formas mórbidas de que só a anatomia pode mostrar a diversidade. A sensação de asfixia, as palpitações súbitas, sobretudo depois de um esforço, a respiração curta e incômoda, o súbito despertar, uma palidez caquética, um sentimento de pressão ou de constrição na região precordial, de peso e torpor no braço esquerdo significam, globalmente, doenças do coração, em que só a anatomia pode distinguir a pericardite (que atinge os invólucros membranosos), o aneurisma (afetando a substância muscular), as contrações e os endurecimentos (em que o coração é afetado em suas partes tendinosas ou fibrosas).[32] A coincidência ou, ao menos, a sucessão regular do catarro e da tísica não provam sua identidade, apesar dos nosógrafos, pois a autópsia mostra, em um caso, que a membrana mucosa foi atingida e, no outro, uma alteração do parênquima, que pode chegar até a ulceração.[33] Mas, inversamente, é preciso reunir como pertencendo à mesma célula local a tuberculose e a hemoptise, entre as quais uma sintomatologia como a de Sauvages não encontrava um liame de frequência suficiente para reuni-las. A coincidência, que define a identidade patológica, só terá valor para uma percepção separada localmente.

Isso quer dizer que a experiência médica vai substituir *o registro das frequências* pela *demarcação do ponto fixo*. O curso sintomático da tísica pulmonar apresenta: tosse, dificuldade de respirar, marasmo, febre héctica e, às vezes, expectorações

---

32. Corvisart, *loc. cit.*
33. G.-L. Bayle, *Recherches sur la phthisie pulmonaire*, Paris, 1810.

purulentas; mas nenhuma dessas modificações visíveis é absolutamente indispensável (existem tuberculosos que não tossem); e a ordem de entrada em cena não é rigorosa (a febre pode aparecer logo ou só se desencadear no término da evolução). Um único fenômeno é constante, condição necessária e suficiente para que haja tísica: a lesão do parênquima pulmonar que, na autópsia, "se revela mais ou menos coberto de focos purulentos. Em certos casos, eles são tão numerosos que o pulmão não parece ser nada mais do que um tecido alveolar que os contém. Esses focos são atravessados por grande número de bridas; nas partes vizinhas se encontra um endurecimento mais ou menos grande".[34] Acima desse ponto fixo, os sintomas se deslocam e desaparecem; o índice de probabilidade de que a clínica os afetava se apaga em proveito de uma única implicação necessária que é de ordem não da frequência temporal, mas da constância local: "É preciso olhar como tísicos os indivíduos que não têm febre, magreza ou expectoração purulenta; basta que os pulmões sejam afetados por uma lesão que tende a desorganizá-los e a ulcerá-los; a tísica é a própria lesão."[35]

Ligada a esse ponto fixo, a *série cronológica* dos sintomas se regula, sob a forma de fenômenos secundários, pela *ramificação do espaço lesional* e pela necessidade que lhe é própria. Estudando o desenrolar "bizarro e inexplicável" de certas febres, Petit confronta sistematicamente os quadros de observação obtidos no curso da doença e o resultado das autópsias: a sucessão de signos intestinais, gástricos, febris, glandulares e até encefálicos deve ser primitivamente vinculada, em sua totalidade, a "alterações perfeitamente semelhantes do tubo intestinal". Trata-se sempre da região da válvula ileocecal; esta é coberta de manchas vinosas, encalombadas do lado interno; e as glândulas do segmento mesentérico que lhe correspondem são inchadas, de um vermelho escuro e azulado, profundamente injetadas e ingurgitadas. Se a doença durou muito tempo, há ulceração e destruição do tecido intestinal. Pode-se, portanto, admitir que se está diante de uma ação de-

---

34. X. Bichat, *Anatomie pathologique*, p. 174.
35. G.-L. Bayle, *loc. cit.*, p. 8-9.

letéria sobre o tubo digestivo, cujas funções são as primeiras que se alteram; esse agente é "transmitido por absorção às glândulas do mesentério, ao sistema linfático" (de onde o distúrbio vegetativo), em seguida "à universalidade do sistema" e particularmente a seus elementos encefálicos e nervosos, o que explica a sonolência, o torpor das funções sensoriais, o delírio e as fases de estado comatoso.[36] A sucessão das formas e dos sintomas aparece, então, como a simples imagem cronológica de uma rede mais complexa: uma ramificação espaciotemporal a partir de um ataque primitivo e por toda a vida orgânica.

A análise da percepção anatomoclínica desvela três referências – localização, foco e primitividade – que modificam a leitura essencialmente temporal da clínica. O esquadrinhamento orgânico que permite determinar pontos fixos mas arborescentes não abole a densidade da história patológica em proveito da pura superfície anatômica; ela a introduz no volume especificado do corpo, fazendo coincidir, pela primeira vez no pensamento médico, o tempo mórbido e o percurso demarcável das massas orgânicas. Nesse ponto, mas apenas nesse, a anatomia patológica reencontra os temas de Morgagni, e, além dele, de Bonet: um espaço orgânico autônomo com dimensões, caminhos e articulações próprias vem duplicar o espaço natural ou significativo da nosologia, exigindo que este lhe seja, no essencial, relacionado. Nascida da preocupação clínica de definir as *estruturas do parentesco patológico* (cf. o *Traité des membranes*), a nova percepção médica tem, finalmente, como objetivo demarcar as *figuras da localização* (cf. as pesquisas de Corvisart ou de G.-L. Bayle). A noção de *sede* substitui, definitivamente, a de *classe:* "Que é a observação", perguntava Bichat, "se a sede do mal é ignorada?"[37] E Bouillaud devia responder: "Se existe um axioma em medicina, é a proposição de que não há doença sem sede. Caso se admita a opinião contrária, seria preciso admitir, também, que existem funções sem órgãos, o que é um evidente absurdo. A determinação da sede das doen-

---

36. M.-A. Petit, *Traité de la fièvre entéro-mésentérique*, Paris, 1813, sobretudo p. XIX, XXX e 132-141.
37. X. Bichat, *Anatomie générale*, T. I, p. XCIX.

ças, ou sua localização, é uma das mais belas conquistas da medicina moderna."[38] A análise tissular, que era originariamente genérica, tomou rapidamente o valor de uma regra de localização.

Morgagni, entretanto, não foi reencontrado sem uma modificação importante. Ele tinha associado a noção de sede patológica à de causa: *De sedibus et causis...*; na nova anatomia patológica, a determinação da sede não significa um assinalamento de causalidade: encontrar lesões ileocecais nas febres adinâmicas não é enunciar a causa determinante; Petit pensará em um "agente deletério", Broussais em uma irritação. Pouco importa: localizar é somente fixar um ponto de partida espacial e temporal. Para Morgagni, a sede era o ponto de inserção, no organismo, da cadeia das causalidades, identificando-se com o último elo. Com Bichat e seus sucessores, a noção de sede se libertou da problemática causal (nisto eles são herdeiros dos clínicos) e se voltou mais para o futuro da doença do que para seu passado; a sede é o ponto a partir do qual a organização patológica se irradia. Não *causa última*, mas *foco primitivo*. É nesse sentido que a fixação em um cadáver de um segmento de espaço imóvel pode resolver os problemas colocados pelos desenvolvimentos temporais de uma doença.

* * *

Para o pensamento médico do século XVIII, a morte era ao mesmo tempo o fato absoluto e o mais relativo dos fenômenos. Era o término da vida como também o da doença, se fosse de sua natureza ser fatal; a partir dela, o limite era atingido, a verdade realizada e, por isso mesmo, superada: na morte, a doença, tendo atingido o final do percurso, calava-se e tornava-se objeto da memória. Mas se os traços da doença atingiam o cadáver, nenhuma evidência podia, então, distinguir absolutamente o que era dela e o que pertencia à morte; seus signos se intercruzavam em indecifrável desordem. De tal modo que a morte era aquilo a partir de que não mais existe nem vida nem doença, mas suas desorganizações eram da mesma natureza que todos os fenômenos mórbidos. A experiência clí-

---

38. Bouillaud, *Philosophie médicale*, p. 259.

nica, em sua primeira forma, não colocava em questão esse conceito ambíguo de morte.

Técnica do cadáver, a anatomia patológica deve dar a essa noção um estatuto mais rigoroso, isto é, mais instrumental. Esse domínio conceitual da morte pôde, a princípio, ser realizado, em um nível muito elementar, pela organização das clínicas. A possibilidade de abrir imediatamente os corpos, diminuindo o mais possível o tempo de latência entre o falecimento e a autópsia, permitiu fazer coincidir, ou quase, o último momento do tempo patológico e o primeiro do tempo cadavérico. Os efeitos da decomposição orgânica são, pouco a pouco, suprimidos, ao menos em sua forma mais manifesta e perturbadora; de tal modo que o instante do falecimento pode desempenhar o papel de um sinal sem espessura, que reencontra o tempo nosográfico, como o escalpelo, o espaço orgânico. A morte é apenas a linha vertical e absolutamente fina que separa, mas permite aproximar, a série dos sintomas e a das lesões.

Por outro lado, Bichat, retomando diversas indicações de Hunter, procura distinguir dois tipos de fenômenos que a anatomia de Morgagni confundira: as manifestações contemporâneas da doença e as que antecedem a morte. Com efeito, não é necessário que uma alteração remeta à doença e à estrutura patológica; pode remeter a um processo diferente, em parte autônomo e em parte dependente, que anuncia a progressão da morte. A flacidez muscular faz parte, assim, da semiologia de algumas paralisias de origem encefálica, ou de uma afecção vital, como a febre astênica; mas pode-se encontrá-la também em qualquer doença crônica ou mesmo em um episódio agudo, contanto que tenham uma duração bastante longa; há exemplo nas inflamações da aracnoide ou nas últimas fases da tísica. O fenômeno, que não existiria sem a doença, não é entretanto a própria doença: esta aumenta sua duração com uma evolução que não indica uma figura do patológico, mas uma proximidade da morte; ela designa, sob o processo mórbido, o da "mortificação", que lhe é associado mas diferente.

Não faltam, sem dúvida, analogias de conteúdo entre esses fenômenos e os "signos" fatais ou favoráveis, tão frequentemente analisados desde Hipócrates. Em sua função e seu valor semântico, entretanto, são muito diferentes: o signo remetia a um término, antecipando-se ao tempo; e, ou indicava a gravidade essencial da doença, ou sua gravidade acidental (devida a uma complicação ou a um erro terapêutico). Os fenômenos de morte parcial ou progressiva não antecipam futuro algum: mostram um processo em realização; após uma apoplexia, a maior parte das funções animais é naturalmente suspensa, e, por conseguinte, a morte já começou para elas, enquanto as funções orgânicas prosseguem em vida.[39] Além disso, os graus dessa morte instável não seguem apenas nem mesmo muito as formas nosológicas mas, antes, as linhas de facilitação próprias ao organismo; esses processos indicam apenas de modo acessório a fatalidade mortal da doença; falam da permeabilidade da vida à morte: quando um estado patológico se prolonga, os primeiros tecidos atingidos pela mortificação são sempre aqueles em que a nutrição é a mais ativa (as mucosas); em seguida, vem o parênquima dos órgãos e, na última fase, os tendões e as aponeuroses.[40]

A morte é, portanto, múltipla e dispersa no tempo: não é o ponto absoluto e privilegiado a partir de que os tempos se detêm para se inverterem; tem, como a própria doença, uma presença pululante que a análise pode repartir no tempo e no espaço; pouco a pouco, cada um de nós se rompe em vários lugares até que a vida orgânica cesse, ao menos em suas formas principais; pois, muito tempo depois da morte do indivíduo, mortes minúsculas e parciais virão ainda por sua vez dissociar as ilhotas de vida que se obstinam.[41] Na morte natural é a vida animal que se apaga primeiramente: extinção sensorial, em primeiro lugar, entorpecimento do cérebro, enfraquecimento da locomoção, rigidez dos músculos, diminuição de sua contratibilidade, quase-paralisia dos intestinos e, finalmente, imobilização do coração.[42] A esse quadro cronológico das mortes sucessivas é preciso acrescentar o espacial das interações que desencadeiam mortes, de um ponto a outro do organismo; elas têm três centros de transmissão essenciais: coração, pulmões e

---

39. X. Bichat, *Recherches physiologiques sur la vie et la mort*, ed. Magendie, p. 251.
40. X. Bichat, *Anatomie pathologique*, p. 7.
41. X. Bichat, *Recherches physiologiques*, p. 242.
42. *Ibidem*, p. 234, 238.

cérebro. Pode-se estabelecer que a morte do coração não acarreta a do cérebro por via nervosa, mas pela rede arterial (parada do movimento que mantém a vida cerebral) ou pela rede vascular (parada do movimento ou, ao contrário, refluxo do sangue negro que obstrui o cérebro, o comprime e o impede de agir). Pode-se também mostrar como a morte do pulmão acarreta a do coração: ou porque o sangue encontrou, no pulmão, um obstáculo mecânico à circulação, ou porque, com a parada do pulmão, as reações químicas não têm mais alimento e a contração do coração se interrompe.[43]

Os processos da morte, que não se identificam nem com os da vida nem com os da doença, servem, no entanto, para esclarecer os fenômenos orgânicos e seus distúrbios. A morte lenta e natural do velho retoma, em sentido inverso, o desenvolvimento da vida na criança, no embrião e talvez mesmo na planta: "O estado do animal que a morte natural vai destruir se aproxima daquele em que ele se encontrava no seio de sua mãe, como também do estado do vegetal que só vive em seu interior, e para quem toda a natureza está em silêncio."[44] Os invólucros sucessivos da vida se desprendem naturalmente, enunciando sua autonomia e sua verdade naquilo mesmo que os nega. O sistema das dependências funcionais e das interações normais ou patológicas se esclarece, também, pela análise dessas mortes por partes: pode-se reconhecer que, se existe ação direta do pulmão sobre o coração, este sofre apenas indiretamente a influência do cérebro; a apoplexia, a epilepsia, o narcotismo, as comoções cerebrais não provocam nenhuma modificação imediata e correspondente do coração; apenas efeitos secundários poderão se produzir por intermédio da paralisia muscular, da interrupção da respiração e dos distúrbios circulatórios.[45] Fixada, assim, em seus mecanismos próprios, a morte, com sua rede orgânica, não pode mais ser confundida com a doença ou seus traços; pode, ao contrário, servir de ponto de vista sobre o patológico e permitir fixar suas formas ou suas etapas. Estudando as causas da tísica, G.-L. Bayle não mais considera a

---

43. *Ibidem*, p. 253 e 538.
44. *Ibidem*, p. 238.
45. *Ibidem*, p. 480, 500.

morte como um anteparo (funcional e temporal) que a separaria da doença, mas como uma situação experimental espontânea que dá acesso à própria verdade da doença e às suas diferentes classes cronológicas. A morte pode, efetivamente, se produzir ao longo do calendário patológico, pelo efeito da própria doença, por causa de uma afecção acrescentada, ou finalmente em razão de um acidente. Uma vez conhecidos e dominados os fenômenos invariantes e as manifestações variáveis da morte, pode-se reconstituir, graças a essa abertura sobre o tempo, a evolução de toda uma série mórbida. No caso da tísica, são, em primeiro lugar, tubérculos firmes, homogêneos, esbranquiçados; em seguida, formações mais moles comportando, no centro, um núcleo de matéria purulenta que altera sua cor; por último, um estado de supuração que provoca úlceras e uma destruição do parênquima pulmonar.[46] Sistematizando o mesmo método, Laënnec pôde mostrar, contra o próprio Bayle, que a melanose não formava um tipo patológico distinto, mas uma fase possível da evolução. O tempo da morte pode se deslocar ao longo da evolução mórbida; e como essa morte perdeu sua característica opaca, ela se torna, paradoxalmente e por seu efeito de interrupção temporal, o instrumento que permite integrar a duração da doença no espaço imóvel de um corpo recortado.

A vida, a doença e a morte constituem agora uma trindade técnica e conceitual. A velha continuidade das obsessões milenares que colocava, na vida, a ameaça da doença e, na doença, a presença aproximada da morte é rompida: em seu lugar, se articula uma figura triangular, de que o cume superior é definido pela morte. É do alto da morte que se podem ver e analisar as dependências orgânicas e as sequências patológicas. Em lugar de permanecer o que tinha sido durante tanto tempo, noite em que a vida se apaga e em que a própria doença se confunde, ela é dotada, de agora em diante, do grande poder de iluminação que domina e desvela tanto o espaço do organismo quanto o tempo da doença... O privilégio de sua atemporalidade, que é sem dúvida tão velho quanto a consciência de sua iminência, torna-se, pela primeira vez, instru-

---

46. G.-L. Bayle, *Recherches sur la phthisie pulmonaire*, p. 21-24.

mento técnico que permite a apreensão da verdade da vida e da natureza de seu mal. A morte é a grande analista que mostra as conexões, desdobrando-as, e explode as maravilhas da gênese no rigor da decomposição: e é preciso deixar à palavra *decomposição* todos os pesos de seu sentido. A Análise, filosofia dos elementos e de suas leis, encontra na morte o que em vão tinha procurado nas matemáticas, na química e na própria linguagem: um modelo insuperável e prescrito pela natureza; o olhar médico vai, a partir de então, apoiar-se nesse grande exemplo. Não mais o de um olho vivo, mas de um olho que viu a morte. Grande olho branco que desfaz a vida.

Muita coisa poderia ser dita sobre o "vitalismo" de Bichat. É verdade que, procurando delimitar o caráter singular do fenômeno vivo, Bichat vinculava o risco da doença à sua especificidade: um corpo simplesmente físico não pode se desviar de seu tipo natural.[47] Mas isso não impede que a análise da doença só possa se fazer do ponto de vista da morte – dessa morte à qual, por definição, a vida resiste. Bichat relativizou o conceito de morte, fazendo-o decair desse absoluto em que ele aparecia como um acontecimento indivisível, decisivo e irrecuperável: ele o volatizou e repartiu na vida, em forma de mortes por partes, parciais, progressivas e de conclusão lenta, depois da própria morte. Mas ele constituía assim uma estrutura essencial da percepção e do pensamento médico; aquilo a que a vida *se opõe* e *se expõe*; aquilo em relação a que ela é viva *oposição*, portanto, *vida*; e em relação a que ela é analiticamente *exposta*, portanto, *verdadeira*. Magendie e, já antes dele, Buisson iam ao fundo do problema, como biólogos entretanto, quanto criticavam a definição de vida dada no início das *Recherches physiologiques:* "Ideia falsa, pois morrer significa em todas as línguas deixar de viver, e, por conseguinte, a pretensa definição se reduz a este círculo vicioso: a vida é o conjunto das funções que resistem à ausência de vida."[48] Mas Bichat partira de uma experiência básica de anatomopatologista, que ele próprio havia constituído: experiência em que a

---

47. Cf. G. Canguilhem, *La connaissance de la vie*, Paris, 1952, p. 195.
48. F.-R. Buisson, *De la division la plus naturelle des phénomènes physiologiques*, Paris, 1802, p. 57. Cf. também Magendie, n° 1 da p. 2 de sua edição das *Recherches physiologiques*.

ABRAM ALGUNS CADÁVERES **161**

morte era a única possibilidade de dar à vida uma verdade positiva. A irredutibilidade do vivo ao mecânico ou ao químico é secundária com relação ao liame fundamental da vida com a morte. O vitalismo aparece tendo como pano de fundo esse "mortalismo".

A partir do momento, no entanto próximo, em que Cabanis assinalava ao saber sobre a vida a mesma origem e o mesmo fundamento que à própria vida, o caminho percorrido é imenso: "A natureza desejou que a fonte de nossos conhecimentos fosse a mesma que a da vida. É preciso receber impressões para viver; é preciso receber impressões para conhecer; e, como a necessidade de estudar está sempre na razão direta de sua ação sobre nós, nossos meios de instrução são sempre proporcionais às nossas necessidades."[49] Para Cabanis, como para o século XVIII e toda uma tradição já familiar ao Renascimento, o conhecimento da vida se apoiava, de pleno direito, na essência do vivo, por ser também apenas uma de suas manifestações. É por isso que só se procurava pensar na doença a partir do ser vivo ou de seus modelos (mecânicos) e seus constituintes (humorais, químicos); tanto o vitalismo quanto o antivitalismo nascem dessa anterioridade fundamental da vida na experiência da doença. Com Bichat, o conhecimento da vida encontra sua origem na destruição da vida e em seu extremo oposto; é à morte que a doença e a vida dizem sua verdade: verdade específica, irredutível, protegida de todas as as similações ao inorgânico pelo círculo da morte que as designa no que elas são. Cabanis, que fazia a vida penetrar tão longe na profundidade das origens, era naturalmente mais mecânico do que Bichat, que só a pensava em sua relação com a morte. Do início do Renascimento até o final do século XVIII, o saber da verdade fazia parte do círculo da vida que se volta sobre si mesma e se observa; a partir de Bichat, ele é deslocado com relação à vida, e dela é separado pelo intransponível limite da morte, no espelho da qual ele a contempla.

* * *

49. Cabanis, *Du degré de certitude de la médecine*, 3ª ed., Paris, 1819, p. 76-77.

162 O NASCIMENTO DA CLÍNICA | MICHEL FOUCAULT

Realizar tal conversão era, sem dúvida, uma tarefa bem difícil e paradoxal para o olhar médico. Uma inclinação imemorável, tão velha quanto o medo dos homens, dirigia os olhos dos médicos para a eliminação da doença, a cura e a vida: tratava-se somente de restaurá-la. A morte permanecia, às costas do médico, como a grande ameaça sombria em que se aboliam seu saber e sua habilidade; era o risco, não somente da vida e da doença, mas do saber que as interrogava. Com Bichat, o olhar médico gira sobre si mesmo e pede à morte contas da vida e da doença; à sua imobilidade definitiva pede contas de seus tempos e de seus movimentos. Não era preciso que a medicina contornasse seu mais antigo cuidado para ler, naquilo que testemunhava seu fracasso, o que devia fundar sua verdade?

Mas Bichat fez mais do que libertar a medicina do medo da morte; ele integrou a morte em um conjunto técnico e conceitual em que ela adquiriu suas características específicas e seu valor fundamental de experiência. De tal modo que o grande corte na história da medicina ocidental data precisamente do momento em que a experiência clínica tornou-se o olhar anatomoclínico. A *Médecine clinique* de Pinel data de 1802; *Les révolutions de la médecine* aparecem em 1804; as regras da análise parecem triunfar na pura decifração dos conjuntos sintomáticos. Mas, um ano antes, Bichat já as relegava à história: "Durante 20 anos, noite e dia, tomar-se-ão notas, ao leito dos doentes, sobre as afecções do coração, dos pulmões e da víscera gástrica, e o resultado será apenas confusão nos sintomas, que, a nada se vinculando, oferecerão uma série de fenômenos incoerentes. Abram alguns cadáveres: logo verão desaparecer a obscuridade que apenas a observação não pudera dissipar."[50] A noite viva se dissipa na claridade da morte.

---

50. X. Bichat, *Anatomie générale*, Prefácio, p. XCIX.

Capítulo IX

O INVISÍVEL VISÍVEL

Vista da morte, a doença tem uma terra, uma pátria demarcável, um lugar subterrâneo mas sólido, em que se formam seus parentescos e suas consequências; os valores locais definem suas formas. A partir do cadáver, paradoxalmente se percebe a doença viver. Uma vida que não é mais a das velhas simpatias, nem a das leis combinatórias das complicações, mas que tem suas figuras e suas leis próprias.

1. Princípio da comunicação tissular

Roederer e Wagler já haviam definido o *morbus mucosus* como uma inflamação suscetível de atingir as faces interna e externa do tubo alimentar em toda a sua extensão;[1] observação que Bichat generaliza: um fenômeno patológico segue, no organismo, o caminho privilegiado que a identidade tissular prescreve. Cada tipo de membrana tem modalidades patológicas próprias: "Uma vez que as doenças são apenas alterações das propriedades vitais e que cada tecido difere dos outros em relação a essas propriedades, ele deve evidentemente também

---

1. Roederer e Wagler, *Tractatus de morbo mucoso*, Göttingen, 1783.

se diferenciar por suas doenças."[2] A aracnoide pode ser atingida pelas mesmas formas de hidropisia que a pleura do pulmão ou o peritônio, visto que se trata, nos dois casos, de membranas serosas. A rede das simpatias, que estava fixada apenas em semelhanças sem sistema, em constatações empíricas ou em uma determinação conjectural da rede nervosa, baseia-se agora em uma rigorosa analogia de estrutura: quando os invólucros do cérebro estão inflamados, a sensibilidade do olho e da orelha é exacerbada; na operação de hidrocele por injeção, a irritação da túnica vaginal provoca dores na região lombar; uma inflamação da pleura intestinal pode provocar, por uma "simpatia de tonicidade", uma afecção cerebral.[3] A progressão patológica segue agora seus caminhos obrigatórios.

2. Princípio da impermeabilidade tissular

É correlato ao anterior. Estendendo-se por camadas, o processo mórbido segue horizontalmente um tecido sem penetrar verticalmente nos outros. O vômito simpático diz respeito ao tecido fibroso, não à membrana mucosa do estômago; as doenças do periósteo são estranhas ao osso e a pleura permanece intacta quando há catarro nos brônquios. A unidade funcional de um órgão não basta para forçar a comunicação de um fato patológico de um tecido a outro. Na hidrocele, o testículo permanece intacto em meio à inflamação da túnica que o envolve;[4] enquanto as afecções da polpa cerebral são raras, as da aracnoide são frequentes e de tipo muito diferente das que atingem a pia-máter. Cada camada tissular detém e conserva suas características patológicas individuais. A difusão mórbida diz respeito a superfícies isomorfas, e não a vizinhança ou superposição.

3. Princípio da penetração em parafuso

Sem colocá-los em questão, este princípio limita os dois primeiros. Compensa a regra da homologia pelas das influên-

---

2. X. Bichat, *Anatomie générale*, Prefácio, T. I, p. LXXXV.
3. X. Bichat, *Traité des membranes*, ed. Magendie, p. 122-123.
4. *Ibidem*, p. 101.

O Invisível Visível **165**

cias regionais e da impermeabilidade admitindo formas de penetração por camadas. Pode acontecer que uma afecção dure bastante para impregnar os tecidos subjacentes ou vizinhos: é o que se produz nas doenças crônicas como o câncer, em que todos os tecidos de um órgão são sucessivamente atingidos e acabam "confundidos em uma massa comum".[5] Também se produzem passagens menos facilmente assinaláveis: não por impregnação ou contato, mas por um duplo movimento que vai de um tecido a outro e de uma estrutura a um funcionamento; a alteração de uma membrana pode, sem atingir a vizinha, impedir de maneira mais ou menos completa a realização de suas funções: as secreções mucosas do estômago podem ser afetadas pela inflamação de seus tecidos fibrosos, e as funções intelectuais podem ser interrompidas por lesões da aracnoide.[6] As formas de penetração intertissulares podem ser ainda mais complexas: a pericardite, atingindo os invólucros membranosos do coração, provoca um distúrbio de funcionamento que acarreta a hipertrofia do órgão e, por conseguinte, uma modificação de sua substância muscular.[7] A pleurisia, em sua origem, só concerne à pleura do pulmão; mas esta, sob efeito da doença, secreta um líquido albuminoso que, nos casos crônicos, recobre todo o pulmão; este se atrofia, sua atividade diminui até uma parada quase total do funcionamento e se reduz de tal forma em superfície e em volume que se pode acreditar na distribuição da maior parte de seus tecidos.[8]

4. Princípio da especificidade do modo de ataque dos tecidos

As alterações, de que a trajetória e o trabalho são determinados pelos princípios anteriores, dizem respeito a uma tipologia que não depende somente do ponto que elas atacam, mas

---

5. X. Bichat, *Anatomie générale*, T. I, Prefácio, p. XCI.
6. *Ibidem*, p. XCII.
7. Corvisart, *Essai sur les maladies et les lésions organiques du coeur et des gros vaisseaux*.
8. G.-L. Bayle, *Recherches sur la phthisie pulmonaire*, p. 13-14.

de sua própria natureza. Bichat não foi muito longe na descrição desses diversos modos, visto que só distinguiu as inflamações e os cirros. Laënnec, como vimos,[9] procurou construir uma tipologia geral das alterações (de textura, de forma, de nutrição, de posição e, enfim, as alterações devidas à presença de corpos estranhos). Mas a própria noção de alteração de textura é insuficiente para descrever as diversas maneiras como um tecido pode ser atacado em sua constituição interna. Dupuytren propõe distinguir as transformações de um tecido em outro e as produções de novos tecidos. Em um caso, o organismo produz um tecido que existe regularmente, mas que comumente só é encontrado em outra localização: é o caso das ossificações antinaturais; podem-se enumerar as produções celulares, adiposas, fibrosas, cartilaginosas, ósseas, serosas, sinoviais, mucosas; trata-se de *aberrações* das leis da vida, não de *alterações*. No caso, ao contrário, em que um novo tecido é criado, as leis da organização são fundamentalmente perturbadas; o tecido lesivo se afasta de todo tecido existente na natureza: é o caso da inflamação, dos tubérculos, dos cirros e do câncer. Articulando, finalmente, essa tipologia com os princípios de localização tissular, Dupuytren nota que cada membrana possui um tipo privilegiado de alteração: os pólipos, por exemplo, no caso das mucosas, e a hidropisia no caso das membranas serosas.[10] Foi aplicando esse princípio que Bayle pôde seguir totalmente a evolução da tísica, reconhecer a unidade de seus processos, especificar suas formas e distingui-la de afecções, cuja sintomatologia pode ser semelhante, mas que respondem a um tipo absolutamente diferente de alteração. A tísica se caracteriza por uma "desorganização progressiva" do pulmão, que pode tomar uma forma tuberculosa, ulcerosa, calculosa, granulosa com melanose, ou cancerosa; e não se deve confundi-la com a irritação das mucosas (catarro), nem com a alteração das secreções serosas (pleurisia), nem sobretudo com uma modificação que também ataca o pulmão, mas sob forma de inflamação: a peripneumonia crônica.[11]

---

9. Cf. *supra*, p. 146.

10. Artigo "Anatomie pathologique", *in Bulletin de l'École de Médecine de Paris*, ano XIII, 1º ano, p. 16-18.

11. G.-L. Bayle, *Recherches sur la phthisie pulmonaire*, p. 12.

O Invisível Visível **167**

5. Princípio da alteração da alteração

A regra anterior exclui de maneira geral as afecções diago-
nais que cruzam diversos modos de ataque e os utilizam
alternadamente. Existem, entretanto, efeitos de facilitação que
encadeiam entre si distúrbios diferentes: a inflamação dos
pulmões e o catarro não constituem a tuberculose, mas favo-
recem seu desenvolvimento.[12] O caráter crônico, ou ao menos
o escalonamento de um ataque no tempo, às vezes autoriza a
substituição de uma afecção por outra. A congestão cerebral,
na forma instantânea de uma fluxão brusca, provoca uma
distenção dos vasos (daí as vertigens, as lipotimias, as ilusões
de ótica, os zumbidos) ou, se é concentrada em um ponto,
uma ruptura dos vasos com hemorragia e paralisia imediata.
Mas se a congestão se dá por invasão lenta, há uma infiltração
sanguínea na matéria cerebral (acompanhada de convulsões e
dores), um correlato amolecimento dessa substância que, mis-
turada com o sangue, se altera profundamente e se aglutina
para formar ilhotas inertes (daí as paralisias); produz-se finalmente uma completa desorganização do sistema arterioveno-
so no parênquima cerebral e frequentemente mesmo na aracnoide. Desde as primeiras formas de amolecimento, podem-se
constatar derrames serosos, em seguida, uma infiltração de
pus que às vezes se organiza em abcesso; enfim, a supuração
e o amolecimento extremo dos vasos substituem a irritação
devida à sua congestão e à sua excessiva tensão.[13]

Esses princípios definem as regras do curso patológico e
descrevem por antecipação seus possíveis caminhos. Fixam a
rede de seu espaço e de seu desenvolvimento, fazendo aparecer em transparência as nervuras da doença. Esta toma a figura de uma grande vegetação orgânica, que possui suas
formas de surto, enraizamento e regiões privilegiadas de crescimento. Espacializados no organismo, segundo linhas e regiões próprias, os fenômenos patológicos tomam o aspecto de
processos vivos. O que acarreta duas consequências: a doen-

---

12. *Ibidem*, p. 423-424.
13. F. Lallemand, *Recherches anatomo-pathologiques sur l'encéphale et ses
dépendances*, I, p. 98-99.

168 O Nascimento da Clínica | Michel Foucault

ça se articula com a própria vida, alimentando-se dela e participando desse "comércio recíproco de ação em que tudo se sucede, se encadeia e se liga".[14] Não é mais um acontecimento ou uma natureza importada do exterior; é a vida se modificando em um funcionamento inflectido: "Todo fenômeno fisiológico se relaciona em última análise com as propriedades dos corpos vivos considerados em seu estado natural; todo fenômeno patológico deriva de seu aumento, diminuição e alteração."[15] A doença é um desvio interior da vida. Além disso, cada conjunto mórbido se organiza segundo o modelo de uma individualidade viva: há uma vida dos tubérculos e dos cânceres; há uma vida da inflamação; o velho retângulo que a qualificava (tumor, rubor, calor e dor) é insuficiente para restituir seu desenvolvimento ao longo das diversas estratificações orgânicas: nos capilares sangüíneos, ela passa por resolução, gangrena, enduração, supuração e abcesso; nos capilares brancos, a curva vai da resolução à supuração branca e tuberculosa e daí às úlceras corrosivas incuráveis.[16] É preciso, portanto, substituir a idéia de uma doença que atacaria a vida pela noção muito mais densa de *vida patológica*. Os fenômenos mórbidos devem ser compreendidos a partir do próprio texto da vida, e não de uma essência nosológica: "As doenças foram consideradas como uma desordem; não se viu nelas uma série de fenômenos dependentes uns dos outros e tendendo muito freqüentemente a um determinado fim: negligenciou-se completamente a vida patológica."

* * *

Desenvolvimento não caótico e enfim bem comportado da doença? Há muito tempo, porém, isso tinha sido realizado; a regularidade botânica, a constância das formas clínicas haviam posto ordem no mundo do mal, muito antes da nova anatomia. O que é novo não é o fato da ordenação, mas seu modo e seu fundamento. De Sydenham a Pinel, a doença se

---

14. X. Bichat, *Anatomie générale*, T. IV, p. 591.

15. *Ibidem*, I, Prefácio, p. VII.

16. F.-J. Broussais, *Histoire des phlegmasies chroniques*, Paris, 1808, T. I, p. 54-55.

O Invisível Visível **169**

originava e se configurava em uma estrutura geral de racionalidade em que se tratava da *natureza* e da ordem das coisas. A partir de Bichat, o fenômeno patológico é percebido tendo a *vida* como pano de fundo, ligando-se, assim, às formas concretas e obrigatórias que ela toma em uma individualidade orgânica. A vida, com suas margens finitas e definidas de variação, vai desempenhar na anatomia patológica o papel que a ampla noção de natureza exercia na nosologia: o fundamento inesgotável mas limitado em que a doença encontra os recursos ordenados de suas desordens. Mudança longínqua e teórica que modifica, a longo prazo, um horizonte filosófico; mas pode-se dizer que ela se impõe imediatamente ao mundo da percepção e ao olhar que o médico põe sobre o doente?

De modo marcante e decisivo, sem dúvida. Os fenômenos da doença aí encontram novo estatuto epistemológico. O "nominalismo" clínico deixava, paradoxalmente, flutuar no limite do olhar médico, nas cinzentas fronteiras do visível e do invisível algo que era tanto a totalidade dos fenômenos e sua lei, seu ponto de concentração, quanto a rigorosa regra de sua coerência; a doença só tinha verdade nos sintomas, mas ela era os sintomas dados em sua verdade. A descoberta dos processos vitais como conteúdo da doença permite lhe dar um fundamento que, entretanto, nem é longínquo nem abstrato: fundamento o mais próximo possível do manifesto; a doença será apenas a forma patológica da vida. As grandes essências nosológicas, que planavam acima da ordem da vida e a ameaçavam, são agora contornadas por ela: a vida é o imediato, o presente e o perceptível *além* da doença; e esta, por sua vez, reencontra seus fenômenos na forma mórbida da vida.

Reativação de uma filosofia vitalista? É verdade que o pensamento de Bordeu ou de Barthez era familiar a Bichat. Mas se o vitalismo é um esquema de interpretação específico dos fenômenos sadios ou mórbidos do organismo, é um conceito insuficiente para explicar o acontecimento que foi a descoberta da anatomia patológica. Bichat só retomou o tema da especificidade do ser vivo para situar a vida em um nível epistemológico mais profundo e determinante: ela significa para ele não um conjunto de características que se distinguem do inorgânico, mas o fundamento a partir do qual a oposição do organismo ao não-vivo pode ser percebida, situada e carrega-

170 O Nascimento da Clínica | Michel Foucault

da de todos os valores positivos de um conflito. A vida não é a forma do organismo, mas o organismo, a forma visível da vida em sua resistência ao que não vive e a ela se opõe. Uma discussão entre vitalismo e mecanicismo, como entre humorismo e solidismo, só tinha sentido na medida em que a natureza, fundamento ontológico amplo demais, permitia o jogo desses modelos interpretativos: o funcionamento normal ou anormal só podia ser explicado com referência a uma forma preexistente ou a um tipo específico. Mas, a partir do momento em que a vida não explica somente uma série de figuras naturais, mas retoma para si o papel de elemento geral dos fenômenos fisiológicos e patológicos, a própria ideia de vitalismo perde seu significado e o essencial de seu conteúdo. Dando à vida, e à vida patológica, um estatuto tão fundamental, Bichat libertou a medicina da discussão vitalista e das que lhe eram conexas. Daí o sentimento, que dirigiu a reflexão teórica da maioria dos médicos no começo do século XIX, de que eles estavam finalmente livres dos sistemas e das especulações. Os clínicos Cabanis e Pinel viam seus métodos como a filosofia realizada;[17] os anatomopatologistas descobrem no seu uma não filosofia, uma filosofia abolida, que eles teriam superado, aprendendo enfim a perceber: tratava-se apenas de um desnível no fundamento epistemológico em que eles apoiavam sua percepção.

Situada nesse nível epistemológico, a vida se liga à morte como ao que a ameaça positivamente e pode destruir sua força viva. No século XVIII, a doença pertencia tanto à natureza quanto à contranatureza, na medida em que tinha uma essência ordenada, mas que era de sua essência comprometer a vida natural. A partir de Bichat, a doença vai desempenhar o mesmo papel misto, mas agora entre a vida e a morte. Entendamo-nos bem: conhecia-se, bem antes da anatomia patológica, o caminho que vai da saúde à doença e desta à morte. Mas essa relação que nunca tinha sido cientificamente pensada, nem estruturada em uma percepção médica, assume, no início do século XIX, uma figura que se pode analisar em dois níveis. O que já conhecemos: a morte como ponto de vista ab-

---

17. Cf. por exemplo Pinel, *Nosographie philosophique*, introdução, p. XI; ou C.-L. Dumas, *Recueil de discours prononcés à la Faculté de Médicine de Montpellier*, Montpellier, 1820, p. 22-23.

O Invisível Visível **171**

soluto sobre a vida e abertura (em todos os sentidos da palavra, até no mais técnico) para sua verdade. Mas a morte é também aquilo contra que, em seu exercício cotidiano, a vida vem se chocar; nela, o ser vivo naturalmente se dissolve: e a doença perde seu velho estatuto de acidente para entrar na dimensão interior, constante e móvel da relação da vida com a morte. Não é porque caiu doente que o homem morre; é fundamentalmente porque pode morrer que o homem adoece. E, sob a relação cronológica vida-doença-morte, uma outra figura, anterior e mais profunda, é traçada, que liga vida e morte para libertar além disso os signos da doença.

Mais acima, a morte apareceu como a condição desse olhar que recolhe, em uma leitura das superfícies, o tempo dos acontecimentos patológicos; permitia à doença articular-se finalmente em um discurso verdadeiro. Ela aparece agora como a fonte do próprio ser da doença, a possibilidade interna à vida, porém mais forte do que ela, que a faz gastar-se, desviar e, enfim, desaparecer. A morte é a doença tornada possível na vida. E se é verdade que para Bichat o fenômeno patológico se articula com o processo fisiológico e dele deriva, essa derivação, na separação que ela constitui e que denuncia o fato mórbido, se fundamenta na morte. O desvio na vida é da ordem da vida, mas de uma vida que conduz à morte.

Daí a importância que adquire o conceito de "degeneração" desde o aparecimento da anatomia patológica. Noção antiga: Buffon a aplicava aos indivíduos ou séries de indivíduos que se afastam de seu tipo específico;[18] os médicos também a utilizavam para designar o enfraquecimento da robusta humanidade natural, que a vida em sociedade, a civilização, as leis e a linguagem condenam, pouco a pouco, a uma vida de artifícios e de doenças; degenerar era descrever um movimento de queda a partir de um estatuto de origem, figurando, por direito de natureza, no cume da hierarquia das perfeições e dos tempos; recolhia-se nessa noção tudo o que o histórico, o atípico e o antinatural podiam comportar de negativo. Apoiada, a partir de Bichat, em uma percepção da morte que finalmente foi conceitualizada, a degeneração receberá, pouco a pouco, um conteúdo positivo. Na fronteira das duas significações, Corvisart

---

18. Buffon, Histoire naturelle, *Oeuvres complètes*, Paris, 1848, T. III, p. 311.

172 O Nascimento da Clínica | Michel Foucault

define a doença orgânica pelo fato de que "um órgão, ou qualquer sólido vivo, está, em sua totalidade ou em uma de suas partes, bastante degenerado de sua condição natural para que sua ação fácil, regular e constante seja lesada ou alterada de maneira sensível e permanente".[19] Definição ampla que envolve toda forma possível de alteração anatômica e funcional; definição ainda negativa, na medida em que a degeneração é apenas uma distância tomada em relação a um estado de natureza; definição que, entretanto, já autoriza o primeiro movimento de uma análise positiva, na medida em que Corvisart especifica suas formas como "alterações de contextura", modificações de simetria e mudanças na "maneira de ser física e química".[20] Assim compreendida, a degeneração é a curva externa na qual vêm alojar-se, para sustentá-la e delineá-la, as extremidades singulares dos fenômenos patológicos; é, ao mesmo tempo, o princípio de leitura de sua tênue estrutura.

No interior de um quadro tão geral, o ponto de aplicação do conceito suscitou controvérsias. Em uma memória sobre as doenças orgânicas, Martin[21] opõe as degenerações propriamente ditas, que modificam apenas a forma ou a estrutura interna do tecido, às formações tissulares (de tipo novo ou conhecido). Cruveilhier, criticando também um uso excessivamente fluido do termo degeneração, deseja, por outro lado, reservá-lo para a atividade desregrada do organismo que cria tecidos que não têm análogo no estado de saúde; esses tecidos, que em geral apresentam "uma textura lardácea, acinzentada", são encontrados nos tumores, nas massas irregulares, formadas em detrimento dos órgãos, nas úlceras e fístulas.[22] Para Laënnec, pode-se falar de degeneração em dois casos precisos: quando um tecido se transforma em outro, que existe com forma e localização diferentes no organismo (degeneração óssea das cartilagens gordurosas do fígado), e quando um tecido toma textura e configuração sem modelo preexistente (degeneração tuberculosa das glândulas linfáticas ou do pa-

---

19. Corvisart, *Essai sur les maladies et lésions organiques du coeur*, p. 636-637.

20. *Ibidem*, p. 636, nº 1.

21. Cf. *Bulletin des sciences médicales*, T. 5, 1810.

22. J. Cruveilhier, *Anatomie pathologique*, Paris, 1816, T. I, p. 75-76.

O Invisível Visível **173**

rênquima pulmonar; degeneração cirrosa dos ovários e testículos).[23] De todo modo, porém, não se pode falar de degeneração a respeito de uma superposição patológica de tecidos. Um engrossamento aparente da dura-máter nem sempre é uma ossificação; é possível destacar, no exame anatômico, por um lado, a lâmina da aracnoide e, por outro, a dura-máter: aparece então um tecido que se depositou entre as membranas, mas não é a evolução degenerada de uma delas. Só se falará de degeneração a respeito de um processo que se desenvolve no interior da textura tissular e ela é a dimensão patológica de sua própria evolução. Um tecido degenera quando está doente como tecido.

Pode-se caracterizar essa doença tissular por três índices. Ela não é simples queda, nem desvio livre: obedece a leis: "A natureza está sujeita a regras constantes tanto na construção quanto na destruição dos seres."[24] A legalidade orgânica não é apenas um processo precário e frágil; é uma estrutura reversível, cujos momentos traçam um caminho obrigatório: "os fenômenos da vida seguem leis até em suas alterações".[25] Caminho demarcado por figuras cujo nível de organização é cada vez mais fraco; em primeiro lugar, a morfologia se desfaz (ossificações irregulares); em seguida, as diferenciações intraorgânicas (cirroses, hepatização do pulmão); enfim, desaparece a coesão interna do tecido: quando está inflamado, o invólucro celular das artérias "se deixa dividir como toucinho",[26] e o tecido do fígado pode ser rasgado sem esforço. Em última instância, a desorganização torna-se autodestruição, como no caso da degenerescência tuberculosa, em que a ulceração dos granulomas provoca não somente a destruição do parênquima, mas a dos próprios tubérculos. A degeneração não é, portanto, um retorno ao inorgânico; ou melhor, só é esse retorno na medida em que é infalivelmente orientada para

---

23. R. Laënnec, artigo "Dégénération" do *Dictionnaire des sciences médicales*, 1814, T. VIII, p. 201-207.
24. R. Laënnec, Introdução e 1º capítulo do *Traité inédit d'anatomie pathologique*, p. 52.
25. Dupuytren, *Dissertation inaugurale sur quelques points d'anatomie*, Paris, ano XII, p. 21.
26. Lallemand, *Recherches anatomo-pathologiques sur l'encéphale*, I, p. 88-89.

174 O Nascimento da Clínica | Michel Foucault

a morte. A desorganização que a caracteriza não é a do não orgânico, mas a do não vivo, da vida se extinguindo: "Deve-se chamar tísica pulmonar toda lesão do pulmão que, entregue a si mesma, produz uma desorganização progressiva dessa víscera, depois do que ocorrem sua alteração e, finalmente, a morte".[27] Há, por isso, uma forma de degeneração que acompanha constantemente a vida e define, em toda a sua extensão, seu confronto com a morte: "A alteração e a lesão das partes de nossos órgãos pelo próprio fato de sua ação é uma ideia na qual a maioria dos autores não se dignou deter-se."[28] O desgaste é uma dimensão temporal indelével da atividade orgânica: mede o trabalho sorrateiro que desorganiza os tecidos pelo fato de eles assegurarem suas funções e encontrarem "uma multidão de agentes externos" capazes de "superar suas resistências". Desde o primeiro momento da ação e no primeiro confronto com o exterior, a morte começa, pouco a pouco, a delinear sua iminência: ela não se insinua apenas sob a forma do possível acidente; forma, com a vida, seus movimentos e seu tempo, a trama única que ao mesmo tempo a constitui e a destrói.

A degeneração é, no próprio princípio da vida, a necessidade da morte que lhe é indissociável e a mais geral possibilidade da doença, conceito cuja relação com o método anatomopatológico agora aparece claramente. Na percepção anatômica, a morte é o ponto de vista a partir do qual a doença se abriria à verdade; a trindade vida-doença-morte se articula em um triângulo cujo ápice culmina na morte; a percepção só pode apreender a vida e a doença em uma unidade na medida em que ela investe a morte em seu próprio olhar. E pode-se encontrar, nas estruturas percebidas, a mesma configuração, mas invertida como em um espelho: a vida, com sua real duração, e a doença, como possibilidade de desvio, têm origem no ponto profundamente enterrado da morte; de baixo, ela dirige a existência das duas. A morte, que, no olhar anatômico, diz retroativamente a verdade da doença, torna possível, por antecipação, sua forma real.

---

27. Bayle, *Recherches sur la phthisie pulmonaire*, p. 5.
28. Corvisart, *Essai sur les maladies et les lésions organiques du coeur et des gros vaisseaux*, Discurso preliminar, XVII.

O Invisível Visível **175**

Durante séculos, a medicina procurou o modo de articulação que poderia definir as relações da doença com a vida. Só a intervenção de um terceiro termo pôde dar a seu encontro, sua coexistência e suas interferências uma forma que fosse fundada, ao mesmo tempo, em possibilidade conceitual e na plenitude percebida; este terceiro termo é a morte. A partir dela, a doença toma corpo em um espaço que coincide com o do organismo; ela segue suas linhas e a recorta; organiza-se segundo sua geometria geral; inclina-se também para suas singularidades. A partir do momento em que a morte foi tomada em um órganon técnico e conceitual, a doença pôde ser, ao mesmo tempo, especializada e individualizada. Espaço e indivíduo, duas estruturas associadas que derivam necessariamente de uma percepção portadora de morte.

* * *

Em seus movimentos profundos, a doença segue os obscuros, mas necessários, caminhos das reações tissulares. Mas o que se torna agora seu corpo visível, esse conjunto de fenômenos sem segredo que a tornava inteiramente legível para o olhar dos clínicos, isto é, reconhecível por seus signos, mas decifrável também nos sintomas cuja totalidade definia, sem resíduo, sua essência? Será que toda essa linguagem corre o risco de perder seu peso específico e se reduzir a uma série de acontecimentos de superfície, sem estrutura gramatical ou necessidade semântica? Assinalando à doença caminhos secretos no mundo fechado dos corpos, a anatomia patológica atenua a importância dos sintomas clínicos e substitui uma metodologia do visível por uma experiência mais complexa, em que a verdade só sai de sua inacessível reserva pela passagem ao inerte, à violência do cadáver recortado e daí a formas em que a significação viva desaparece em proveito de uma geometria maciça.

Nova inversão nas relações entre signos e sintomas. Na medicina clínica, em sua primeira forma, o signo não era por natureza diferente dos sintomas.[29] Qualquer manifestação da doença podia, sem modificação essencial, tomar valor de signo, com a condição de que uma leitura médica informada fos-

---

29. Cf. *supra*, p. 100-101.

176 O Nascimento da Clínica | Michel Foucault

se capaz de situá-la na totalidade cronológica do mal. Todo sintoma era potencialmente signo, e o signo era apenas um sintoma lido. Para uma percepção anatomoclínica, o sintoma pode perfeitamente permanecer mudo, e o núcleo significativo, de que se acreditava que ele fosse armado, revelar-se inexistente. Que sintoma visível pode indicar com certeza a tísica pulmonar? Nem a dificuldade de respirar, que se pode encontrar em um caso de catarro crônico e não encontrar em um tuberculoso; nem a tosse, que também pertence à peripneumonia mas nem sempre à tísica; nem a febre héctica, frequente na pleurisia, mas que se declara muitas vezes de maneira tardia nos tísicos.[30] O mutismo dos sintomas pode ser contornado, mas não vencido. O signo desempenha precisamente este papel de desvio: ele não é mais o sintoma falante, mas aquilo que substitui a ausência fundamental de palavra no sintoma. Bayle, em 1810, foi obrigado a recusar sucessivamente todas as indicações semiológicas da tísica: nenhuma era evidente ou certa. Nove anos mais tarde, Laënnec, auscultando uma doente que ele acreditava atacada de um catarro pulmonar acrescido de uma febre biliosa, tem a impressão de ouvir a voz sair diretamente do peito, e isto em uma pequena superfície de cerca de uma polegada quadrada. Talvez isso fosse o efeito de uma lesão pulmonar, de uma espécie de abertura no corpo do pulmão. Ele encontra o mesmo fenômeno em uma vintena de tísicos; distingue-o, em seguida, de um fenômeno bastante próximo, que se pode constatar nos pleuríticos: a voz parece igualmente sair do peito, mas é mais aguda que a natural; parece argêntea e trêmula.[31] Laënnec postula assim a "pectorilóquia" como único signo patognomônico certo da tísica pulmonar e a "egofonia" como signo do derrame pleurítico. Vê-se que na experiência anatomoclínica o signo tem uma estrutura inteiramente diferente da que lhe prestava, apenas alguns anos antes, o método clínico. Na percepção de Zimmermann ou de Pinel, o signo era tanto mais eloquente e certo quanto mais ocupava uma superfície nas manifestações da doença: assim, a febre era o sintoma principal e, por

---

30. G.-L. Bayle, *Recherches sur la phthisie pulmonaire*, p. 5-14.
31. Laënnec, *Traité de l'auscultation médiate*, Paris, 1819, T. I.

O INVISÍVEL VISÍVEL   **177**

conseguinte, o signo mais certo e mais próximo do essencial, pelo qual se podia reconhecer a série das doenças que recebiam justamente o nome de "febre". Para Laënnec, o valor do signo não tem mais relação com a extensão sintomática; seu caráter marginal, restrito, quase imperceptível, lhe permite atravessar obliquamente o corpo visível da doença (composto de elementos gerais e incertos) e atingir diretamente sua natureza. Por isso, ele se despoja da estrutura estatística que tinha na pura percepção clínica: para que pudesse produzir uma certeza, um signo devia fazer parte de uma série convergente, e era a configuração aleatória do conjunto que produzia a verdade; o signo agora fala só, e o que ele pronuncia é apodítico: tosse, febre crônica, enfraquecimento, expectorações, hemoptise tornam a tísica cada vez mais provável, mas nunca totalmente certa, no final das contas; somente a pectoriloquia a designa sem erro possível. Finalmente, enquanto o signo clínico remetia à própria doença, o signo anatomoclínico remete à lesão; e se algumas alterações dos tecidos são comuns a várias doenças, o signo que as tiver evidenciado nada poderá dizer sobre a natureza do distúrbio: pode-se constatar uma hepatização do pulmão, mas o signo que a indica não dirá a que doença ela se deve.[32] Portanto, o signo só pode remeter à atualidade da lesão, e nunca a uma essência patológica.

A percepção significativa é, portanto, epistemologicamente diferente no mundo da clínica tal como existiu em sua primeira forma e como foi posteriormente modificada pelo método anatômico. Essa diferença é sensível até no modo como se tomou o pulso antes e depois de Bichat. Para Menuret, o pulso é signo porque é sintoma, isto é, na medida em que é manifestação natural da doença e comunica, de pleno direito, com sua essência. Assim, um pulso "pleno, forte, propulsivo" indica pletora de sangue, vigor das pulsações, congestão do sistema vascular, deixando prever uma hemorragia violenta. O pulso, "por suas causas, pertence à constituição da máquina, à mais importante e mais extensa de suas funções; por seus caracteres, habilmente apreendidos e desenvolvidos, põe a descoberto todo o interior do homem"; graças a ele, "o médi-

---

32. A.-F. Chomel, *Éléments de pathologie générale*, Paris, 1817, p. 522-523.

co participa da ciência do ser supremo".[33] Distinguindo as pulsações capitais, pectorais e ventrais, Bordeu não modifica a forma de percepção do pulso. Trata-se sempre de ler determinado estado patológico no curso de sua evolução e de prever seu desenvolvimento com a maior probabilidade possível; assim, o pulso pectoral simples é débil, pleno e dilatado; as pulsações são iguais, mas ondulantes, formando uma espécie de onda dupla "com uma facilidade, debilidade e doce força de oscilação que não permitem confundir essa espécie de pulso com as outras".[34] É o anúncio de uma evacuação na região do peito. Ao contrário, quando Corvisart toma o pulso de um doente, interroga não o sintoma de uma afecção, mas o signo de uma lesão. O pulso não tem mais valor expressivo em suas qualidades de debilidade ou plenitude; mas a experiência anatomoclínica permitiu estabelecer o quadro das correspondências biunívocas entre o aspecto das pulsações e cada tipo de lesão: o pulso é forte, duro, vibrante, frequente nos aneurismas ativos sem complicação; débil, lento, regular, fácil de sufocar nos aneurismas passivos simples; irregular, desigual, ondulante nos estreitamentos permanentes; intermitente, irregular por intervalos nos estreitamentos momentâneos; fraco e quase insensível nos endurecimentos, ossificações e amolecimentos; rápido, frequente, desordenado e como que convulsivo em caso de ruptura de um ou vários feixes carnosos.[35] Não se trata mais, então, de uma ciência análoga à do Ser Supremo e conforme às leis dos movimentos naturais, mas da formulação de percepções signaléticas.

O signo não fala mais a linguagem natural da doença; só toma forma e valor no interior das interrogações feitas pela investigação médica. Nada impede, portanto, que seja solicitado e quase fabricado por ela. Não é mais o que se enuncia espontaneamente da doença; mas o ponto de encontro entre os gestos da pesquisa e o organismo doente. Assim se explica que Corvisart tenha podido reativar, sem problema teórico impor-

---

33. Menuret, *Nouveau traité du pouls*, Amsterdam, 1768, p. IX-X.
34. Bordeu, *Recherches sur les pouls*, Paris,1771, T. I, p. 30-31.
35. Corvisart, *Essai sur les maladies et les lésions organiques du coeur*, p. 397-398.

O Invisível Visível **179**

tante, a descoberta, relativamente antiga e esquecida, de Auenbrugger. Essa descoberta repousava em conhecimentos patológicos bem estabelecidos: a diminuição do volume de ar contido na cavidade torácica em muitas afecções pulmonares; explica-se também por um dado da simples experiência: a percussão de um barril, quando o som perde a ressonância, indica até que altura ele está cheio; justificava-se, finalmente, por uma experimentação realizada no cadáver: "Se, em um corpo, a cavidade sonora do tórax receber um líquido por meio de uma injeção, o som se tornará obscuro, do lado do peito que terá sido cheio, até a altura que o líquido injetado atingir."[36]

Era normal que a medicina clínica, no final do século XVIII, deixasse na sombra essa técnica que artificiosamente fazia aparecer um signo onde não havia sintoma e solicitava uma resposta quando a doença não falava de si mesma: clínica expectante tanto na leitura quanto na terapêutica. Mas, a partir do momento em que a anatomia patológica prescreve à clínica interrogar o corpo em sua espessura orgânica e fazer aflorar à superfície o que só se dava em camadas profundas, a ideia de um artifício técnico capaz de surpreender a lesão volta a ser uma ideia cientificamente fundada. O retorno a Auenbrugger se explica pela mesma reorganização das estruturas que se encontra no retorno a Morgagni. Se a doença é constituída apenas por uma trama de sintomas, a percussão não se justifica; ela se torna, porém, necessária se o doente é quase somente um cadáver injetado, barril cheio pela metade.

Estabelecer esses signos, artificiais ou naturais, é lançar sobre o corpo vivo uma rede de demarcações anatomopatológicas: esboçar, em pontilhado, a futura autópsia. O problema é, portanto, fazer aflorar à superfície o que se dispõe em camadas na profundidade; a semiologia não mais será uma *leitura*, mas o conjunto de técnicas que permite constituir uma *anatomia patológica projetiva*. O olhar do clínico se dirigia a uma sequência e uma região de acontecimentos patológicos; devia ser, ao mesmo tempo, sincrônico e diacrônico, mas, de qualquer modo, se colocava em obediência temporal; *anali-*

---

36. Auenbrugger, *Nouvelle méthode pour reconnaître les maladies internes de la poitrine*, trad. Corvisart, Paris, 1808, p. 70.

180 O Nascimento da Clínica | Michel Foucault

sava uma série. O olhar anatomoclínico deverá *demarcar um volume*; dirá respeito à complexidade de dados espaciais que pela primeira vez em medicina são tridimensionais. Enquanto a experiência clínica implicava a constituição de *uma trama mista do visível e do legível,* a nova semiologia exige uma espécie de *triangulação sensorial* a que devem colaborar atlas diversos e até então excluídos das técnicas médicas: o ouvido e o tato se acrescentam à vista.

Há dezenas de séculos, os médicos, afinal de contas, provavam as urinas. Muito tarde, puseram-se a tocar, golpear, escutar. Proibições morais suprimidas, finalmente, pelos progressos do Iluminismo? Se essa fosse a explicação, compreender-se-ia mal que Corvisart, no Império, tenha reinventado a percussão, e que Laënnec, na Restauração, tenha pela primeira vez inclinado o ouvido sobre o peito das mulheres. O obstáculo moral só foi sentido depois de constituída a necessidade epistemológica; a necessidade científica desvelou a proibição como tal: o saber inventa o segredo. Zimmermann já desejava que, para conhecer a força da circulação, "os médicos tivessem a liberdade de fazer suas observações a esse respeito, colocando a mão diretamente sobre o coração"; mas constatava que "nossos costumes delicados nos impedem, sobretudo no caso das mulheres".[37] Double, em 1811, critica essa "falsa modéstia" e essa "excessiva contenção", não porque acredite que tal prática possa ser permitida sem reservas, mas porque "essa exploração, que se faz muito exatamente por cima da camisa, pode realizar-se com a maior decência possível".[38] O anteparo moral, cuja necessidade é reconhecida, vai tornar-se mediação técnica. A *libido sciendi,* reforçada com a proibição que suscitou e descobriu, o contorna, tornando-o mais imperioso; dá-lhe justificações científicas e sociais, inscreve-o na necessidade, para melhor fingir apagá-lo da ética, e constrói sobre ele a estrutura que o atravessa, mantendo-o. Não é mais o pudor que impede o contato, mas a sujeira e a miséria; não mais a inocência, mas a desgraça dos corpos. A auscultação direta é tão "incômoda para o médico quanto para o doente; só

---

37. Zimmermann, *Traité de l'expérience médicale,* II, p. 8.
38. F.-J. Double, *Séméiologie générale.*

O INVISÍVEL VISÍVEL   **181**

o nojo a torna quase impraticável nos hospitais; é apenas sugerível no caso da maioria das mulheres, e mesmo para algumas o volume das mamas é um obstáculo físico a que se possa utilizá-la". O estetoscópio mede uma proibição transformada em nojo e um impedimento material: "Em 1816, fui consultado por uma pessoa jovem que apresentava sintomas de doença do coração em que a aplicação da mão e a percussão davam poucos resultados devido à sua gordura. A idade e o sexo da doente me proibindo o tipo de exame de que falei (aplicação do ouvido à região precordial), lembrei-me de um fenômeno de acústica bastante conhecido: aplicando-se o ouvido na extremidade de uma viga, ouve-se distintamente um golpe de alfinete dado do outro lado."[39] O estetoscópio, distância solidificada, transmite acontecimentos profundos e invisíveis ao longo de um eixo meio tátil, meio auditivo. A mediação instrumental no exterior do corpo autoriza um recuo que mede uma distância moral; a proibição de um contato físico permite fixar a imagem virtual do que se passa muito abaixo da região visível. A distância do pudor é uma tela de projeção para o oculto. O que não se *pode* ver mostra-se na distância do que não se *deve* ver.

Assim armado, o olhar médico envolve mais do que diz a palavra "olhar". Encerra, em uma estrutura única, campos sensoriais diferentes. A trindade visão-tato-audição define uma configuração perceptiva em que o mal inacessível é cercado por balizas, avaliado em profundidade, trazido à superfície e virtualmente projetado nos órgãos dispersos do cadáver. O "golpe de vista" tornou-se uma organização complexa para um assinalamento espacial do invisível. Cada órgão dos sentidos recebe uma função instrumental parcial. E o olho não tem, certamente, a mais importante; que pode a vista cobrir além do "tecido da pele e do começo das membranas"? O tato permite demarcar os tumores viscerais, as massas cirróticas, as inchações do ovário e as dilatações do coração; quanto ao ouvido, ele percebe "a crepitação dos fragmentos ósseos, as farfalhadas do aneurisma, os sons mais ou menos claros do

---

39. R. Laënnec, *Traité de l'auscultation médiate*, T. I, p. 7-8.

182 O Nascimento da Clínica | Michel Foucault

tórax e do abdome quando se os percute";[40] o olhar médico é, a partir de então, dotado de uma estrutura plurissensorial. Olhar que toca, ouve e, além disso, não por essência ou necessidade, vê.

Uma vez não é hábito; citarei um historiador da medicina: "Logo que com o ouvido ou o dedo pôde reconhecer-se no vivo o que a dissecção revelava no cadáver, a descrição das doenças e, consequentemente, a terapêutica entraram em uma via inteiramente nova."[41]

* * *

É preciso não deixar escapar o essencial. As dimensões tátil e auditiva não vieram pura e simplesmente acrescentar-se ao domínio da visão. A triangulação sensorial indispensável à percepção anatomoclínica permanece sob o signo dominante do visível: primeiramente, porque a percepção multissensorial é apenas uma forma de antecipar esse triunfo do olhar, que será a autópsia; o ouvido e a mão são apenas órgãos provisórios de substituição, enquanto esperam que a morte torne verdadeira a presença luminosa do visível; trata-se de uma demarcação na *vida*, isto é, na *noite*, para indicar o que seriam as coisas na clareza branca da morte. E, sobretudo, as alterações descobertas pela anatomia dizem respeito "à forma, grandeza, posição e direção" dos órgãos e seus tecidos:[42] isto é, dados espaciais que, por direito de origem, dizem respeito ao olhar. Quando Laënnec fala das alterações de estrutura, nunca se trata do que está além do visível, ou do que seria sensível a um tato penetrante, mas de soluções de continuidade, acumulações de líquidos, crescimentos anormais ou inflamações assinaladas pela inchação e vermelhidão do tecido.[43] De qualquer forma, o limite absoluto e a matéria da exploração perceptiva são sempre delineados pelo

---

40. A.-F. Chomel, *Éléments de pathologie générale*, Paris, 1817, p. 30-31.
41. Ch. Daremberg, *Histoire des sciences médicales*, Paris,1870, II, p. 1.066.
42. X. Bichat, Essai sur Desault, *in Oeuvres chirurgicales de Desault*, 1798, I, p. 10-11.
43. R. Laënnec, *Dictionnaire des sciences médicales*, T. II, artigo "Anatomie pathologique", p. 52.

O Invisível Visível **183**

plano claro de uma visibilidade ao menos virtual. "É mais uma imagem que eles se pintam do que coisas que aprendem. Eles devem ver mais do que meditar", diz Bichat, falando dos anatomistas.[44] Quando Corvisart ouve um coração que funciona mal e Laënnec uma voz aguda que treme, é uma hipertrofia e um derrame que veem, com um olhar que acossa secretamente sua audição e a anima.

Assim, desde a descoberta da anatomia patológica, o olhar médico se desdobra, há um olhar local e circunscrito, olhar limítrofe do tato e da audição, que só recobre um dos campos sensoriais e apenas aflora nas superfícies visíveis, e um olhar absoluto, absolutamente integrador, que domina e funda todas as experiências perceptivas. É este que estrutura em uma unidade soberana o que diz respeito, em um nível mais elementar, ao olho, ao ouvido e ao tato. Quando o médico observa, com todos os seus sentidos acesos, um outro olho se põe sobre a fundamental visibilidade das coisas e, por meio do dado transparente da vida, que os sentidos particulares são obrigados a driblar, se dirige, sem astúcia ou rodeio, à clara solidez da morte.

A estrutura perceptiva e epistemológica que fundamenta a anatomia clínica, e toda a medicina que dela deriva, é a da *invisível visibilidade*. A verdade que, por direito de natureza, é feita para o olho, lhe é arrebatada, mas logo sub-repticiamente revelada por aquilo que procura esquivá-lo. O saber se *desenvolve* por um jogo de *invólucros*; o elemento oculto toma a forma e o ritmo do conteúdo oculto, o que faz com que a *transparência* pertença à própria natureza do *véu*.[45] O objetivo dos anatomistas "é alcançado quando os opacos invólucros que cobrem nossas partes são, a seus olhos treinados, apenas um véu transparente que deixa a descoberto o conjunto e as relações".[46] Os sentidos particulares espreitam através desses

---

44. X. Bichat, Essai sur Desault, *in Oeuvres chirurgicales de Desault*, I, p. 11.
45. Esta estrutura não data do início do século XIX; domina, em seu perfil geral, as formas do saber e do erotismo na Europa, desde meados do século XVIII, e prevalece até o final do século XIX. Procuraremos estudá-la posteriormente.
46. X. Bichat, Essai sur Desault, *in Oeuvres chirurgicales de Desault*, I, p. 11.

invólucros, procuram contorná-los ou superá-los; sua viva curiosidade inventa mil maneiras, chegando até a se servir impunemente (o estetoscópio é testemunha) do pudor. Mas o olho absoluto do saber já confiscou e retomou em sua geometria de linhas, superfícies e volumes, as vozes roucas ou agudas, os assovios, as palpitações, as peles ásperas e ternas, os gritos. Soberania do visível. E tanto mais imperiosa que lhe associa o poder da morte. O que oculta e envolve, o véu da noite sobre a verdade, é paradoxalmente a vida; a morte, ao contrário, abre à luz do dia o negro cofre dos corpos: vida obscura, morte límpida, os mais antigos valores imaginários do mundo ocidental aí se cruzam em estranho contrassenso, que é o próprio sentido da anatomia patológica, se se está de acordo em tratá-la como um fato de civilização do mesmo tipo – e por que não? – que a transformação de uma cultura de cremação em cultura de inumação. A medicina do século XIX foi obcecada por esse olho absoluto que cadaveriza a vida e reencontra no cadáver a frágil nervura rompida da vida.

Outrora, os médicos se comunicavam com a morte por intermédio do grande mito da imortalidade, ou ao menos dos limites, pouco a pouco recuados, da existência.[47] Agora, esses homens que velam pela vida dos homens se comunicam com sua morte sob a forma fina e rigorosa do olhar.

Essa projeção do mal no plano da visibilidade absoluta dá, entretanto, à experiência médica um fundo opaco, além do qual não é mais possível prolongar-se. O que não está na escala do olhar se encontra fora do domínio do saber possível. Daí a rejeição de várias técnicas científicas que os médicos, entretanto, utilizavam durante os anos anteriores. Bichat recusa mesmo o uso do microscópio: "Quando se olha na obscuridade, cada um vê a seu modo."[48] O único tipo de visibilidade reconhecido pela anatomia patológica é o definido pelo olhar cotidiano: uma visibilidade de direito que envolve, em uma invisibilidade provisória, uma opaca transparência, e não (como na investigação microscópica) uma invisibilidade de natureza

---

47. Cf. ainda, no final do século XVIII, um texto como o de Hufeland, *Makrobiotik oder der Kunst das Leben zu verlängern*, Iena, 1796.
48. X. Bichat, *Traité des membranes*, Paris, ano VIII, p. 321.

O Invisível Visível **185**

que força, por algum tempo, uma técnica do olhar artificialmente multiplicado. De uma maneira que parece estranha, mas que é estruturalmente necessária, a análise dos tecidos patológicos prescindiu, durante anos, dos instrumentos de ótica, mesmo os mais antigos.

Mais significativa ainda é a recusa da química. A análise, à maneira de Lavoisier, serviu de modelo epistemológico para a nova anatomia,[49] mas não funcionou como prolongamento técnico de seu olhar. As ideias experimentais eram numerosas, na medicina do século XVIII; quando se desejava saber em que consistia a febre inflamatória, faziam-se análises de sangue: comparavam-se o peso médio da massa coagulada e o da "linfa que dela se separa"; faziam-se destilações e mediam-se as massas de sal fixo e volátil, de óleo e de terra, encontradas em um doente e em um indivíduo sadio.[50] Esse aparelho experimental desaparece no início do século XIX, e o único problema técnico que se coloca é o de saber se, na abertura do cadáver, o doente afetado de febre inflamatória apresentará ou não alterações visíveis. "Para caracterizar uma lesão morbífica", explica Laënnec, "comumente basta descrever suas características físicas ou sensíveis e indicar a marcha que esta segue em seu desenvolvimento e suas conclusões"; no máximo, podem-se utilizar alguns "reativos químicos", à condição que sejam muito simples e apenas destinados a "ressaltar algumas características físicas": pode-se, assim, esquentar um figado ou verter um ácido em uma degenerescência, que se ignora se é gordurosa ou albuminosa.[51]

O olhar domina, por si só, todo o campo do saber possível; a intervenção das técnicas que colocam problemas de medida, substância e composição, no nível das estruturas invisíveis, é afastada. A análise não se faz no sentido de um aprofundamento indefinido em direção às configurações mais sutis, até as do inorgânico; nessa direção, logo se choca com o limite absoluto que o olhar lhe prescreve e daí, em perpendicular, des-

---

49. Cf. *supra*, capítulo VIII.
50. Experiências de Langrish e de Tabor citadas por Sauvages, *Nosologie méthodique*, T. II, p. 331-333.
51. R. Laënnec, *Introduction et chapitre I du Traité inédit d'anatomie pathologique*, publicado por V. Cornil, Paris, 1884, p. 16-17.

186　O Nascimento da Clínica | Michel Foucault

liza lateralmente no sentido da diferenciação das qualidades individuais. É ao longo da linha na qual o visível está prestes a se transformar no invisível, na crista de seu desaparecimento, que as singularidades vão desempenhar um papel. Um discurso sobre o indivíduo é novamente possível, ou antes necessário, por se constituir na única maneira de o olhar não renunciar a si mesmo, de não se abolir nas figuras da experiência em que estaria desarmado. O princípio da visibilidade tem por correlato o da leitura diferencial dos casos.

Leitura cujo processo é muito diferente da experiência clínica em sua primeira forma. O método analítico considerava o "caso" em sua única função de suporte semântico; as formas da coexistência ou da série em que era tomado permitiam anular o que podia comportar de acidental ou variável; sua estrutura legível só aparecia com a neutralização do que não era essencial. A clínica era ciência dos casos na medida em que inicialmente procedia à filtragem das individualidades. No método anatômico, a percepção individual se dá ao término de um esquadrinhamento espacial, de que ela constitui a estrutura mais tênue, mais diferenciada e, paradoxalmente, a mais aberta ao acidental, permanecendo a mais explicativa. Laënnec observa uma mulher que apresenta os sintomas característicos de uma afecção cardíaca: rosto pálido e inchado, lábios roxos, extremidades inferiores infiltradas, respiração curta, acelerada, ofegante, acessos de tosse e impossibilidade de deitar em supinação. A abertura do cadáver mostra uma tísica pulmonar com cavidades sólidas e tubérculos amarelados no centro, cinzentos e transparentes na circunferência. O coração se encontrava em um estado quase natural (com exceção da aurícula direita, fortemente distendida). Mas o pulmão esquerdo aderia à pleura por uma brida celulosa e apresentava, nesse lugar, estrias irregulares e convergentes; a parte superior do pulmão apresentava lâminas muito largas e entrecruzadas.[52] Essa modalidade particular da lesão tuberculosa explicava a respiração difícil, um pouco sufocante, e as alterações circulatórias, que davam ao quadro clínico um aspecto nitidamente cardíaco. O método anatomoclínico integra à estrutura da doença a constante possibilidade de uma modula-

---

52. R. Laënnec, *De l'auscultation médiate*, T. I, p. 72-76.

O Invisível Visível **187**

ção individual. Essa possibilidade existia sem dúvida na medicina anterior, mas era pensada apenas na forma abstrata do temperamento do sujeito, das influências do meio ou das intervenções terapêuticas encarregadas de modificar, de fora, um tipo patológico. Na percepção anatômica, a doença sempre se dá com um certo "mexer-se"; tem desde logo uma latitude de inserção, de percurso, de intensidade e de aceleração que delineia sua figura individual. Esta não é um desvio acrescentado ao desvio patológico; a doença é, em si mesma, desvio perpétuo no interior de sua natureza essencialmente desviante. Toda doença é individual: não porque o indivíduo reaja sobre sua própria doença, mas porque a ação da doença se desenvolve, de pleno direito, na forma da individualidade.

Daí a nova flexão dada à linguagem médica. Não se trata mais, pelo estabelecimento de uma correspondência biunívoca, de promover o visível a legível e torná-lo significativo pela universalidade de uma linguagem codificada; mas, ao contrário, de dar às palavras um refinamento qualitativo sempre mais concreto, individual e modelado; importância da cor, da consistência, do "grão", preferência dada à metáfora em vez da medida (grande como..., do tamanho de...); apreciação da facilidade ou da dificuldade em operações simples (rasgar, esmagar, apertar); valor das qualidades intersensoriais (liso, untuoso, encalombado); comparações empíricas e referências ao cotidiano ou ao normal (mais escuro que um estado natural, sensação intermediária "entre a de uma bexiga meio úmida, cheia de ar, que se aperta entre os dedos, e a crepitação natural de um tecido pulmonar em estado sadio").[53] Não se trata mais de correlacionar um setor perceptivo e um elemento semântico, mas de dirigir a linguagem para a região em que o percebido corre o risco de escapar, em sua singularidade, à forma da palavra e de tornar-se finalmente imperceptível por não poder ser dito. De modo que *descobrir* não será mais, finalmente, *ler*, sob uma desordem, uma coerência essencial, mas prolongar a linha de espuma da linguagem, fazê-la atingir a região de areia que ainda está aberta à clareza da percepção, mas não mais à palavra familiar. Introduzir a linguagem na penumbra

---

53. *Ibidem*, p. 249.

188 O Nascimento da Clínica | Michel Foucault

em que o olhar não tem mais palavras. Trabalho duro e tênue; trabalho que *faz ver*, como Laënnec fez ver distintamente, fora da massa confusa dos cirros, o primeiro fígado cirrótico da história da percepção médica. A extraordinária beleza formal do texto liga, em um só movimento, o labor interior de uma linguagem que persegue a percepção com toda a forma de sua pesquisa estilística e a conquista de uma individualidade patológica até então despercebida: "O fígado, reduzido a um terço de seu volume, se encontrava, por assim dizer, oculto na região que ocupa; sua superfície externa, ligeiramente acidentada e esvaziada, apresentava uma cor cinzento-amarelada; quando se praticou a incisão, ele apareceu inteiramente composto de grande quantidade de pequenos grãos de forma redonda ou ovoide, cuja espessura variava entre a de um grão de milho miúdo e um grão de cânhamo. Esses grãos, fáceis de separar uns dos outros, não deixavam entre si quase nenhum intervalo em que se pudesse ainda distinguir algum resto de tecido do fígado; sua cor era fulva ou de um amarelo-avermelhado, tendendo, em alguns lugares, para esverdeado; seu tecido, bastante úmido e opaco, era mais flácido do que mole, e, apertando os grãos entre os dedos, só se esmagava uma pequena parte, o resto dava ao tato a sensação de um pedaço de couro mole."[54]

A figura do invisível visível organiza a percepção anatomopatológica. Mas ele é visto segundo uma estrutura reversível. Trata-se do *visível* que a individualidade viva, o cruzamento dos sintomas e a profundidade orgânica tornam invisível, de fato e por um tempo, antes da soberana retomada do olhar anatômico. Mas trata-se, também, do *invisível* das modulações individuais, cuja elucidação parecia impossível, mesmo a um clínico como Cabanis,[55] e que o esforço de uma linguagem incisiva, paciente e roedora, oferece, finalmente, à clareza comum do que é para todos *visível*. A linguagem e a morte atuaram, em cada nível dessa experiência e segundo toda a sua espessura, para finalmente oferecer a uma percepção científica o que durante muito tempo tinha permanecido como o invi-

---

54. *Ibidem*, p. 368.
55. Cf. *supra*.

O Invisível Visível **189**

sível visível – proibição e iminente segredo: o saber sobre o indivíduo.

* * *

O indivíduo não é a forma inicial e mais aguda em que a vida se apresenta. Só é dado ao saber ao término de longo movimento de espacialização, do qual os instrumentos decisivos foram um determinado uso da linguagem e uma difícil conceituação da morte. Bergson vai estritamente em sentido oposto quando procura no tempo, e contra o espaço, em uma apreensão interior e muda, em uma louca cavalgada para a imortalidade, as condições pelas quais é possível pensar a individualidade viva. Bichat, um século antes, dava uma lição mais severa. A velha lei aristotélica, que proibia o discurso científico sobre o indivíduo, desapareceu quando a morte encontrou na linguagem o lugar de seu conceito: o espaço ofereceu, então, ao olhar a forma diferenciada do indivíduo.

Segundo a ordem das correspondências históricas, a introdução da morte no saber vem de longe: o final do século XVIII atualiza um tema que, desde o Renascimento, tinha permanecido oculto. Ver na vida a morte, em sua mudança, a imobilidade, e, no final de seu tempo, o começo de um tempo invertido em que fervilham inúmeras vidas é o jogo de uma experiência de que o século passado* atesta o reaparecimento, 400 anos depois dos afrescos do Campo Santo. Não é Bichat, em suma, contemporâneo de quem introduziu o erotismo e seu inevitável extremo, a morte, na mais discursiva das linguagens? Uma vez mais, o saber e o erotismo denunciam, nessa coincidência, seu profundo parentesco. Nos últimos anos do século XVIII, esse pertencimento abre a morte à tarefa e aos infinitos recomeços da linguagem. O século XIX falará com obstinação da morte: morte selvagem e castrada de Goya, morte visível, musculosa e escultural em Géricault, morte voluptuosa dos incêndios em Delacroix, morte lamartiniana das efusões aquáticas, morte de Baudelaire. O conhecimento da vida só é dado a um saber cruel, redutor e já infernal que só a

---

*Refere-se ao século XIX. (N.T.)

deseja morta. O olhar que envolve, acaricia, detalha e anatomiza a carne mais individual e aponta suas feridas secretas é o olhar fixo, atento, um pouco dilatado que, do alto da morte, já condenou a vida.

Mas a percepção da morte na vida não tem no século XIX a mesma função que no Renascimento. Ela possuía, então, significações redutoras: a diferença de destino, da fortuna, das condições se apagava por seu gesto universal; atraía irrevogavelmente cada um para todos; as danças dos esqueletos figuravam, ao contrário da vida, espécies de saturnais igualitárias; a morte compensava infalivelmente a sorte. Agora ela é, ao contrário, constitutiva de singularidade; é nela que o indivíduo se encontra, escapando às vidas monótonas e a seu nivelamento; na lenta aproximação, meio subterrânea mas já visível da morte, a secreta vida comum torna-se, finalmente, individualidade; um traço preto a isola e lhe dá o estilo de sua verdade. Daí a importância do Mórbido. O *Macabro* implicava uma percepção homogênea da morte, uma vez ultrapassado seu limiar. O *Mórbido* autoriza uma sutil percepção do modo como a vida encontra na morte sua mais diferenciada figura. O mórbido é a forma *rarefeita* da vida, no sentido em que a existência se esgota, se extenua no vazio da morte; mas igualmente no sentido em que ela ganha nele seu estranho volume, irredutível às conformidades e aos hábitos, às necessidades recebidas; um volume *singular* que define sua absoluta raridade. Privilégio do tísico: outrora se contraía a lepra tendo como pano de fundo grandes castigos coletivos; o homem do século XIX torna-se pulmonar, realizando seu incomunicável segredo nessa febre que apressa as coisas e as atrai. Por isso, as doenças do peito são exatamente da mesma natureza que as do amor: são a paixão, vida a quem a morte transmite uma fisionomia que não muda.

A morte abandonou seu velho céu trágico e tornou-se o núcleo lírico do homem: sua invisível verdade, seu visível segredo.

Capítulo X

A CRISE DAS FEBRES

Capítulo que tratará do último processo pelo qual a percepção anatomoclínica encontra a forma de seu equilíbrio. E que seria longo se nos deixássemos levar pelo detalhe dos acontecimentos: durante cerca de 25 anos – de 1808, data em que aparece a *Histoire des phlegmasies chroniques*, até 1832, em que as discussões sobre a cólera ganham primazia – a teoria das febres essenciais e a crítica de Broussais ocupam um espaço considerável na pesquisa médica; mais considerável, sem dúvida, do que deveria permitir um problema imediatamente resolvido no nível da observação; mas tantas polêmicas, tamanha dificuldade em se entender quando se estava de acordo sobre os fatos, um uso tão amplo de argumentos estranhos ao domínio da patologia, tudo isso indica um afrontamento essencial, o último dos conflitos (o mais violento e o mais enredado) entre dois tipos incompatíveis da experiência médica.

O método constituído por Bichat e seus primeiros sucessores deixava em aberto duas séries de problemas.

A primeira dizia respeito ao ser da doença e sua relação com os fenômenos de lesão. Quando se constata um derrame seroso, um fígado degenerado, um pulmão lacunar, é a pleurisia, a cirrose, a tísica que se vê chegando até seu fundamento patológico? É a lesão a forma originária e tridimensional da doença cujo ser seria assim de natureza espacial – ou deve-se situá-la imediatamente além, na região das causas próximas, ou imediatamente aquém, como a primeira manifestação visível de um processo que permaneceria oculto? Vê-se claramente – mas posteriormente – que resposta a lógica da percepção anatomoclínica prescreve: pela primeira vez na história da medicina as coisas não eram tão claras para os que se exercitavam nessa percepção. M.-A. Petit, que fundava sua concepção da febre enteromesentérica em observações de anatomia patológica, pensa não ter descoberto nas lesões intestinais que acompanham certas febres ditas adinâmicas ou atáxicas a essência da doença ou sua insuperável verdade; trata-se apenas de sua "sede", e essa determinação geográfica é menos importante para o conhecimento médico do que "o conjunto geral dos sintomas que distinguem as doenças umas das outras e fazem conhecer seu verdadeiro caráter", a tal ponto que a terapêutica se desvia quando se detém nas lesões intestinais, em vez de seguir as indicações da sintomatologia que reclama tônicos.[1] A "sede" é apenas a inserção espacial da doença; são as outras manifestações mórbidas que designam sua essência. Esta continua sendo o grande antecedente que realiza a ligação entre causas e sintomas, expulsando assim a lesão para o domínio do acidental; o ataque tissular ou orgânico marca apenas o ponto de abordagem da doença, a região de onde vai se desenvolver seu projeto de colonização: "Entre a hepatização do pulmão e as causas que a provocam, passa-se algo que nos escapa; o mesmo ocorre com todas as lesões que são encontradas na abertura dos corpos; longe de ser a principal causa de todos os fenômenos observados, elas são o efeito de um distúrbio particular na ação íntima de nossos órgãos; ora, esta ação última escapa a todos os nossos meios de investigações."[2] À medida que a anatomia patológica situa melhor sua sede, parece que a doença se retira mais profundamente para a intimidade de um processo inacessível.

---

1. M.-A. Petit, *Traité de la fièvre entéro-mésentérique*, Paris, 1812, p. 147-148.
2. A.-F. Chomel, *Éléments de pathologie générale*, Paris, 1817, p. 523.

Existe outra série de questões: todas as doenças têm como correlato uma lesão? A possibilidade de determinar-lhes uma sede é um princípio geral da patologia, ou só diz respeito a um grupo particular de fenômenos mórbidos? E, nesse caso, não se pode começar o estudo das doenças por uma classificação de tipo nosográfico (distúrbios orgânicos – distúrbios não orgânicos) antes de entrar no domínio da anatomia patológica? Bichat havia dado lugar às doenças sem lesão, mas só as tratava preterindo-as: "suprimam certos gêneros de febres e de afecções nervosas: quase tudo será então do domínio dessa ciência" (a anatomia patológica).[3] Desde o princípio, Laënnec admite a divisão das doenças "em duas grandes classes: as que são acompanhadas de uma lesão evidente em um ou vários órgãos – são as que se designam, há muitos anos, com o nome de doenças orgânicas – e as que não deixam em parte alguma do corpo uma alteração constante e a que se poderia atribuir sua origem – são as que chamamos comumente de doenças nervosas".[4] Na época em que Laënnec redige esse texto (1812) ainda não tomou definitivamente partido a respeito das febres: ainda está próximo dos localizadores, de quem logo se separará. Bayle, no mesmo momento, distingue o *orgânico* não do *nervoso*, mas do *vital*, e o opõe às lesões orgânicas, vícios dos sólidos (tumefações, por exemplo), as desordens vitais, "alterações das propriedades vitais ou das funções" (dor, calor, aceleração do pulso); as duas podem se superpor, como na tísica.[5] Essa é a classificação que em breve Cruveilhier retomará sob forma um pouco mais complexa: lesões orgânicas, simples e mecânicas (fraturas), lesões primitivamente orgânicas e secundariamente vitais (hemorragias); afecções primitivamente vitais complementadas por lesões orgânicas profundas (flegmasias crônicas) ou superficiais (flegmasias agudas); finalmente, doenças vitais sem nenhuma lesão (neuroses e febres).[6]

---

3. X. Bichat, *Anatomie générale*, T. I, p. XCVIII.
4. R. Laënnec, artigo "Anatomie pathologique" do *Dictionnaire des sciences médicales*, T. II, p. 47.
5. Bayle, 2º artigo "Anatomie pathologique", *ibidem*, p. 62.
6. J. Cruveilhier, *Essai sur l'anatomie pathologique*, Paris, 1816, I, p. 21-24.

194 O Nascimento da Clínica | Michel Foucault

Mesmo que se tenha dito que todo o domínio da nosologia continuava sob o controle da anatomia patológica, e que uma doença vital só podia ser provada negativamente e pelo fracasso na procura das lesões, de todo modo mesmo por esse desvio se reencontrava uma forma de análise classificatória. Sua espécie – não sua sede, nem sua causa – determinava a natureza da doença, e o fato de ter, ou não, um foco localizável era prescrito pelas formas prévias dessa determinação. A lesão não era a doença, mas apenas a primeira das manifestações pelas quais aparecia esse caráter genérico, que a opunha às afecções sem suporte. Paradoxalmente, o interesse dos anatomopatologistas dava novo vigor à ideia classificatória. É então que a obra de Pinel adquire seu sentido e seu curioso prestígio. Formado em Montpellier e em Paris na tradição de Sauvages e sob a influência mais recente de Cullen, o pensamento de Pinel tem uma estrutura classificatória; teve, porém, o infortúnio e a sorte, ao mesmo tempo, de se desenvolver na época em que o tema clínico e posteriormente o método anatomoclínico privavam a nosologia de seu conteúdo real, mas não sem efeitos, provisórios; aliás, de reforço recíproco. Vimos como a ideia de classe era correlata de uma observação neutra dos sintomas[7] e como o ato clínico de decifrar implicava uma leitura de essências;[8] vemos agora como a anatomia patológica se ordena espontaneamente por uma determinada forma de nosografia. Ora, toda a obra de Pinel deve seu vigor a cada um de seus reforços: seu método requer apenas secundariamente a clínica ou a anatomia das lesões; fundamentalmente, trata-se da organização, segundo uma coerência real mas abstrata, de estruturas transitórias pelas quais o olhar clínico ou a percepção anatomopatológica procuraram, na nosologia já existente, seu suporte ou seu equilíbrio de um instante. Entre os médicos da velha escola, nenhum foi mais sensível do que Pinel e mais receptivo às formas novas da experiência médica; foi de bom grado professor de clínica e, sem muitas reticências, fazia autópsias; mas só percebia efeitos de recorrência, seguindo apenas, no nascimento das estruturas no-

---

7. Cf. *supra,* capítulo I, p. 14-15.
8. Cf. *supra*, capítulo VII, p. 129-130.

A Crise das Febres **195**

vas, suas linhas de apoio nas antigas;[9] de tal modo que a nosologia se encontrava confirmada a todo momento e a experiência nova de antemão ajustada. Bichat foi talvez o único a compreender desde o início a incompatibilidade de seus métodos com o dos nosógrafos: "Nós descobrimos, na medida do possível, os procedimentos da natureza... Não atribuímos uma importância exagerada a tal ou tal classificação"; jamais qualquer uma delas nos dará "um quadro preciso da marcha da natureza".[10] Laënnec, em compensação, admite, sem nenhum problema, o alojamento da experiência anatomoclínica no espaço da repartição nosológica: abrir os cadáveres, encontrar as lesões, é trazer à luz o que há "de mais fixo, de mais positivo e de menos variável nas doenças locais"; é, portanto, isolar "o que deve caracterizá-las ou especificá-las"; é, afinal de contas, servir à causa da nosologia, oferecendo-lhe critérios mais seguros.[11] Com esse espírito, a Sociedade de Emulação, que agrupava a jovem geração e representava fielmente a nova escola, colocava no concurso de 1809 a famosa interrogação: "Quais são as doenças que devem ser especialmente vistas como orgânicas?"[12] O que estava em questão era certamente a noção de febre essencial e sua não organicidade, a que Pinel permaneceu ligado, mas sobre esse ponto preciso era ainda colocado um problema de espécie e de classe. Pinel era discutido; sua medicina não fora inteiramente reavaliada.

É o que fará Broussais em 1816, no *Examen de la Doctrine généralement admise*, quando torna radicais as críticas que já havia formulado, publicando oito anos antes a *Histoire des phlegmasies chroniques*. De maneira inesperada, é preciso que surja essa medicina explicitamente fisiológica, essa teoria tão

---

9. P. A. Prost conta que mostrou "aos professores Corvisart e Pinel inflamações e alterações da membrana interna dos intestinos, sem que eles suspeitassem que os cadáveres em que ele as mostrou haviam saído de suas mãos sem que tivessem aberto os intestinos", *Traité de cholera morbus*, 1832, p. 30.

10. X. Bichat, *Anatomie descriptive*, T. I, p. 19.

11. R. Laënnec, *Traité de l'auscultation*, prefácio, p. XX.

12. Em uma memória que foi premiada, Martin critica o uso demasiado simples que se faz do termo doença, que ele queria reservar para as afecções devidas a um defeito de nutrição dos tecidos. Cf. *Bulletin des sciences médicales*, T. 5, 1810, p. 167-188.

196 O Nascimento da Clínica | Michel Foucault

fácil e tão frouxa das simpatias, o uso geral do conceito de irritação e o retorno, a partir dele, a um certo monismo patológico, próximo do de Brown, para que a anatomia patológica se libere realmente da tutela dos nosógrafos e a problemática das essências mórbidas deixe de complementar a análise perceptiva das lesões orgânicas. Com o passar do tempo, logo se esquecerá que a estrutura da experiência anatomoclínica só pôde se equilibrar graças a Broussais; serão lembrados apenas os ataques furiosos contra Pinel, de quem Laënnec, em compensação, suportava tão bem o impalpável controle; só se recordará do intemperante fisiologista e de suas apressadas generalizações. E recentemente o bom Mondor reencontrava, sob a complacência de sua pena, a aspereza das injúrias adolescentes para lançá-las contra os manes de Broussais.[13] O imprudente não lera os textos, nem compreendera bem as coisas.

Ei-los.

* * *

Neuroses e febres essenciais eram consideradas por todos, no final do século XVIII e início do XIX, doenças sem lesão orgânica. As doenças do espírito e dos nervos receberam, e isso graças a Pinel, um estatuto bastante particular que fizeram com que sua história, ao menos até a descoberta de A.-L. Bayle, em 1821-1824, não coincidisse com as discussões sobre a organicidade das doenças. As febres, porém, estarão durante mais de 15 anos no centro do problema.

Retracemos, em primeiro lugar, algumas linhas gerais do conceito de febre no século XVIII. Entende-se primeiramente, por esta palavra, uma reação finalizada do organismo que se defende contra um ataque ou uma substância patógenos; a febre manifestada durante a doença vai em direção oposta e tenta remontar a corrente; ela é um signo não da doença, mas da resistência à doença, "uma afecção da vida que se esforça por afastar a morte".[14] Tem, portanto, e no sentido estrito do

---

13. H. Mondor, *Vie de Dupuytren*, Paris, 1945, p. 176: "médico ébrio de cena... vaidoso e ruidoso charlatão... suas astúcias, sua imprudência, sua verbosa combatividade, seus erros declamatórios... sua ousadia de ilusionista".
14. Boerhaave, *Aphorisme*.

A CRISE DAS FEBRES **197**

termo, um valor salutar: mostra que o organismo "*morbiferam aliquam materiam sive praeoccupare sive removere intendit*".[15] A febre é um movimento de excreção, com intenção purificadora; e Stahl lembra uma etimologia: *februare*, quer dizer, expulsar ritualmente de uma casa as sombras dos defuntos.[16]

Sobre esse pano de fundo de finalidade, o movimento da febre e seu mecanismo são facilmente analisáveis. A sucessão dos sintomas indica suas diferentes fases: o calafrio e a primeira impressão de frio denunciam um espasmo periférico e uma rarefação do sangue nos capilares vizinhos da pele. A frequência do pulso indica que o coração reagiu fazendo refluir o máximo de sangue possível em direção aos membros: o calor mostra, com efeito, que o sangue circula mais rapidamente e que todas as funções são por isso mesmo aceleradas; as forças motoras decrescem proporcionalmente: daí a impressão de languidez e a atonia dos músculos. Finalmente, o suor indica o sucesso dessa reação febril que consegue expurgar a substância morbífica; mas, quando esta consegue se reformar a tempo, têm-se febres intermitentes.[17]

Essa interpretação simples, que vinculava até a evidência os sintomas manifestos e seus correlatos orgânicos, teve uma tríplice importância na história da medicina. Por um lado, a análise da febre, em sua forma geral, recobre exatamente o mecanismo das inflamações locais; nos dois casos existe fixação de sangue, contração provocando uma estase mais ou menos prolongada, em seguida, esforço do sistema para restabelecer a circulação e, por esse motivo, movimento violento do sangue; vê-se que "glóbulos vermelhos vêm passar pelas artérias linfáticas", o que provoca, sob forma local, a injeção da conjuntiva, por exemplo, e, sob forma geral, o calor e a agitação de todo o organismo; se o movimento se acelerar, as partes mais tênues do sangue se separarão das mais pesadas,

---

15. Stahl, citado *in* Dagoumer, *Précis historique de la fièvre*, Paris, 1831, p. 9.
16. *Apud ibidem.*
17. Com algumas variantes, este esquema se encontra em Boerhaave, *Aphorismes*, 563, 570, 581; em Hoffmann, *Fundamenta Medica*; em Stoll, *Aphorismes sur la connaissance et la curation des fièvres*; em Huxham, *Essai sur les fièvres*; em Boissier de Sauvages, *Nosologie méthodique*, T. II.

198 O Nascimento da Clínica | Michel Foucault

que continuarão nos capilares em que "a linfa se converterá em uma espécie de geleia": daí as supurações que se verificam no sistema respiratório ou intestinal em caso de inflamação generalizada, ou em forma de abcesso, se se trata de uma febre local.[18]

Mas, se existe identidade funcional entre inflamação e febre, é que o sistema circulatório é o elemento essencial do processo. Trata-se de dupla decalagem nas funções normais: primeiro, moderação, em seguida, exagero; primeiro, fenômeno irritante, em seguida, irritação. "Todos esses fenômenos devem ser deduzidos da irritabilidade, aumentada e estimulada, do coração e das artérias, e finalmente da ação de um estímulo qualquer e da resistência da vida, assim irritada, ao estímulo nocivo."[19] Assim, a febre, cujo mecanismo intrínseco pode tanto ser geral quanto local, encontra no sangue o suporte orgânico e isolável que pode torná-la local ou geral, ou então geral, depois de ter sido local. Sempre por essa irritação difusa do sistema sanguíneo, uma febre pode ser o sintoma geral de uma doença que permanece local durante todo o seu desenvolvimento: sem que nada se modifique em seu modo de ação, ela poderá assim ser tanto essencial quanto simpática. Em tal esquema, o problema da existência das febres essenciais sem lesões determináveis não podia ser colocado: qualquer que fosse sua forma, seu ponto de partida ou sua superfície de manifestação, a febre possuiria sempre o mesmo tipo de suporte orgânico.

O fenômeno do calor está finalmente longe de constituir o essencial do movimento febril; é apenas seu resultado mais superficial e transitório, enquanto o movimento do sangue, as impurezas com que ele se carrega ou que expurga, os ingurgitamentos ou as exsudações que se produzem indicam o que é a febre em sua natureza profunda. Grimaud adverte contra os instrumentos físicos que "só podem seguramente nos fazer conhecer os graus da intensidade do calor; e essas diferenças são as menos importantes para a prática;... o médico deve

---

18. Huxham, *Essai sur les fièvres*, trad. fr., Paris, 1752, p. 339.
19. Stoll, Aphorisme sur la connaissance et la curation des fièvres, *in Encyclopédie des sciences médicales*, 7ª divisão, T. 5, p. 347.

aplicar-se sobretudo em distinguir no calor febril qualidades que podem apenas ser percebidas por um tato bastante exercitado e que escapam e se ocultam a todos os meios que a física pode fornecer. Como essa qualidade acre e irritante do calor febril" que dá a mesma impressão que "a fumaça nos olhos" e que anuncia uma febre pútrida.[20] Sob o fenômeno homogêneo do calor, a febre tem, portanto, qualidades próprias, uma espécie de solidez substancial e diferenciada que permite reparti-la segundo formas específicas. Passa-se, portanto, naturalmente e sem problema, da febre *às* febres. O deslizamento de sentido e de nível conceitual, que nos salta aos olhos,[21] entre a designação de um sintoma comum e a determinação de doenças específicas, não pode ser percebido pela medicina do século XVIII, dada a forma de análise pela qual decifrava o mecanismo febril.

O século XVIII acolherá, portanto, em nome de uma concepção bastante homogênea e coerente da "febre", um número considerável de "febres". Stoll reconhece 12, às quais acrescenta as febres "novas e desconhecidas". São especificadas ora pelo mecanismo circulatório que as explica (febre inflamatória analisada por J.-P. Franck e designada tradicionalmente como sínoca), ora pelo sintoma não febril mais importante que as acompanha (febre biliosa de Stahl, Selle, Stoll), ora pelos órgãos em que se situa a inflamação (febre mesentérica de Baglivi), ora pela qualidade das excreções que provoca (febre pútrida de Haller, de Tissot, de Stoll), ou finalmente pela variedade das formas que toma e pela evolução que apresenta (febre maligna ou febre atáxica de Selle).

Essa rede, desordenada para nossos olhos, só se tornou confusa no dia em que o olhar médico mudou de suporte epistemológico.

* * *

Bem antes de Bichat, como bem antes das primeiras observações de Prost, houve um primeiro encontro entre a ana-

---

20. Grimaud, *Traité des fièvres*, Montpellier, 1791, T. I, p. 89.
21. Bouillaud analisa-o com clareza no *Traité des fièvres dites essentielles*, Paris, 1826, p. 8.

200 O Nascimento da Clínica | Michel Foucault

tomia e a análise sintomática das febres. Encontro puramente negativo, visto que o método anatômico cedia seus direitos e renunciava a determinar uma sede a algumas doenças febris. Na 49ª carta de seu *Traité*, Morgagni dizia não ter encontrado, ao abrir doentes mortos de febres violentas, "*vix quidquam... quod earum gravitati aut impetui responderet; usque adeo id saepe latet per quod faber interficiunt*".[22] Uma análise das febres, segundo seus sintomas e sem esforço de localização, se tornava possível, e mesmo necessária: para estruturar as diversas formas da febre era preciso substituir o volume orgânico por um espaço de repartição onde só entrariam signos e o que eles significam.

A reorganização operada por Pinel não estava apenas na linha de seu próprio método de decifração nosológica; ela se ajustava exatamente à repartição definida por esta primeira forma de anatomia patológica: as febres sem lesão são essenciais; as febres com lesão local são simpáticas. Essas formas idiopáticas, caracterizadas por suas manifestações exteriores, deixam aparecer "propriedades comuns, como a de suspender o apetite e a digestão, alterar a circulação, interromper certas secreções, impedir o sono, excitar ou diminuir a atividade do entendimento, atacar certas funções dos sentidos ou mesmo suspendê-las, entravar, cada uma a seu modo, o movimento muscular".[23] Mas a diversidade dos sintomas também permite a leitura de espécies diferentes: uma forma inflamatória ou angiotônica "marcada exteriormente por sinais de irritação ou de tensão dos vasos sanguíneos" (ela é frequente na puberdade, no começo da gravidez, depois de excessos alcoólicos); uma forma "meningogástrica", com sintomas nervosos e outros, mais primitivos, que parecem "corresponder à região epigástrica" e que seguem em todo caso distúrbios do estômago; uma forma adenomeníngea "cujos sintomas indicam uma irritação das membranas mucosas do conduto intestinal", e que se encontra sobretudo entre os indivíduos de temperamento linfático, entre as mulheres e os velhos; uma forma adinâmica, "que se manifesta, sobretudo exteriormente, por sinais de

---

22. Morgagni, *De sedibus et causis moborum*, Epist. 49, art. 5º.
23. Ph. Pinel, *Nosographie philosophique*, 5ª ed., 1873, I, p. 320.

A Crise das Febres **201**

uma debilidade extrema e de uma atonia geral dos músculos", e que se deve provavelmente à umidade, à falta de limpeza, à frequentação dos hospitais, das prisões e dos anfiteatros, à má nutrição e ao abuso dos prazeres venéreos; finalmente, a febre atáxica ou maligna se caracteriza por "alternativas de excitação e de enfraquecimento com as mais singulares anomalias nervosas": nela se encontram, mais ou menos, os mesmos antecedentes que na febre adinâmica.[24]

O paradoxo reside no princípio mesmo dessa especificação. Em sua forma geral, a febre só se caracteriza por seus efeitos; ela foi separada de todo substrato orgânico; e Pinel nem mesmo menciona o calor como signo essencial ou sintoma principal da classe das febres; mas, quando se trata de dividir essa essência, a função de repartição é assegurada por um princípio que diz respeito não à configuração lógica das espécies, mas à espacialidade orgânica do corpo: os vasos sanguíneos, o estômago, a mucosa intestinal, o sistema muscular ou nervoso são alternadamente chamados a servir de ponto de coerência para a diversidade informe dos sintomas. E se eles podem se organizar de modo a formar espécies, não é porque são *expressões essenciais*, mas porque são *signos locais*. O princípio da essencialidade das febres só tem como conteúdo concreto e especificado a possibilidade de localizá-las. Da *Nosologie* de Sauvages à *Nosographie* de Pinel, a configuração foi invertida: na primeira, as manifestações locais continham sempre uma generalidade possível; na segunda, a estrutura geral envolve a necessidade de uma localização.

Compreende-se, nessas condições, que Pinel tenha acreditado poder integrar em sua análise sintomatológica das febres as descobertas de Roederer e de Wagler; em 1783, eles tinham mostrado que a febre mucosa era sempre acompanhada de traços de inflamação interna e externa no tubo alimentar.[25] Compreende-se também que ele tenha aceito os resultados das autópsias de Prost, que manifestavam lesões intestinais evidentes; mas compreende-se também por que ele próprio não as via:[26] para ele, a localização da lesão vinha situar-se,

---

24. *Ibidem*, p. 9-10 e 323-324.
25. Roederer e Wagler, *De morbo mucoso*, Göttingen, 1783.
26. Cf. *supra*, p. 195, nº 9.

mas como fenômeno secundário, no interior de uma sintomatologia em que os signos locais não remetiam à sede das doenças, mas à sua essência. Compreende-se, finalmente, por que os apologistas de Pinel puderam vê-lo como o primeiro dos localizadores: "Ele não se limitou apenas a classificar os objetos: como que materializando a ciência, até então metafísica demais, se esforçou por localizar, se assim se pode dizer, cada doença ou por lhe atribuir uma sede especial, isto é, determinar o lugar de sua existência primitiva. Essa ideia mostra-se evidentemente nas novas denominações impostas às febres, que ele continuava a chamar de essenciais como que para prestar uma última homenagem às ideias até então dominantes, mas assinalando, a cada uma delas, uma sede particular, fazendo consistir, por exemplo, as febres biliosas e pituitosas na irritação especial de certas partes do tubo intestinal."[27]

De fato, o que Pinel localizava não eram as doenças, mas os signos: e o valor local de que eles eram afetados não indicava uma origem regional, um lugar primitivo, de onde a doença tivesse extraído ao mesmo tempo seu nascimento e sua forma; permitia apenas reconhecer uma doença que apresentava esse sinal como sintoma característico de sua essência. Nessas condições, a cadeia causal e temporal a ser estabelecida não ia da lesão à doença, mas da doença à lesão, como à sua consequência e à sua expressão talvez privilegiada. Chomel, em 1820, ainda continuará fiel à *Nosographie* quando analisar as ulcerações intestinais percebidas por Broussais "como efeito e não causa da afecção febril": não se produzem relativamente tarde (apenas no $10^{\underline{o}}$ dia da doença, quando o meteorismo, a sensibilidade abdominal direita e as excreções saniosas denunciam sua existência)? Não aparecem nessa parte do tubo intestinal em que as matérias, já irritadas pela doença, permanecem por mais tempo (fim do íleo, ceco e cólon ascendente) e nos segmentos inclinados do intestino, muito mais frequentemente do que nas porções verticais e ascendentes?[28] Assim, a doença se deposita no organismo, nele fixa signos locais, se reparte no espaço secundário do corpo; mas sua estrutura essencial continua a ser dada previamente. O

---

27. Richerand, *Histoire de la chirurgie*, Paris, 1825, p. 250.
28. A.-F. Chomel, *De l'existence des fièvres essentielles*, Paris, 1820, p. 10-12.

A Crise das Febres **203**

espaço orgânico está munido de referências a esta estrutura; ele a assinala, não a ordena.

* * *

O *Examen*, de 1816, foi até o cerne da doutrina de Pinel, para denunciar, e com espantosa lucidez teórica, seus postulados. Mas desde a *Histoire des phlegmasies*, estava colocado sob forma de dilema o que se acreditara ser até então perfeitamente compatível: ou uma febre é idiopática ou é localizável; e toda localização obtida fará a febre decair de seu estatuto de essencialidade.

Sem dúvida, essa incompatibilidade, que se inscrevia logicamente no interior da experiência anatomoclínica, tinha sido discretamente formulada ou ao menos suspeitada por Prost, quando mostrou que as febres eram diversas umas das outras, segundo "o órgão cuja afecção lhes dá lugar" ou segundo "o modo de alteração" dos tecidos;[29] como também por Récamier e seus alunos, quando estudaram estas doenças que fariam sucesso: as meningites, indicando que "as febres desta ordem são raramente doenças essenciais, que elas talvez sempre dependam mesmo de uma afecção do cérebro, tal como uma flegmasia, ou uma coleção serosa".[30] Mas o que permitiu a Broussais transformar essas primeiras aproximações em forma sistemática de interpretação de todas as febres foi, sem dúvida alguma, a diversidade e, ao mesmo tempo, a coerência dos campos de experiência médica que ele tinha atravessado.

Formado imediatamente antes da Revolução na medicina do século XVIII, tendo conhecido, como oficial de saúde na Marinha, os problemas específicos da medicina hospitalar e da prática cirúrgica, aluno, em seguida, de Pinel e dos clínicos da nova Escola de Saúde, tendo seguido os cursos de Bichat e as clínicas de Corvisart, que o iniciaram na anatomia patológica, ele retomou a profissão militar e seguiu o Exército de Utrecht a Mayence, e da Boemia na Dalmácia, exercitando-se, como seu

---

29. Prost, *La médecine des corps éclairée par l'ouverture et l'observation*, Paris, ano XII, T. I, p. XXII e XXIII.
30. P.-A. Dan de La Vautrie, *Dissertation sur l'apoplexie considérée spéciale-ment comme l'effet d'une phlegmasie de la substance cérébrale*, Paris, 1807.

204 O Nascimento da Clínica | Michel Foucault

mestre Desgenettes, na nosografia médica comparada, e praticando, em grande escala, o método das autópsias. Todas as formas de experiência médica que se cruzam em fins do século XVIII lhe são familiares; não é de espantar que tenha podido, de seu conjunto e de suas linhas de superposição, tirar a lição radical que devia dar a cada uma sentido e conclusão. Broussais é apenas o ponto de convergência de todas essas experiências, a forma individualmente modelada de sua configuração de conjunto. Ele o sabia, aliás, e que nele falava "o médico observador que não desdenhará a experiência dos outros, mas que desejará sancioná-la pela sua... Nossas Escolas de Medicina, que souberam libertar-se do jugo dos antigos sistemas e preservar-se do contágio dos novos, formaram, há alguns anos, indivíduos capazes de consolidar a marcha ainda vacilante da arte de curar. Dispersos entre seus concidadãos ou disseminados distantes em nossos Exércitos, eles observam, meditam... Um dia, sem dúvida, farão ouvir sua voz".[31] Voltando da Dalmácia, em 1808, Broussais publica sua *Histoire des phlegmasies chroniques*.

É o súbito retorno à ideia pré-clínica de que febre e inflamação dependem do mesmo processo patológico. Mas, enquanto no século XVIII essa identidade tornava secundária a distinção entre o geral e o local, ela é em Broussais a consequência natural do princípio tissular de Bichat, isto é, da obrigação de encontrar a superfície de ataque orgânico. Cada tecido terá seu modo próprio de alteração: é, portanto, pela análise das formas particulares de inflamação no nível das regiões do organismo que é preciso começar o estudo do que se chamam febres. Haverá as inflamações nos tecidos carregados de capilares sanguíneos (como a pia-máter ou os lobos pulmonares), que provocam forte aumento térmico, a alteração das funções nervosas, a perturbação das secreções e eventualmente distúrbios musculares (agitação, contrações); os tecidos pouco providos de capilares vermelhos (membranas finas) produzem distúrbios semelhantes, mas atenuados; finalmente, a inflamação dos vasos linfáticos provoca perturbação na nutrição e nas secreções serosas.[32]

---

31. F.-J.-V. Broussais, *Histoire des phlegmasies chroniques*, T. II, p. 3-4.
32. *Ibidem*, T. I, p. 55-56.

A Crise das Febres **205**

Sobre o pano de fundo dessa especificação inteiramente global, cujo estilo se aproxima bastante das análises de Bichat, o mundo das febres se simplifica notadamente. Só se encontrarão no pulmão as flegmasias correspondentes ao primeiro tipo de inflamação (catarro e peripneumonia), as que derivam do segundo tipo (pleurisia) e finalmente aquelas em que a origem é uma inflamação dos vasos linfáticos (tísica tuberculosa). Com relação ao sistema digestivo, a membrana mucosa pode ser atingida tanto na altura do estômago (gastrite) quanto no intestino (enterite, peritonite). No que se refere à sua evolução, ela é convergente, segundo a lógica da propagação tissular: uma inflamação sanguínea, quando dura, ganha sempre os vasos linfáticos; é por isso que as flegmasias do sistema respiratório "terminam todas na tísica pulmonar";[33] quanto às inflamações intestinais, elas tendem regularmente para as ulcerações da peritonite. Homogêneas por sua origem e convergentes em suas formas terminais, as flegmasias só proliferam em sintomas múltiplos nesse intermédio. Ganham, por via de simpatia, regiões e tecidos novos: por vezes se trata de uma progressão ao longo dos centros de transmissão da vida orgânica (assim, a inflamação da mucosa intestinal pode alterar as secreções biliosas, urinárias, fazer aparecer manchas sobre a pele e saburra na boca); por vezes atacam sucessivamente as funções de relação (cefaleia, dor muscular, vertigens, torpor, delírio). Assim, todas as variedades sintomatológicas podem nascer dessa generalização.

Nisso reside a grande conversão conceitual que o método de Bichat tinha autorizado mas ainda não esclarecido: é a doença local que, generalizando-se, apresenta os sintomas particulares de cada espécie; mas, tomada em sua forma geográfica primeira, a febre nada mais é do que um fenômeno localmente individualizado com uma estrutura patológica geral. Em outras palavras, o sintoma particular (nervoso ou hepático) não é um signo local; é, pelo contrário, índice de generalização; apenas o sintoma geral de inflamação traz em si a exigência de um ponto de ataque bem localizado. Bichat se preocupava com a tarefa de fundar organicamente as doenças

---

33. *Ibidem*, T. I, prefácio, p. XIV.

206 O Nascimento da Clínica | Michel Foucault

gerais: daí sua pesquisa das universalidades orgânicas. Broussais dissocia os pares, sintoma particular–lesão local, sintoma geral–alteração de conjunto, cruza seus elementos e mostra a alteração de conjunto sob o sintoma particular e a lesão geográfica sob o sintoma geral. A partir de então, o espaço orgânico da localização é realmente independente do espaço da configuração nosológica: este desliza sobre o primeiro, desloca seus valores em relação a ele, e só à custa de uma projeção invertida é que a ele remete.

Mas o que é a inflamação, processo de estrutura geral que tem um ponto de ataque sempre localizado? A velha análise sintomática a caracteriza por tumor, rubor, calor e dor; o que não corresponde às formas que ela toma nos tecidos; a inflamação de uma membrana não apresenta dor, nem calor, e muito menos rubor. A inflamação não é uma constelação de signos: é um processo que se desenvolve no interior de um tecido: "toda exaltação local dos movimentos orgânicos, bastante considerável para transtornar a harmonia das funções e para desorganizar o tecido em que está fixada, deve ser considerada como inflamação".[34] Trata-se, portanto, de um fenômeno que comporta duas camadas patológicas de nível e cronologia diferentes: primeiramente, um ataque funcional; em seguida, um ataque da textura. A inflamação tem uma realidade fisiológica que pode se antecipar à desorganização anatômica, que a torna sensível aos olhos. Daí a necessidade de uma medicina fisiológica, "observando a vida, não a vida abstrata, mas a vida dos órgãos e nos órgãos, em relação com todos os agentes que podem exercer alguma influência sobre eles";[35] a anatomia patológica concebida como simples exame dos corpos sem vida é, para si mesma, seu próprio limite, tanto que "a função e as simpatias de todos os órgãos estão longe de ser perfeitamente conhecidas".[36]

Para detectar esse distúrbio funcional primeiro e fundamental, o olhar deve saber se desprender do foco lesivo, porque

---

34. *Ibidem*, T. I, p. 6.
35. Broussais, *Sur l'influence que les travaux des médecins physiologistes ont exercée sur l'état de la médecine*, Paris,1832, p. 19-20.
36. Broussais, *Examen des doctrines*, 2ª ed., Paris, 1821, T. II, p. 647.

A Crise das Febres **207**

este não é dado imediatamente, se bem que a doença seja, em seu enraizamento de origem, sempre localizável; ele deve justamente assinalar essa raiz orgânica antes da lesão, graças aos distúrbios funcionais e a seus sintomas. É aqui que a sintomatologia reencontra seu papel, mas um papel inteiramente baseado no caráter local do ataque patológico: ao remontar o caminho das simpatias e das influências orgânicas, ela deve, sob a rede indefinidamente extensa dos sintomas, "induzir" ou "deduzir" (Broussais utiliza as duas palavras no mesmo sentido) o ponto inicial da perturbação fisiológica. "Estudar os órgãos alterados sem fazer menção aos sintomas das doenças é fazer como se se considerasse o estômago independentemente da digestão."[37] Assim, em lugar de exaltar, como o fizeram "sem medida, nos escritos atuais, as vantagens da descrição", depreciando "a indução com os nomes de teoria hipotética, de sistema *a priori* de vãs conjecturas",[38] far-se-á falar na observação dos sintomas a própria linguagem da anatomia patológica.

Nova organização do olhar médico, com relação a Bichat: a partir do *Traité des membranes*, o princípio da visibilidade era uma regra absoluta, e a localização constituía apenas sua consequência. Com Broussais, a ordem se inverte; é porque a doença, em sua natureza, é local que ela é, de maneira secundária, visível. Broussais, sobretudo na *Histoire des phlegmasies*, admite (e inclusive nisso ele vai mais longe do que Bichat, para quem as doenças vitais podem não deixar traços) que toda "afecção patológica" implica "uma modificação particular no fenômeno que restitui nossos corpos às leis da matéria inorgânica": consequentemente, "se os cadáveres nos pareceram algumas vezes mudos, é que ignorávamos a arte de interrogá-los".[39] Mas essas alterações, quando o ataque é de forma sobretudo fisiológica, podem ser apenas perceptíveis; ou podem então, como as manchas sobre a pele nas febres intestinais, desaparecer com a morte; em todo caso, elas podem não ter, em sua extensão e importância perceptiva, medida

---

37. *Ibidem*, p. 671.
38. Broussais, *Mémoires sur la philosophie de la médecine*, Paris, 1832, p. 14-15.
39. Broussais, *Histoire des phlegmasies*, I, prefácio, p. V.

208 O Nascimento da Clínica | Michel Foucault

comum com o distúrbio que provocam: o que é importante, com efeito, não é o que dessas alterações se oferece à *vista*, mas o que nelas está determinado pelo *lugar* em que se desenvolvem. Demolindo a divisão nosológica mantida por Bichat entre o distúrbio vital ou funcional e a alteração orgânica, Broussais, em virtude de uma necessidade estrutural evidente, situa o axioma de localização antes do princípio da visibilidade. A doença é *do espaço* antes de ser *para a vista*. O desaparecimento das duas últimas grandes classes *a priori* da nosologia abriu para a medicina um campo de investigação inteiramente espacial e determinado de ponta a ponta por esses valores locais. É curioso constatar que essa espacialização absoluta da experiência médica não se deve à integração definitiva da *anatomia* normal e patológica, mas ao primeiro esforço para definir uma *fisiologia* do fenômeno mórbido.

Mas é necessário recuar ainda mais longe nos elementos constitutivos dessa nova medicina e colocar a questão da origem da inflamação. Sendo esta uma exaltação local dos movimentos orgânicos, supõe nos tecidos certa "aptidão a se moverem" e, em contato com esses tecidos, um agente que suscita e exagera os mecanismos. Esta é a irritabilidade, "faculdade que os tecidos possuem de se moverem em contato com um corpo estranho... Haller só atribuía essa propriedade aos músculos; mas concorda-se hoje que ela é comum a todos os tecidos".[40] É preciso não confundi-la com a sensibilidade que é "a consciência dos movimentos excitados pelos corpos estranhos", e só forma um fenômeno superposto e secundário com relação à irritabilidade: o embrião ainda não é sensível, o apoplético não o é mais; um e outro são irritáveis. O aumento de ação irritante é provocado "por corpos ou objetos vivos ou não vivos",[41] que entram em contato com os tecidos; são, portanto, agentes internos ou externos, mas de qualquer forma estranhos ao funcionamento do órgão; a serosidade de um tecido pode tornar-se irritante para um outro ou para ele mesmo, se é abundante demais, como também por uma mudança

---

40. Broussais, *De l'irritation et de la folie*, Paris, ed. de 1839, I, p. 3.
41. *Ibidem*, p. I, nº 1.

A Crise das Febres **209**

de clima ou regime alimentar. Um organismo só está doente em relação com as solicitações do mundo exterior, ou com as alterações de seu funcionamento ou de sua anatomia. "Depois de muitas vacilações em sua marcha, a medicina segue finalmente a única rota que pode conduzi-la à verdade: a observação das relações do homem com as modificações externas e dos órgãos dos homens uns com os outros."[42]

Com essa concepção do agente externo, ou da modificação interna, Broussais contorna um dos temas que, com poucas exceções, reinaram na medicina desde Sydenham: a impossibilidade de definir a causa das doenças. De Sauvages a Pinel a nosologia tinha sido, desse ponto de vista, como que uma figura encaixada no interior desta renúncia à determinação causal: a doença se reduplicava e se fundava em sua afirmação essencial, e as séries causais nada mais eram do que elementos no interior desse esquema em que a natureza do patológico lhe servia de causa eficaz. Com Broussais – coisa que não tinha sido ainda alcançada com Bichat –, a localização pede um esquema causal envolvente: a sede da doença nada mais é do que o ponto de fixação da causa irritante, ponto que é determinado tanto pela irritabilidade do tecido quanto pela força da irritação do agente. O espaço local da doença é, ao mesmo tempo e imediatamente, um espaço causal.

Então – e aí está a grande descoberta de 1816 – desaparece o ser da doença. Reação orgânica a um agente irritante, o fenômeno patológico não pode mais pertencer a um mundo em que a doença, em sua estrutura particular, existiria de acordo com um tipo imperioso, que lhe seria prévio, e em que ela se recolheria, uma vez afastadas as variações individuais e todos os acidentes sem essência; insere-se em uma trama orgânica em que as estruturas são espaciais, as determinações, causais, os fenômenos, anatômicos e fisiológicos. A doença nada mais é do que um movimento complexo dos tecidos em reação a uma causa irritante: aí está toda a essência do patológico, pois não mais existem nem doenças essenciais nem essências das doenças. "Todas as classificações que tendem a

---

42. *Ibidem*, Prefácio da edição de 1828, ed. de 1839, T. I, p. LXV.

210 O Nascimento da Clínica | Michel Foucault

nos fazer considerar as doenças como seres particulares são defeituosas e um espírito judicioso é, sem cessar e como que apesar de si mesmo, conduzido à pesquisa dos órgãos que sofrem."[43] A febre não pode, assim, ser essencial; ela "nada mais é do que uma aceleração do fluxo do sangue... com um aumento da calorificação e uma lesão das funções principais. Esse estado da economia é sempre dependente de uma irritação local".[44] Todas as febres se dissolvem em um longo processo orgânico, quase integralmente entrevisto no texto de 1808,[45] afirmado em 1816, e esquematizado de novo oito anos mais tarde, no *Catéchisme de la médecine physiologique*. Na origem de todas, uma mesma irritação gastrointestinal: a princípio, um simples rubor, em seguida, manchas vinosas cada vez mais numerosas na região ileocecal; essas manchas tomam, muitas vezes, o aspecto de regiões encalombadas que com o tempo provocam ulcerações. Sobre essa trama anatomopatológica constante, que define a origem e a forma geral da gastroenterite, os processos se ramificam: quando a irritação do tubo digestivo aumenta mais em extensão do que em profundidade, suscita uma secreção biliar importante e uma dor nos músculos locomotores: é o que Pinel chamava de febre biliosa; em um indivíduo linfático, ou quando o intestino está carregado de mucosidade, a gastroenterite toma o aspecto que lhe valeu o nome de febre mucosa; o que se chamava de febre adinâmica "nada mais é do que a gastroenterite levada a um tal grau de intensidade que as forças diminuem, as faculdades intelectuais se enfraquecem... a língua escurece, a boca se cobre de um indumento enegrecido"; quando a irritação ganha por simpatia os invólucros cerebrais, têm-se as formas "malignas" das febres.[46] Por essas e outras ramificações, a gastroenterite ganha pouco a pouco todo o organismo: "É bem verdade que o fluxo do sangue é precipitado em todos os teci-

---

43. Broussais, *Examen de la doctrine*, Paris, 1816, Prefácio.
44. *Ibidem*, ed. de 1821, p. 399.
45. Em 1808, Broussais ainda colocava à parte os tipos malignos (febres atáxicas) para os quais não tinha encontrado na autópsia inflamação visceral. *Examen des doctrines*, 1821, T. II, p. 666-668.
46. Broussais, *Catéchisme de la médecine phisiologiste*, Paris, 1824, p. 28-30.

A Crise das Febres   **211**

dos; mas isso não prova que a causa desses fenômenos resida em todos os pontos do corpo."[47] É preciso, portanto, retirar da febre seu estatuto de estado geral e, em proveito dos processos fisiopatológicos que especificam suas manifestações, "descentralizá-las".[48]

Essa dissolução da ontologia febril, com os erros que comportou (em época em que a diferença entre meningite e tifo começava a ser percebida claramente), é o elemento mais conhecido da análise. De fato, ela não é, na economia geral de sua análise, mais do que a contrapartida negativa de um elemento positivo e muito mais sutil: a ideia de um método médico (anatômico e, sobretudo, fisiológico) aplicado ao sofrimento orgânico: é preciso "buscar na fisiologia os traços característicos das doenças e elucidar por uma sábia análise os gritos muitas vezes confusos dos órgãos sofredores".[49] Essa medicina dos órgãos sofredores comporta três momentos:

1º) Determinar qual é o órgão que sofre, o que se faz a partir dos sintomas manifestados, mas com a condição de conhecer "todos os órgãos, todos os tecidos que constituem os meios de comunicação pelos quais esses órgãos estão associados entre si e as mudanças que a modificação de um órgão causa aos outros".

2º) "Explicar como um órgão se tornou sofredor", a partir de um agente externo; levando em conta o fato essencial de que a irritação pode provocar uma hiperatividade ou, pelo contrário, uma astenia funcional, e que "quase sempre essas duas modificações existem simultaneamente em nossa economia" (sob a ação do frio, a atividade das secreções cutâneas diminui; a do pulmão aumenta).

3º) "Indicar o que é preciso fazer para que deixe de sofrer": isto é, suprimir a causa (o frio na pneumonia), mas também apagar "os efeitos que nem sempre desaparecem quando a

---

47. *Examen des doctrines*, 1821, T. II, p. 399.

48. A expressão se encontra na resposta de Broussais a Foderé, Histoire de quelques doctrines médicales, *in Journal universel des sciences médicales*, T. XXIV.

49. Broussais, *Examen de la doctrine*, 1816, prefácio.

212 O Nascimento da Clínica | Michel Foucault

causa deixa de agir" (a congestão sanguínea mantém a irritação nos pulmões dos pneumônicos).[50]

Na crítica da "ontologia" médica, a noção de "sofrimento" orgânico vai sem dúvida mais longe e mais profundamente do que a da irritação. Esta ainda implicava uma conceituação abstrata: a universalidade que lhe permitia tudo explicar formava para o olhar posto sobre o organismo um meio de abstração. A noção de um "sofrimento" dos órgãos só comporta a ideia de uma relação do órgão com um agente ou com um meio, a de uma reação ao ataque, a de um funcionamento anormal, e, finalmente, a da influência perturbadora do elemento atacado sobre os outros órgãos. A partir de então, o olhar médico só pousará em um espaço preenchido pelas formas de composição dos órgãos. O espaço da doença é, sem resíduo nem deslizamento, o próprio espaço do organismo. Perceber o mórbido é uma determinada maneira de perceber o corpo.

Acabou o tempo da medicina das doenças; começa uma medicina das reações patológicas, estrutura de experiência que dominou o século XIX e até certo ponto o século XX, visto que, não sem modificações metodológicas, a medicina dos agentes patogênicos nela virá se encaixar.

* * *

Podem-se deixar de lado as infindas discussões que opuseram os fiéis de Broussais aos últimos partidários de Pinel. As análises anatomopatológicas feitas por Petit e Serres sobre a febre enteromesentérica,[51] a distinção restabelecida por Caffin entre os sintomas térmicos e as doenças pretensamente febris,[52] os trabalhos de Lallemand sobre as afecções cerebrais agudas,[53] e finalmente o *Traité* de Bouillaud consagrado às "febres ditas essenciais"[54] colocaram pouco a pouco de lado

---

50. *Examen des doctrines*, 1821, T. I, p. 52-55. No texto sobre *L'influence des médecins physiologistes*, 1832, Broussais acrescenta, entre o segundo e o terceiro preceitos, o de determinar a ação do órgão sofredor sobre os outros.

51. M.-A. Petit e Serres, *Traité de la fièvre entéro-mésentérique*, Paris, 1813.

52. Caffin, *Traité analytique des fièvres essentielles,* Paris, 1811.

53. Lallemand, *Recherches anatomo-pathologiques sur l'encéphale*, Paris, 1820.

54. Bouillaud, *Traité clinique et expérimental des fièvres dites essentielles*, Paris, 1826.

A Crise das Febres **213**

aquilo que continuava a alimentar as polêmicas. Estas acabaram desaparecendo. Chomel, que em 1821 afirmava a existência de febres gerais sem lesão, em 1834 reconhecia em todas elas uma localização orgânica;[55] Andral havia consagrado um volume de sua *Clinique médicale*, na primeira edição, à classe das febres; na segunda, dividiu-as em flegmasias das vísceras e flegmasias dos centros nervosos.[56]

E, no entanto, até seu último dia, Broussais foi apaixonadamente atacado; e mesmo depois de sua morte seu descrédito não deixou de crescer. Não podia ser de outra maneira. Broussais só conseguira contornar a ideia de doenças essenciais à custa de um preço extraordinariamente elevado; fora-lhe necessário rearmar a velha noção tão criticada (e justamente pela anatomia patológica) de simpatia; tivera de voltar ao conceito halleriano de irritação; fechara-se em um monismo patológico que lembrava Brown, e reativara, na lógica de seu sistema, as velhas práticas da sangria. Todos esses retornos foram epistemologicamente necessários para que aparecesse, em sua pureza, uma medicina dos órgãos, e para que a percepção médica se libertasse de todo preconceito nosológico. Mas, por isso mesmo, ela corria o risco de se perder, ao mesmo tempo, na diversidade dos fenômenos e na homogeneidade do processo. Entre a monótona irritação e a violência infinita "dos gritos dos órgãos sofredores", a percepção oscilava antes de fixar a inevitável ordenação em que todas as singularidades se fundavam: lanceta e sanguessuga.

Tudo era justificado nos ataques furiosos que os contemporâneos de Broussais lançavam contra ele. Não inteiramente, entretanto: essa percepção anatomoclínica, finalmente conquistada em sua totalidade e capaz de controlar-se a si mesma, essa percepção em nome da qual tinham razão contra ele, é à sua "medicina fisiológica" que eles a deviam, ou que deviam ao menos sua forma definitiva de equilíbrio. Tudo em

---

55. Chomel, *Traité des fièvres et des maladies pestilentielles*, 1821, *Leçons sur la fièvre typhoïde*, 1834.

56. Andral, *Clinique médicale*, Paris, 1823-1827, 4 vols. Uma anedota afirma que Pinel teve a intenção de suprimir, na última edição da *Nosologie*, a classe das febres e que teria sido impedido por seu editor.

Broussais ia em sentido contrário do que se vira em sua época; mas ele fixara para ela o último elemento da *maneira de ver*. A partir de 1816, o olho do médico pôde se dirigir a um organismo doente. O *a priori* histórico e concreto do olhar médico moderno completou sua constituição.

A decifração das estruturas não tem de fazer reabilitações. Mas, já que existem ainda em nossos dias médicos e outros que acreditam escrever história escrevendo biografias e distribuindo méritos, eis, para eles, o texto de um médico que não era em absoluto um ignorante: "A publicação do *Examen de la doctrine médicale* é um desses importantes acontecimentos de que os fatos da medicina conservarão durante muito tempo a memória... A revolução médica de que Broussais lançou os fundamentos em 1816 é, incontestavelmente, a mais notável que a medicina sofreu nos tempos modernos."[57]

---

57. Bouillaud, *Traité des fièvres dites essentielles*, Paris, 1826, p. 13.

CONCLUSÃO

O livro que se acaba de ler é, entre outros, o ensaio de um método no domínio tão confuso, tão pouco e tão mal estruturado da história das ideias.

Seu suporte histórico é estreito, visto que trata, em suma, do desenvolvimento da observação médica e de seus métodos durante apenas meio século. Trata-se, no entanto, de um desses períodos que delineiam um inapagável limiar cronológico: o momento em que o mal, o contranatural, a morte, todo o fundo negro da doença, em suma, vem à luz, isto é, ao mesmo tempo se ilumina e se suprime como noite, no espaço profundo, visível e sólido, fechado mas acessível, do corpo humano. O que era fundamentalmente invisível se oferece, subitamente, à claridade do olhar, em um movimento aparentemente tão simples, tão imediato, que parece a recompensa natural de uma experiência mais bem realizada. Tem-se a impressão de que, pela primeira vez depois de milênios, os médicos, finalmente livres de teorias e de quimeras, consentiram em abordar o objeto de sua experiência nele mesmo e na pureza de um olhar não prevenido. Mas é necessário inverter a análise: são as formas de visibilidade que mudaram; o novo espírito médico, de que Bichat é, sem dúvida, a primeira testemunha absolutamente coerente, não deve ser inscrito na ordem das purificações psicológicas e epistemológicas; ele nada mais é

216 O Nascimento da Clínica | Michel Foucault

do que uma reorganização epistemológica da doença, em que os limites do visível e do invisível seguem novo plano; o abismo abaixo do mal e que era o próprio mal acaba de surgir na luz da linguagem – luz que, sem dúvida, ilumina de um mesmo modo as *120 journées, Juliette* e os *Désastres*.

Mas aqui apenas se trata do domínio da medicina e do modo como se estruturou em alguns anos o conhecimento singular do indivíduo doente. Para que a experiência clínica fosse possível como forma de conhecimento, foi preciso toda uma reorganização do campo hospitalar, uma nova definição do estatuto do doente na sociedade e a instauração de uma determinada relação entre a assistência e a experiência, o socorro e o saber; foi preciso situar o doente em um espaço coletivo e homogêneo. Também foi preciso abrir a linguagem a todo um domínio novo: o de uma correlação contínua e objetivamente fundada entre o visível e o enunciável. Definiu-se, então, um uso absolutamente novo do discurso científico: uso de fidelidade e obediência incondicional ao conteúdo colorido da experiência – dizer o que se vê; mas uso também de fundação e de constituição da experiência – fazer ver, dizendo o que se vê; foi, portanto, necessário situar a linguagem médica nesse nível aparentemente muito superficial, mas, para dizer a verdade, profundamente escondido, em que a fórmula de descrição é ao mesmo tempo gesto de desvelamento. E esse desvelamento, por sua vez, implicava, como campo de origem e de manifestação da verdade, o espaço discursivo do cadáver: o interior desvelado. A constituição da anatomia patológica na época em que os clínicos definiam seus métodos não se deve a uma coincidência: o equilíbrio da experiência desejava que o olhar colocado sobre o indivíduo e a linguagem da descrição repousassem no fundo estável, visível e legível da morte.

Essa estrutura em que se articulam o espaço, a linguagem e a morte – o que se chama, em suma, de método anatomoclínico – constitui a condição histórica de uma medicina que se dá e que recebemos como positiva. Positivo deve ser tomado aqui em sentido forte. A doença se desprende da metafísica, do mal com quem, há séculos, estava aparentada, e encontra na visibilidade da morte a forma plena em que seu conteúdo aparece em termos positivos. Pensada com relação à natureza, a doença era o negativo indeterminável cujas cau-

CONCLUSÃO 217

sas, formas e manifestações só se ofereciam de viés e sobre um fundo sempre recuado; percebida com relação à morte, a doença se torna exaustivamente legível, aberta sem resíduos à dissecção soberana da linguagem e do olhar. Foi quando a morte se integrou epistemologicamente à experiência médica que a doença pôde se desprender da contranatureza e *tomar corpo* no *corpo vivo* dos indivíduos.

É, sem dúvida, decisivo para a nossa cultura que o primeiro discurso científico enunciado por ela sobre o indivíduo tenha tido de passar por esse momento da morte. É que o homem ocidental só pôde se constituir a seus próprios olhos como objeto de ciência, só se colocou no interior de sua linguagem e só se deu, nela e por ela, uma existência discursiva por referência à sua própria destruição: da experiência da Desrazão nasceram todas as psicologias e a possibilidade mesma da psicologia; da colocação da morte no pensamento médico nasceu uma medicina que se dá como ciência do indivíduo. E, de modo geral, a experiência da individualidade na cultura moderna está talvez ligada à da morte: dos cadáveres abertos de Bichat ao homem freudiano, uma relação obstinada com a morte prescreve ao universal sua face singular e dá à palavra de cada um o poder de ser indefinidamente ouvida; o indivíduo lhe deve um sentido que nele não se detém. A divisão que ela traça e a finitude, cuja marca ela impõe, ligam paradoxalmente a universalidade da linguagem à forma precária e insubstituível do indivíduo. O sensível, inesgotável à descrição, e que tantos séculos desejaram dissipar, encontra finalmente na morte a lei de seu discurso. Ela permite ver, em um espaço articulado pela linguagem, a profusão dos corpos e sua ordem simples.

* * *

Pode-se compreender, a partir daí, a importância da medicina para a constituição das ciências do homem: importância que não é apenas metodológica, na medida em que ela diz respeito ao ser do homem como objeto de saber positivo.

A possibilidade de o indivíduo ser ao mesmo tempo sujeito e objeto de seu próprio conhecimento implica que se inverta no saber o jogo da finitude. Para o pensamento clássico, esta não tinha outro conteúdo senão a negação do infinito, enquanto o pensamento que se forma no final do século XVIII lhe dá os poderes do positivo: a estrutura antropológica que então aparece desempenha simultaneamente o papel crítico de limite e o papel fundador de origem. Foi essa mudança que serviu de conotação filosófica para a organização de uma medicina positiva; e, inversamente, essa medicina foi, no nível empírico, um dos primeiros esclarecimentos da relação que liga o homem moderno a uma finitude originária. Daí o lugar determinante da medicina na arquitetura de conjunto das ciências humanas; mais do que qualquer outra, ela está próxima da disposição antropológica que as fundamenta. Daí também seu prestígio nas formas concretas da existência: a saúde substitui a salvação, dizia Guardia. É que a medicina oferece ao homem moderno a face obstinada e tranquilizante de sua finitude; nela, a morte é reafirmada, mas, ao mesmo tempo, conjurada; e se ela anuncia sem trégua ao homem o limite que ele traz em si, fala-lhe também desse mundo técnico, que é a forma armada, positiva e plena de sua finitude. Os gestos, as palavras, os olhares médicos tomaram, a partir desse momento, uma densidade filosófica comparável talvez à que tivera antes o pensamento matemático. A importância de Bichat, de Jackson e de Freud na cultura europeia não prova que eles eram tanto filósofos quanto médicos, mas que nessa cultura o pensamento médico implica de pleno direito o estatuto filosófico do homem.

Essa experiência médica está por isso mesmo aparentada com uma experiência lírica que procurou sua linguagem de Hölderlin a Rilke. Essa experiência, que inaugura o século XVIII e de que ainda não escapamos, está ligada a um esclarecimento das formas da finitude, de que a morte é, sem dúvida, a mais ameaçadora, mas também a mais plena. O Empédocles de Hölderlin, chegando por uma caminhada voluntária à beira do Etna, é a morte do último mediador entre os mortais, e o Olimpo é o fim do infinito sobre a Terra, a chama retornando a seu fogo de nascença e deixando como único traço que permanece o que justamente deveria ser abolido por sua morte: a forma bela e fechada da individualidade; depois de Empédocles, o mundo será colocado sob o signo da finitude, nesse intervalo sem conciliação em que reina a Lei, a dura lei do limite; a individualidade terá como destino configurar-se sempre na

CONCLUSÃO **219**

objetividade que a manifesta e a oculta, que a nega e a funda: "ainda aqui o subjetivo e o objetivo trocam sua figura". O movimento que serve de base ao lirismo no século XIX é, de um modo que à primeira vista pode parecer estranho, o mesmo pelo qual o homem tomou conhecimento positivo de si próprio; mas será preciso se espantar com o fato de que as figuras do saber e as da linguagem obedeçam à mesma lei profunda, e de que a irrupção da finitude domine, do mesmo modo, essa relação do homem com a morte que, nesse caso, autoriza um discurso científico sob uma forma racional, e, no outro, abre a fonte de uma linguagem que se desdobra indefinidamente no vazio deixado pela ausência dos deuses?

A formação da medicina clínica é apenas uma das mais visíveis testemunhas dessas mudanças nas disposições fundamentais do saber; pode-se ver que elas implicaram muito mais do que se pode decifrar pela leitura cursiva do positivismo. Mas quando se faz a investigação vertical desse positivismo vê-se aparecer, ao mesmo tempo oculta por ele mas indispensável para que ele nasça, uma série de figuras que serão em seguida liberadas e paradoxalmente utilizadas contra ele. Em particular, o que a fenomenologia lhe oporá com a maior obstinação já estava presente no sistema de suas condições: os poderes significantes do percebido e sua correlação com a linguagem nas formas originárias da experiência, a organização da objetividade a partir dos valores do signo, a estrutura secretamente linguística do dado, o caráter constitutivo da espacialidade corporal, a importância da finitude na relação do homem com a verdade e no fundamento dessa relação, tudo isso já se encontrava na gênese do positivismo, mas esquecido em seu proveito. De tal modo que o pensamento contemporâneo, acreditando ter escapado a ele desde o final do século XIX, nada mais fez do que redescobrir, pouco a pouco, o que o tornara possível. Nos últimos anos do século XVIII, a cultura europeia construiu uma estrutura que ainda não foi desatada; começamos apenas a desembaraçar alguns de seus fios que nos são ainda tão desconhecidos que os tomamos de bom grado como maravilhosamente novos ou absolutamente arcaicos, enquanto, há dois séculos (não menos e entretanto não muito mais), constituíram a trama sombria, mas sólida, de nossa experiência.

BIBLIOGRAFIA

I – NOSOLOGIA

ALIBERT, J.-L., *Nosologie naturelle*, Paris, 1817.

BOISSIER DE SAUVAGES, Fr., *Nosologie méthodique*, trad., Lyon, 1772, 10 vols.

CAPURON, J., *Nova medicinae elementa,* Paris, 1804.

Ch..., J.-J., *Nosographiae compendium*, Paris, 1816.

CHAUSSIER, Fr., *Table générale des méthodes nosologiques*, Paris, s.d.

CULLEN, W., *Apparatus ad nosologiam methodicam*, Amsterdam, 1775.

————, *Institutions de médecine pratique*, trad., Paris, 1785.

DUPONT, J.-Ch., *Y a-t-il de la différence dans les systèmes de classification dont on se sert avec avantage dans l'étude de l'histoire naturelle et ceux qui peuvent être profitables à la connaissance des maladies?*, Bourdeaux, 1803.

DURET, F.-J.-J., *Tableau d'une classification générale des maladies*, Paris, 1813.

FERCOQ, G.-A., *Synonymie ou concordance de la nomenclature de la Nosographie philosophique du Pr Pinel avec les anciennes nosologies*, Paris, 1812.

FRANK, J.P., *Synopsis nosologiae methodicae*, Ticini, 1790.

LATOUR, F.-D., *Nosographie synoptique*, Paris, 1810, 1 vol. único publicado.

LINNÉ, C., *Genera morborum*, trad. *apud* SAUVAGES, cf. *supra*.

PINEL, Ph., *Nosographie philosophique*, Paris, ano VI.
SAGAR, J.B.M., *Systema morborum systematicum*, Viena, 1771.
SYDENHAM, Th., *Médecine pratique*, trad., Paris, 1784.
VOULONNE, *Déterminer les maladies dans lesquelles la médecine agissante est préférable à l'expectante*, Avignon, 1776.

II – POLÍCIA E GEOGRAFIA MÉDICAS

AUDIN-ROUVIÈRE, J.-M., *Essai sur la topographie physique et médicale de Paris*, Paris, ano II.
BACHER, A., *De la médecine considérée politiquement*, Paris, ano IX.
BANAU e TURBEN, *Mémoires sur les épidémies du Languedoc*, Paris, 1766.
BARBERET, D., *Mémoire sur les maladies épidémiques des bestiaux*, Paris, 1766.
BIENVILLE, J.-D.-T., *Traité des erreurs populaires sur la médecine*, La Haye, 1775.
CATTET, J.-J., e GARDET, J.-B., *Essai sur la contagion*, Paris, ano II.
CERVEAU, M., *Dissertation sur la médecine des casernes*, Paris, 1803.
CLERC, *De la contagion*, São Petersburgo, 1771.
COLOMBIER, J., *Préceptes sur la santé des gens de guerre*, Paris, 1775.
————, *Code de médecine militaire*, Paris, 1772, 5 vols.
DAIGNAN, G., *Ordre du service des hôpitaux militaires*, Paris, 1785.
————, *Tableau des variétés de la vie humaine*, Paris, 1786, 2 vols.
————, *Centuries médicales du XIXe siècle*, Paris, 1807-1808.
————, *Conservatoire de Santé*, Paris, 1802.
DESGENETTES, R.-N., *Histoire médicale de l'armée d'Orient*, Paris, 1802.
————, *Opuscules*, Le Caire, s.d.
FOUQUET, H., *Observations sur la constitution des six premiers mois de l'an V à Montpellier*, Montpellier, ano VI.
FRANK, J.-P., *System einer vollständigen medizinischen Polizei*, Mannheim, 1779-1790, 4 vols.
FRIER, F., *Guide pour la conservation de l'homme*, Grenoble, 1789.
GACHET, L.-E., *Problème médico-politique pour ou contre les arcanes*, Paris, 1791.
GACHET, M., *Tableau historique des événements présents relatif à leur influence sur la santé*, Paris, 1790.
GANNE, A., *L'homme physique et moral*, Estrasburgo, 1791.
GUINDANT, T., *La nature opprimée par la médecine moderne*, Paris, 1768.

BIBLIOGRAFIA **223**

GUYTON-MORVEAU, L.-B., *Traité des moyens de désinfecter l'air*, Paris, 1801.

HAUTESIERCK, F.-M., *Recueil d'observations de médecine des hôpitaux militaires*, Paris, 1766-1772, 2 vols.

HILDENBRAND, J.-V., *Du typhus contagieux*, trad., Paris, 1811.

DE HORNE, D.-R., *Mémoire sur quelques objets qui intéressent plus particulièrement la salubrité de la ville de Paris*, Paris, 1788.

Instruction sur les moyens d'entretenir la salubrité et le purifier l'air des salles dans les hôpitaux militaires (Paris, ano II).

JACQUIN, A.-P., *De la santé*, Paris, 1762.

LAFON, J.-B., *Philosophie médicale*, Paris, 1796.

LANTHENAS, F., *De l'influence de la liberté sur la santé, la morale et le bonheur*, Paris, 1798.

LAUGIER, E.-M., *L'art de faire cesser la peste*, Paris, 1784.

LEBÈGUE DE PRESLE, *Le conservateur de santé*, Paris, 1772.

LEBRUN, *Traité théorique sur les maladies épidémiques*, Paris, 1776.

LEPECQ DE LA CLOTURE, L., *Collection d'observations sur les maladies et constitutions épidémiques*, Rouen, 1778, 2 vols.

LIOULT, P.-J., *Les charlatans dévoilés*, Paris, ano VIII.

MACKENZIE, J., *Histoire de la santé et de l'art de la conserver*, La Haye, 1759.

MARET, M., *Quelle influence les moeurs des Français ont sur leur santé*, Amiens, 1772.

Médecine militaire ou Traité des maladies tant internes qu'externes auxquelles les militaires sont exposés pendant la paix ou la guerre, Paris, 1778, 6 vols.

MENURET, J.-J., *Essai sur l'action de l'air dans les maladies contagieuses*, Paris, 1781.

————, *Essai sur l'histoire médico-topographique de Paris*, Paris, 1786.

MURAT, J.-A., *Topographie médicale de la ville de Montpellier*, Montpellier, 1810.

NICOLAS, P.-F., *Mémoires sur les maladies épidémiques qui ont régné dans la province de Dauphiné*, Grenoble, 1786.

PETIT, M.-A., *Sur l'influence de la Révolution sur la santé publique*, 1796.

————, *in Essai sur la médecine du coeur*, Lyon, 1806.

PICHLER, J.-F.-C., *Mémoire sur les maladies contagieuses*, Estrasburgo, 1786.

Préceptes de santé ou Introduction au Dictionnaire de santé, Paris, 1772.

QUATROUX, Fr., *Traité de la peste*, Paris, 1771.

RAZOUX, J., *Tables nosologiques et météorologiques dressées à l'Hôtel-Dieu de Nîmes*, Bâle, 1767.

Réflexions sur le traitement et la nature des épidémies lues à la Société royale de Médecine le 27 mai 1785, Paris, 1785.

ROY-DESJONCADES, A., *Les lois de la nature applicables aux lois physiques de la médecine*, Paris, 1788, 2 vols.

ROCHARD, C.-C.-T., *Programme de cours sur les maladies épidémiques*, Estrasburgo, ano XIII.

RUETTE, F., *Observations cliniques sur une maladie épidémique*, Paris, s.d.

SALVERTE, E., *Des rapports de la médecine avec la politique*, Paris, 1806.

SOUQUET, *Essai sur l'histoire topographique médico-physique du district de Boulogne*, Bolonha, ano II.

TALLAVIGNES, J.-A., *Dissertation sur la médecine où l'on prouve que l'homme civilisé est plus sujet aux maladies graves*, Carcassonne, 1821.

THIERY, *Voeux d'un patriote sur la médecine en France*, Paris, 1789.

III – REFORMA DA PRÁTICA E DO ENSINO

Appel à la raison ou voeu de l'humanité.

BARAILLON, J.-F., *Rapport sur la partie de police qui tient à la médecine, 8 germ. an VI*, Paris, ano VI.

————, *Opinion sur le projet de la commission d'Instruction publique relatif aux Écoles de Médecine, 7 germ. an VI*, Paris, ano VI.

BAUMES, J.-B.-J., *Discours sur la nécessité des sciences dans une nation libre*, Montpellier, ano III.

CABANIS, P.-J.-G., *Oeuvres*, Paris, 1956, 2 vols.

CALÈS, J.-M., *Projet sur les Écoles de santé, 12 prairial an V*, Paris, ano V.

————, *Opinion sur les Écoles de Médecine, 17 germinal an VI*, Paris, ano VI.

CANTIN, D.-M.-J., *Projet de réforme adressé à l'Assemblée Nationale*, Paris, 1790.

CARON, J.-F.-C., *Réflexions sur l'exercice de la médecine*, Paris, 1804.

————, *Projet de règlement sur l'art de guérir*, Paris, 1801.

CHAMBEAU DE MONTAUX, *Moyens de rendre des hôpitaux utiles et de perfectionner la médecine*, Paris, 1787.

COLON DE DIVOL, *Réclamations des malades de Bicêtre*, Paris, 1790.

COQUEAU, C.-P., *Essai sur l'établissement des hôpitaux dans les grandes villes*, Paris, 1787.

DAUNOU, P.-C., *Rapports sur les Écoles spéciales*, Paris, ano V.

BIBLIOGRAFIA **225**

DEMANGEON, J.-B., *Tableau d'un triple établissement réuni en un seul hospice à Copenhague*, Paris, ano VII.

————, *Des moyens de perfectionner la médecine*, Paris, 1804.

DESMONCEAUX, A., *De la bienfaisance nationale*, Paris, 1787.

DUCHANOY, *Projet d'organisation médicale*, s.l.n.d..

DU LAURENS, J., *Moyens de rendre les hôpitaux utiles et de perfectionner les médecins*, Paris, 1787.

DUPONT DE NEMOURS, P., *Idées sur les secours à donner aux pauvres malades dans une grande ville*, Paris, 1786.

EHRMANN, J.-F., *Opinion sur le projet de Vitet, 14 germinal an VI*, Paris, ano VI.

Essai sur la réformation de la société dite de médecine, Paris, ano VI.

État actuel de l'École de Santé, Paris, ano VI.

FOURCROY, A.-F., *Rapport sur l'enseignement libre des sciences et des arts*, Paris, ano II.

————, *Exposé des motifs du projet de loi relatif à l'exercice de la médecine*, Paris, s.d.

————, *Rapport sur les Écoles de Médecine, frimaire an III*, Paris, ano III.

————, *Discours sur le projet de loi relatif à l'exercice de la médecine, 19 ventôse an XI*, Paris, ano XI.

FOUROT, *Essai sur les concours en médecine*, Paris, 1786.

GALLOT, J.-G., *Vues générales sur la restauration de l'art de guérir*, Paris, 1790.

GÉRAUD, M., *Projet de décret sur l'organisation civile des médecins*, Paris, 1791.

GUILLAUME, J., *Procès-verbaux du Comité d'Instruction publique*, Paris, 1899.

GUILLEMARDET, F.-P., *Opinion sur les Écoles spéciales de Santé, 14 germinal an VI*, Paris, ano VI.

IMBERT, J., *Le droit hospitalier de la Révolution et de l'Empire*, Paris, 1954.

Instituta facultatis medicae Vidobonensis, curante Ant. Storck, Viena, 1775.

JADELOT, N., *Adresse à Nos Seigneurs de l'Assemblée Nationale sur la nécessité et les moyens de perfectionner l'enseignement de la médecine*, Nancy, 1790.

LEFÈVRE, J., *Opinion sur le projet de Vitet, 16 germinal an VI*, Paris, ano VI.

LESPAGNOL, N.-L., *Projet d'établir trois médecins par district pour le soulagement des gens de la campagne*, Charleville, 1790.

MARQUAIS, J.-Th., *Rapport ou Roi sur l'état actuel de la médecine en France*, Paris, 1814.

226 O Nascimento da Clínica | Michel Foucault

MENURET, J.-J., *Essai sur les moyens de former de bons médecins*, Paris, 1791.

Motif de la réclamation de la Faculté de Médecine de Paris contre l'établissement de la Société royale de Médecine, s.l.n.d.; o autor é Vacher de la Feutrie.

Observations sur les moyens de perfectionner l'enseignement de la médecine en France, Montpellier, ano V.

PASTORET, C.-E., *Rapport sur un mode provisoire d'examen pour les officiers de Santé (19 thermidor an V)*, Paris, ano V.

PETIT, A., *Projet de réforme sur l'exercice de la médecine en France*, Paris, 1791.

————, *Sur la meilleure manière de construire un hôpital*, Paris, 1774.

Plan de travail présenté à la Société de Médecine de Paris, Paris, ano V.

Plan général d'enseignement dans l'École de Santé de Paris, Paris, ano III.

PORCHER, G.-C., *Opinion sur la résolution du 19 fructidor an V, 16 vendémiaire an VI*, Paris, ano VI.

Précis historique de l'établissement de la Société royale de Médecine, s.l.n.d.

PRIEUR DE LA CÔTE-D'OR, C.-A., *Motion relative aux Écoles de Santé*, Paris, ano VI.

Programme de la Société royale de Médecine sur les cliniques, Paris, 1792.

Programme des cours d'enseignement dans l'École de Santé de Montpellier, Paris, ano III.

PRUNELLE, Cl.-V., *Des Écoles de Médecine, de leurs connexions et de leur méthodologie*, Paris, 1816.

Recueil de discours prononcés à la Faculté de Montpellier, Montpellier, 1820.

RÉGNAULT, J.-B., *Considérations sur l'état de la médecine en France depuis la Révolution jusqu'à nos jours*, Paris, 1819.

RETZ, N., *Exposé succinct à l'Assemblée Nationale sur les Facultés et Sociétés de Médecine*, Paris, 1790.

ROYER, P.-F., *Bienfaisance médicale et projet financier*, Provins, ano IX.

————, *Bienfaisance médicale rurale*, Troyes, 1814.

SABAROT DE L'AVERNIÈRE, *Vue de législation médicale adressée aux États généraux*, s.l., 1789.

TISSOT, S.-A.-D., *Essai sur les moyens de perfectionner les études de médecine*, Lausanne, 1785.

VICQ D'AZYR, F., *Oeuvres*, Paris, 1805, 6 vols.

BIBLIOGRAFIA **227**

VITET, L., *Rapport sur les Écoles de Santé, 17 ventôse an VI*, Paris, ano VI.

WÜRTZ, *Mémoire sur l'établissement des Écoles de Médecine pratique*, Paris, 1784.

IV – OS MÉTODOS

AMARD, L.-V.-F., *Association intellectuelle*, Paris, 1821, 2 vols.

AMOREUX, P.-J., *Essai sur la médecine des Arabes*, Montpellier, 1805.

AUDIBERT-CAILLE, J.-M., *Mémoire sur l'utilité de l'analogie en médecine*, Montpellier, 1814.

AUENBRUGGER, *Nouvelle méthode pour reconnaître les maladies internes, trad. in* ROZIÈRE DE LA CHASSAIGNE, *Manuel des pulmoniques*, Paris, 1763.

BEULLAC, J.-P., *Nouveau guide de l'étudiant en médecine*, Paris, 1824.

BORDEU, Th., *Recherches sur le pouls*, Paris, 1779-1786, 4 vols.

BOUILLAUD, J., *Dissertation sur les généralités de la clinique*, Paris, 1831.

BROUSSONNET, J.-L.-V., *Tableau élémentaire de séméiotique*, Montpellier, ano VI.

BRULLEY, C.-A., *Essai sur l'art de conjecturer en médecine*, Paris, ano X.

BRUTÉ, S.-G.-G., *Essai sur l'histoire et les avantages des institutions cliniques*, Paris, 1803.

CHOMEL, J.-B.-L., *Essai historique sur la médecine en France*, Paris, 1762.

CLOS DE SORÈZE, J.-A., *De l'analyse en médecine*, Montpellier, ano V.

CORVISART, J.-N., *Essai sur les maladies et lésions du coeur et des gros vaisseaux*, Paris, 1806.

DARDONVILLE, H., *Réflexions pratiques sur les dangers des systèmes en médecine*, Paris, 1818.

DEMORGY-DELETTRE, J.-B.-E., *Essai sur l'analyse appliquée au perfectionnement de la médecine*, Paris, 1818.

DOUBLE, F.-J., *Séméiologie générale ou Traité des signes et de leur valeur dans les maladies*, Paris, 1811-1822, 3 vols.

DUVIVIER, P.-H., *De la médecine considérée comme science et comme art*, Paris, 1826.

ESSYG, *Traité du diagnostic médical*, trad., Paris, ano XII.

FABRE, *Recherche des vrais principes de l'art de guérir*, Paris, 1790.

FORDYCE, G., *Essai d'un nouveau plan d'observations médicales*, trad., Paris, 1811.

FOUQUET, H., *Discours sur la clinique*, Montpellier, ano XI.

228 O Nascimento da Clínica | Michel Foucault

FRANK, J.-P., *Ratio instituti clinici Vicinensis*, Viena, 1797.

GILBERT, N.-P., *Les théories médicales modernes comparées entre elles*, Paris, ano VII.

GIRBAL, A., *Essai sur l'esprit de la clinique médicale de Montpellier*, Montpellier, 1857.

GOULIN, J., *Mémoires sur l'histoire de la médecine*, Paris, 1779.

HÉLIAN, M., *Dictionnaire de diagnostic ou l'art de connaître les maladies*, Paris, 1771.

HILDENBRAND, J., *Médecine pratique*, trad., Paris, 1824, 2 vols.

LANDRÉ-BEAUVAIS, A.-J., *Séméiotique ou traité des signes des maladies*, Paris, 1810.

LEROUX, J.-J., *Cours sur les généralités de la médecine*, Paris, 1818.

———, *École de Médecine. Clinique interne*, Paris, 1809.

LORDAT, J., *Conseils sur la manière d'étudier la physiologie de l'homme*, Montpellier, 1813.

———, *Perpétuité de la médecine*, Montpellier, 1837.

MAHON, P.-A.-O., *Histoire de la médecine clinique*, Paris, ano XII.

MARTINET, L., *Manuel de clinique*, Paris, 1825.

MAYGRIER, J.-P., *Guide de l'étudiant en médecine*, Paris, 1807.

MENURET, J.-J., *Traité du pouls*, Paris, 1798.

MOSCATI, P., *De l'emploi des systèmes dans la médecine pratique*, Estrasburgo, ano III.

PETIT, M.-A., *Collection d'observations cliniques*, Lyon, 1815.

PINEL, Ph., *Médecine clinique*, Paris, 1802.

PIORRY, P. A., *Tableau indiquant la manière d'examiner et d'interroger le malade*, Paris, 1832.

ROSTAN, L., *Traité élémentaire de diagnostic, de pronostic, d'indications thérapeutiques*, Paris, 1826, 6 vols.

ROUCHER-DERATTE, Cl., *Leçons sur l'art d'observer*, Paris, 1807.

SELLE, Ch.-G., *Médecine clinique*, trad., Montpellier, 1787.

———, *Introduction à l'étude de la nature et de la médecine*, trad., Montpellier, ano III.

SÉNEBIER, J., *Essai sur l'art d'observer et de faire des expériences*, 1802, 3 vols.

THIERY, F., *La médecine expérimentale*, Paris, 1755.

VAIDY, J.-V.-F., *Plan d'études médicales à l'usage des aspirants*, Paris, 1816.

ZIMMERMANN, G., *Traité de l'expérience en médecine*, trad., Paris, 1774, 3 vols.

V – ANATOMIA PATOLÓGICA

BAILLIE, M., *Anatomie pathologique des organes les plus importants du corps humain*, trad., Paris, 1815.

BiBLIOGRAFIA **229**

BAYLE, G.-L., *Recherches sur la phtisie pulmonaire*, Paris, 1810.
BICHAT, X., *Anatomie générale apliquée à la physiologie et à la médecine*, Paris, 1801, 3 vols.
————, *Anatomie pathologique*, Paris, 1825.
————, *Recherches physiologiques sur la vie et la mort*, Paris, ano VIII.
————, *Traité des membranes*, Paris, 1807.
BONET, Th., *Sepulchretum*, Lyon, 1700, 3 vols.
BRESCHET, G., *Répertoire général d'anatomie et de physiologie pathologiques*, Paris, 1826-1828, 6 vols.
CAILLIOT, L., *Éléments de pathologie et de physiologie pathologique*, Paris, 1819, 2 vols.
CHOMEL, A.-F., *Éléments de pathologie générale*, Paris, 1817.
CRUVEILHIER, J., *Essai sur l'anatomie pathologique en général*, Paris, 1816, 2 vols.
DEZEIMERIS, J.-E., *Aperçu rapide des découvertes en anatomie pathologique*, Paris, 1830.
GUILLAUME, A., *De l'influence de l'anatomie pathologique sur les progrès de la médecine*, Dôle, 1834.
LAËNNEC, R., *Traité de l'auscultation médiate*, Paris, 1819, 2 vols.
————, *Traité inédit de l'anatomie pathologique*, Paris, 1884.
LALLEMAND, F., *Recherches anatomo-path ologiques sur l'encéphale et ses dépendances*, Paris, 1820, 2 vols.
MORGAGNI, J.-B., *De sedibus et causis morborum*, Veneza, 1761.
PORTAL, A., *Cours d'anatomie médicale*, Paris, ano XII, 5 vols.
PROST, P.-A., *La médecine éclairée par l'observation et l'ouverture des corps*, Paris, ano XII, 2 vols.
RAYER, P., *Sommaire d'une histoire abrégée de l'anatomie path ologique*, Paris, 1818.
RIBES, Fr., *De l'anatomie pathologique considérée dans ses vrais rapports avec la science des maladies*, Paris, 1828-1834, 2 vols.
RICHERAND, B.-A., *Histoire des progrès récents de la chirurgie*, Paris, 1825.
SAUCEROTTE, C., *De l'influence de l'anatomie pathologique sur les progrès de la médecine*, Paris, 1834.
TACHERON, C.-F., *Recherches anatomo-path ologiques sur la médecine pratique*, Paris, 1823, 3 vols.

VI – AS FEBRES

BARBIER, J.-B.-G., *Réflexions sur les fièvres*, Paris, 1822.
BOISSEAU, F.-G., *Pyrétologie physiologique*, Paris, 1823.
BOMPART, A., *Description de la fièvre adynamique*, Paris, 1815.

230 O Nascimento da Clínica | Michel Foucault

BOUILLAUD, J., *Traité clinique ou expérimental des fièvres dites essentielles*, Paris, 1830.

BROUSSAIS, F.-J.-V., *Catéchisme de médecine physiologique*, Paris, 1824.

———, *Examen des doctrines médicales*, Paris, 1821.

———, *Histoire des phlegmasies ou inflammations chroniques*, Paris, 1808, 2 vols.

———, *Leçons sur la phlegmasie gastrique*, Paris, 1819.

———, *Mémoire sur l'influence que les travaux des médecins physiologistes ont exercée sur l'état de la médecine*, Paris, 1832.

———, *Traité de physiologie appliquée à la pathologie*, 1822-1823, 2 vols.

CAFFIN. J.-F., *Quelques mots de réponse à un ouvrage de M. Broussais*, Paris, 1818.

CASTEL, L., *Réfutation de la nouvelle doctrine médicale de M. le Dr. Broussais*, Paris, 1824.

CHAMBON DE MONTAUX, *Traité de la fièvre maligne simple et des fièvres compliquées de malignité*, Paris, 1787, 4 vols.

CHAUFFARD, H., *Traité sur les fièvres prétendues essentielles*, Paris, 1825.

CHOMEL, A. F., *De l'existence des fièvres*, Paris, 1820.

———, *Des fièvres et des maladies pestilentielles*, Paris, 1821.

COLLINEAU, J.-C., *Peut-on mettre en doute l'existence des fièvres essentielles?*, Paris, 1823.

DAGOUMER, Th., *Précis historique de la fièvre*, Paris, 1831.

DARDONVILLE, H., *Mémoire sur les fièvres*, Paris, 1821.

DUCAMP, Th., *Réflexions critiques sur les écrits de M. Chomel*, Paris, 1821.

FODÉRA, M. *Histoire de quelques doctrines médicales comparées à celles de M. Broussais*, Paris, 1818.

FOURNIER, M., *Observations sur les fièvres putrides et malignes*, Dijon, 1775.

GÉRARD, M., *Peut-on mettre en doute l'existence des fièvres essentielles?*, Paris, 1823.

GIANNINI, *De la nature des fièvres*, trad., Paris, 1808.

GIRAUDY, Ch., *De la fièvre*, Paris, 1821.

GRIMAUD, M. de, *Cours complet ou Traité des fièvres*, Montpellier, 1791, 3 vols.

HERNANDEZ, J.-F., *Essai sur le typhus*, Paris, 1816.

HOFFMANN, F., *Traité des fièvres*, trad., Paris, 1746.

HUFELAND, C.-W., *Observations sur les fièvres nerveuses*, trad., Berlim, 1807.

HUXHAM, J., *Essai sur les différentes espèces de fièvres*, trad., Paris, 1746.

BIBLIOGRAFIA **231**

LARROQUE, J.-B. de, *Observations cliniques opposées à l'examen de la nouvelle doctrine*, Paris, 1818.

LEROUX, F.-M., *Opposition aux erreurs de la science médicale*, Paris, 1817.

LESAGE, L.-A., *Danger et absurdité de la doctrine physiologique*, Paris, 1823.

MONFALCON, J.-B., *Essai pour servir à l'histoire des fièvres adynamiques*, Lyon, 1823.

MONGELLAZ, P.-J., *Essai sur les irritations intermittentes*, Paris, 1821, 2 vols.

PASCAL, Ph., *Tableau synoptique du diagnostic des fièvres essentielles*, Paris, 1818.

PETIT, M.-A., *Traité de la fièvre entéro-mésentérique*, Paris, 1813.

PETIT-RADEL, Ph., *Pyrétologie médicale*, Paris, 1812.

QUITARD-PIORRY, H.-H., *Traité sur la non-existence des fièvres essentielles*, Paris, 1830.

ROCHE, L.-Ch., *Réfutation des objections faites à la nouvelle doctrine des fièvres*, Paris, 1821.

ROEDERER e WAGLER, *Tractatus de morbo mucoso*, Göttingen, 1783.

ROUX, G., *Traité des fièvres adynamiques*, Paris, 1812.

SELLE, Ch.-G., *Éléments de pyrétologie méthodique*, trad., Lyon, ano IX.

STOLL, M., *Aphorismes sur la connaissance et la curation des fièvres*, trad., Paris, ano V.

TISSOT, S.-A.-D., *Dissertation sur les fièvres bilieuses*, trad., Paris, ano VIII.